문화와 경제의
행복한 만남

위기의 한국경제, 문화로 돌파하라

문화와 경제의 행복한 만남

이철환 지음

제2의 르네상스, 인간성 회복을 위한 몸부림이 있어야 한다

지금 자본주의는 커다란 도전을 받고 있다. 우리의 생활수준은 그동안 경쟁을 바탕으로 한 시장경제를 운용해 온 덕분에 많이 나아지기는 했다. 그러나 최근 여기저기서 문제가 터져나오고 있다. 시장이 제대로 작동되지 않아 경제 활력이 떨어지고 있는 것이다. 또한 시장에 내재된 원초적 문제로 인한 후유증들도 갈수록 심각해지고 있는 상황이다. 이기심과 탐욕에 얼룩진 시장플레이어(player)들의 행태, 사회갈등과 양극화 현상의 심화 등은 자본주의 체제를 심하게 흔들고 있다. 그럼에도 현실적으로 기존의 시장을 대체할 마땅한 방편을 찾기가 어려운 상황이다.

따라서 차선책을 찾을 수밖에 없다. 시장의 오작동을 정상화하고 시장 실패 부분은 보완시켜 나가야 할 것이다. 무엇보다도 탐욕과 이기심에 함몰

되어 있는 시장플레이어들의 사고를 바꾸어나가는 것이 중요하다. 그들의 뇌리에 깊이 박혀 있는 "돈만 된다면 무엇이든 할 수 있고, 또 무슨 방법이라도 다 동원할 수 있다."라는 생각을 고쳐나가야 한다. 그리고 함께 잘사는 경제사회를 만들어나가야 한다. 이와 함께 물질적 풍요뿐만 아니라 정신적인 행복도 함께 달성하는 행복경제를 추구해 나가야 한다.

사실 우리의 소득과 생활수준은 과거에 비해 많이 나아지기는 했다. 그러나 행복을 느끼는 정도는 오히려 후퇴하고 있는 실정이다. 그 이유는 과도한 경쟁과 인간의 탐욕에 지쳐 있기 때문일 것이다. 이를 극복하기 위해서는 인간성 회복을 위한 몸부림이 있어야 한다. 과거 14~16세기에 있었던 르네상스가 신의 지배로부터 인간성 회복을 위한 몸부림이었다면, 지금은 인간의 탐욕과 이기심, 그리고 과당경쟁의 지배로부터 인간성을 회복시키기 위한 제2의 르네상스가 필요한 시점이라 할 수 있다.

'르네상스' 란 문예부흥을 뜻한다. 문화와 예술이 인간성 회복을 주도해 나갔고, 또한 그 방편이 되었다는 의미이다. 이 시대 역시 인간성 회복을 위해서는 과거처럼 문화적 가치의 고양과 문화생활의 충분한 향유가 중요한 방편이 되어야 할 것이다. 이는 문화란 인간의 존엄성을 바탕으로 형성된 역사적 산물이며, 또 창의적인 요소를 내포하고 있기 때문이다. 그리고 문화는 인간의 정신을 고양하고 안정시키는 여러 가지 다양한 힐링(healing) 기능을 지니고 있기 때문이다. 이처럼 문화는 생활을 윤택하게 하고 삶에 여유를 준다.

21세기는 문화의 시대다. 사람의 삶과 생활에 관련된 것 중 어느 하나 문화와 관련되지 않은 것이 없을 정도로 문화의 영역은 매우 다양하다. 이제는 정말 문화적 가치 또는 토양이 사회발전이나 경제성장을 가능케 하는 기반이 되고 있다. 따라서 문화를 이해하고 수용하며 활용하지 못한다면 이 시대를 행복하게 살아가기가 어려울 것이다. 사회가 선진화되려면 경제적 발전만으로는 충분하지 않고, 반드시 문화적 성숙이 수반되어야 한다. 또한 문화적 발전을 동반하지 않는 경제발전은 그 자체로 한계가 있다.

우리는 1960년대 초반부터 기적이라고 불릴 만큼 괄목할 경제성장을 이룩했다. 이에 비해 문화적 · 정치적인 측면에서는 아직도 많이 낙후되어 있는 것이 사실이다. 더욱이 최근 들어서는 경제발전마저도 정체상황에 놓여 있다. 그 이유가 바로 이러한 정치적 · 문화적 후진성에서 비롯된 것이다.

경제와 문화는 서로 강한 의존관계를 지닌다. 경제발전이 문화발전을 뒷받침한다는 사실은 우리가 익히 잘 알고 있다. 문화 또한 경제를 선순환시키는 기능을 한다. 지금 세계경제를 좌지우지하는 유럽제국들은 대부분 문화대국이다. 반면 세계최대의 경제대국인 미국은 문화적으로는 상대적으로 자존감이 약했다. 그러나 미국은 할리우드 영화를 통해 문화적으로도 점차 세계를 지배해 나가고 있는 중이다. 중국 또한 최근 들어 경제사정이 나아지자 한문화漢文化에 대한 자긍심을 일깨우기 위한 작업에 몰두하고 있다.

서양에서 '문화(culture)'의 개념이 '경작'이나 '재배' 등을 뜻하는 라틴어에서 유래했다는 데서도 알 수 있듯이, 문화란 자연 상태의 것을 변화시키거나 새롭게 창조해 낸 것을 의미한다. 이런 관점에서 문화는 경제발전의 핵심요소인 기술혁신과도 불가분의 관계를 지닌다. 따라서 문화적 기반 없이는 기술발전이나 경제성장을 기대하기 어렵다.

창조적 경제사회에서는 창조적 아이디어가 중요한 자원이고 생산요소다. 이러한 창조적 아이디어는 튼튼하고 풍부한 문화적 기반 아래서 기대할 수 있다. 이와 함께 산업도 문화적 요소가 많이 부가된 감성집약적 산업이 주도할 것으로 예상된다. 상품의 가치 또한 종래와 같이 단순히 그 기능에 의해서만 평가되는 것이 아니라 상품에 내재된 문화적 가치가 더 중요하게 여겨질 것이다.

한편, 문화는 그 자체로도 매우 커다란 경제적 가치를 지닌다. 영화 〈타이타닉〉의 흥행수익이 현대자동차가 소나타 40만 대를 수출하는 금액과 같다고 한다. 이는 문화 콘텐츠가 가지는 경제적 가치가 얼마나 큰지를 보여주는 단적인 사례다. 그리고 문화산업이 서비스 및 제조업 등 다른 산업에 미치는 전·후방 파급효과도 무시할 수 없다. 특히 관광산업에 미치는 효과는 매우 크다.

그런데 무엇보다도 이 문화의 가치가 빛을 발하는 부분은 문화적 감수성이 경제발전 과정에서 무너진 인간성 회복을 위한 필수불가결한 요소라는 점이다. 사람들은 탐욕과 이기심으로 가득 찬 치열한 경쟁사회에서 살아남기 위해 몸부림치는 과정에서 증오와 분노, 절망을 맛보기도 한다. 이럴 때 문화와 예술은 사람들에게 위로를 주고 상처를 치유해 주기도 한다.

이처럼 문화가 경제발전에 미치는 영향이 갈수록 커지고 있다. 경제발전 또한 문화발전을 위한 필수 전제요건이 되고 있다. 그러므로 우리 경제사회가 지속적으로 발전해 나가고 아울러 국민들이 행복한 삶을 추구할 수 있도록 하기 위해서는, 문화의 중요성을 인식하고 문화에 대한 관심과 이해를 높여나가야 할 것이다.

이것이 바로 내가 이 책을 통해 독자들에게 전하고자 하는 메시지이다. 이 책이 문화의 중요성에 대한 이해를 높이고 우리 사회에 행복경제가 확산되는 데 작은 도움이 되기를 바라는 마음 가득하다.

2015년 새봄을 맞이하며

차례

3장　어떻게 치유할 것인가?

4장　문화와 경제의 상호보완 관계

5장 문화의 생성과 진화, 문화충돌과 융합

6장 문화는 우리를 어떻게 힐링해 주는가?

7장 행복경제와 풍요로운 문화생활을 위하여

1장 | 도전받는 자본주의 체제

자본주의의 변천 과정

자본주의는 구조적 위기에 닥칠 때마다 환경에 더 적합한 새로운 버전으로 진화해 왔다. 자본주의 경제정책 또한 역사적 상황에 따라 끊임없이 변해 왔다. 즉 자유방임주의와 개입주의가 교대로 등장하는 현상이 반복되어 온 것이다.

대략 16세기에서 18세기까지는 전형적인 개입주의인 중상주의가, 19세기에는 자유방임주의가, 20세기 이후 1970년대까지는 개입주의인 신중상주의가, 1980년대부터는 또다시 자유방임주의인 신자유주의가 지배적인 조류였다. 그러나 이 신자유주의도 2008년 글로벌 금융위기를 계기로 퇴조하고 정부와 시장의 조화로운 협조가 모색되고 있다.

근대 자본주의의 시작은 영국의 경제학자 애덤 스미스가 〈국부론〉을 저술한 1776년부터 시작된다. 이로부터 1929년 미국의 대공황까지 150년간은 자유방임주의가 대세였으며 정부의 역할은 제한적이었다. 그리고 '보이지 않는 손invisible hand'에 의한 시장의 자동조절 기능이 작동한다는 이론적 배경에 입각한 경제체제가 형성되었다. 흔히 이 시기를 제1세대 자본주의라고 한다. 이 기간 동안 인간의 두 가지 속성, 즉 경쟁심과 탐욕은 자유 시장경제를 기반으로 합리화되었으며 산업자본이 경제를 꽃피웠다.

그러나 1차 세계대전을 거치면서 전통적인 자유방임주의는 저물기 시작했다. 민주주의가 확산되고 노동자 계급의 힘이 커지면서 체제 모순이 드러났기 때문이다. 이리하여 서서히 제2세대 자본주의의 막이 오르게 된다. 이 제2세대 자본주의가 바로 정부는 옳고 시장은 일반적으로 틀렸다는 생각을 바탕으로 정부의 적극적인 시장개입이 이루어진 수정자본주의 시대이다. 이는 영국이 금본위제를 공식적으로 완전 포기한 1931년부터 1979년까지 지속되었다.

미국에서는 대공황을 극복하기 위한 루스벨트 대통령의 뉴딜정책이 시행되었으며, 그 이론적 배경을 영국의 경제학자 케인즈가 제공했다. 불완전 고용상태를 타파하기 위해서는 유효수요가 중요한데, 이를 위해서는 정부가 재정지출을 통해 적극적인 역할을 해야 한다는 것이다. '큰 정부'와 재정의 적극적인 역할을 강조한 이 사조는 1946년부터 1969년 케인즈 경제학의 황금기를 이루었다.

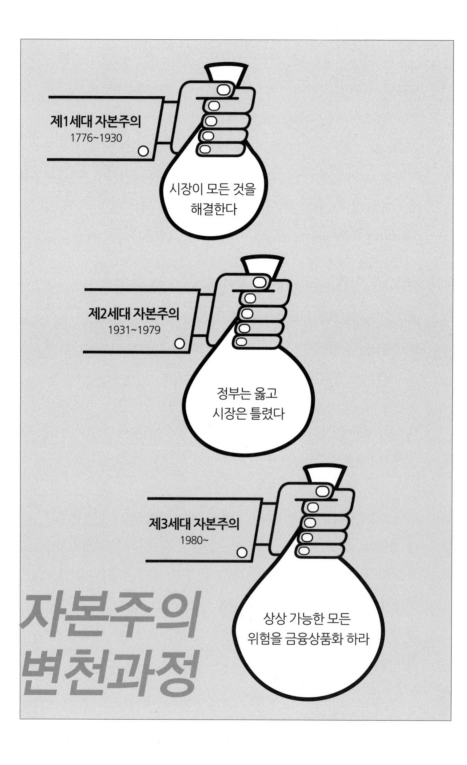

그러나 재정중발에 따른 정부주도 경제정책은 인플레이션을 유발했으며, 1971년 미국의 금 태환 중지선언, 1973과 1979년 두 차례에 걸친 석유파동, 노동조합 강화 등의 변화를 겪으면서 실업률이 높아지는 가운데 물가가 오르는 스태그플레이션Stagflation을 초래했다. 이제 제2세대 자본주의도 서서히 그 존재감을 잃기 시작했으며, 세계는 새로운 모델의 자본주의를 모색하기 시작했다. 이것이 바로 제3세대 자본주의, 즉 신자유주의이다.

이 기간 동안의 자본주의는 '작은 정부'와 자율·경쟁을 핵심원리로 하는 시장만능주의에 입각한 경제체제가 만들어져 운용되었다. 그 주요 내용은 세금 감축과 적자재정 금지, 통화남발을 금지하는 엄격한 통화관리, 정부기구 축소, 공기업 민영화, 경제규제 축소, 무역과 자본거래 등 대외거래 자유화, 노동시장 유연화 등이다.

1979년 마가렛 대처가 영국 수상이 되면서 취한 대처리즘Thatcherism, 1980년 로널드 레이건Reaganomics이 미국의 대통령으로 취임하면서 펼친 레이거노믹스, 그리고 1981년 미국의 연방준비이사회FRB 의장 폴 볼커가 통화주의 정책을 통해 인플레이션을 관리하면서 시작되었다.

이 시기에 영향을 미친 경제학자는 밀턴 프리드먼을 대부로 하는 시카고학파의 통화주의자들이었다. 이들은 시장은 경제안정과 완전고용이라는 두 가지 경제목표의 균형을 유지하게 하는 동인을 제공한다고 믿었으며, 정부 개입보다는 시장 역할을 강조했다. 그리고 정치적인 스펙트럼은 신자유주의를 표방하게 되었다.

이 신자유주의 사조는 약 30년 동안 전성기를 구가하다가 2008년 시작된 글로벌 금융위기를 맞으면서 크게 퇴조하게 된다.

신자유주의의 심화와 그 후유증

앞에서 설명한 바와 같이 신자유주의란 신고전주의 경제학에 입각하여 정부의 역할을 축소하고 시장경제를 확산시키려는 정책이념이다. 즉 시장이 개인들의 능력과 창의성에 따른 경쟁을 촉진하고, 이에 따라 개인들의 능력을 차별화하고 보상함으로써 사회 전체의 발전을 가져온다는 신념을 가진다. 따라서 정부는 사유재산권 보호, 공정경쟁 보장, 시장체제 유지를 위한 최소한의 사회안전망은 보장해야 하지만, 그 밖의 경제개입은 대폭 축소해야 한다는 것이다.

이 사조는 제2차 세계대전 이후 서구경제의 장기적 침체를 위해 취했던 케인즈 방식의 경제처방, 즉 큰 정부와 복지국가의 후유증이 심화되면서 등장했다. 그리고 미국과 영국에서 처음 시작되어 세계화의 물결을 타고 세계 전체로 파급되었다.

영미에서 시작된 신자유주의가 전세계에 파급된 이유는 두 가지로 설명될 수 있다.

첫째, 미국은 소련 몰락 후 유일한 초강대국이 되면서 자신의 이익에 부합하는 신자유주의를 세계로 확대시키기가 쉬워졌다. 미국의 저명한 정치경제학자 후쿠야마는 〈역사의 종말〉이란 논문에서 이를 자본주의의 승리라고 표현했다.

둘째, 수정자본주의 기간을 거치는 동안 세계적으로 선·후진국을 막론하고 정부에 대한 실망과 불신이 생겨났다는 점이다. 후진국에서는 민주주의가 확립되지 않았기 때문에 정부의 실패가 선진국에서보다 훨씬 더 심하게 나타났다. 정경유착에 의한 권력형 비리가 만연하고, 정부와 공기업은 비리와 비능률의 온상이 되었다. 그 결과 후진국들에서도 정부에 대한 혐오와 환멸이 커지면서 신자유주의를 쉽게 수용할 수 있었다.

신자유주의 정책의 주요 내용은 다음과 같다. 개인 자유의 철저한 보장, 정부규제의 철폐 또는 축소, 공공복지제도 축소, 감세와 재정규모 축소, 자유화와 개방화·세계화 시책의 가속화, 노동시장 유연화, 공기업과 정부업무의 민영화 등이다.

세계경제는 이 신자유주의 정책을 취함에 따라 경제발전, 물질적 풍요로움, 기술혁신, 자원의 효율적 이용이라는 긍정적인 측면을 누릴 수가 있었다. 반면 환경파괴, 양극화 현상의 심화와 이로 인한 사회갈등 유발, 범죄의 다량발생 등 그 폐해도 심각했으나 이에 대한 반성은 소홀했다.

이 신자유주의 사상의 발전과 퇴조 과정은 다음과 같다. 수정자본주의를 부정하고 해체하는 과정이 신자유주의의 1단계라면, 2단계는 금융자본주의의 출현이라고 할 수 있다. 이 단계에서는 제조업이 쇠퇴하는 반면 금융부문은 비대하게 팽창하고, 정부규제가 느슨해지는 가운데 상상 가능한 모든 위험을 금융상품화한다. 그러나 그 결과 모든 경제주체를 금융에 포획시키고 급기야 한계를 맞게 되었다. 마침내 2008년 전세계에 밀어닥친 글로벌 금융위기는 신자유주의 사상을 크게 후퇴시키게 된다.

금융권 지배세력에 불만을 품은 군중이 벌인 '월스트리트 점령Occupy Wall Street' 운동은 이를 촉발시킨 계기가 되었고 대중들의 큰 호응을 얻게 된다. 이들은 시장논리에 근거하여 고삐가 풀렸던 금융산업에 대한 규제를 강화하고, 대기업의 탐욕을 억제하는 적극적인 정책을 펴라고 정부에 요구했다. 또 이들은 신자유주의가 사람들의 윤리의식을 낮췄을 뿐만 아니라 양극화를 초래해 사회공동체를 피폐화시켰다면서, 자신과 돈밖에 모르는 천민자본주의를 종식하고 새로운 자본주의를 열어갈 것을 주장했다.

※ 〈역사의 종말〉(후쿠야마) vs 〈문명의 충돌〉(헌팅턴)

미국의 정치경제학자인 프랜시스 후쿠야마(Francis Fukuyama)는 동유럽이 붕괴되기 시작한 1989년 여름 〈내셔널 인터레스트(National Interest)〉지에 〈역사의 종말(The End of History)〉이라는 논문을 발표했다. 그는 1990년대 초반 공산주의가 붕괴됨에 따라 자유주의와 공산주의로 대변되는 이데올로기 대결에서 자유주의가 승리한 것으로 보았다. 그는 또 역사는 더 이상 이데올로기 대결에 머물러 있을 수 없는 최후의 단계에 이르렀다고 주장했다.

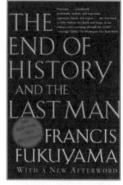

그러나 이러한 주장에 대해 많은 비판과 반론이 가해졌다. 그 대표적인 비판이 바로 새뮤얼 필립스 헌팅턴(Samuel Phillips Huntington)의 문명충돌 이론이다.

헌팅턴은 〈문명의 충돌(The clash of civilizations and the remaking of world order)〉이란 그의 논문과 저서를 통해 냉전이 끝난 현대 세계에서는 문명간의 충돌이 갈등의 주요 축이라고 말했다. 아울러 문화가 국제정치에서도 중대한 역할을 하고 있다는 점을 지적했다. 특히 냉전 후에 문화의 다극화가 정치적으로 영향을 미치고 있다고 주장했다.

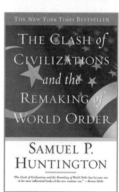

그러면서 현대의 국가들을 7개 또는 8개의 주요 문명으로 구분했다. 즉 자본주의와 공산주의라는 대립된 이념으로 상징되던 냉전 시대 이후의 세계질서는 서방과 라틴 아메리카, 아프리카, 그리스정교회, 이슬람, 유교, 힌두교, 그리고 일본 등 7~8개의 문명들로 나눠질 것이라고 분석했다. 특히 그가 말한 이슬람권과 서방간의 충돌은 지난 2001년 발생한 9 · 11테러 사건 이후 설득력을 얻었다.

그러나 그의 문명충돌이론은 여러 가지 이유로 비판을 받기도 했다. 즉 자신이 꼽은 문명권 이외의 다른 문화를 무시했고, 수를 셀 수 없을 정도로 다양한 문화를 7~8개로 단순화했으며, 또 그 선별 기준이 모호하다는 것이다.

금융자본주의의 전개 과정과
그 후유증

금융자본주의란 금융자본이 경제를 지배하는 자본주의 단계를 뜻한다. 이 '금융자본 Financial Capital' 혹은 '금융자본주의 Financial Capitalism' 란 개념은 오스트리아의 힐퍼딩이 맨 처음 체계적으로 사용했다. 그는 1910년에 발간한 〈금융자본론 Das Finanzkapital〉에서 은행이 창업자 이득을 얻기 위해 기업들의 독점적 결합을 촉진한다고 주장하면서, 금융자본의 산업지배를 20세기 초반에 나타난 자본주의의 가장 중요한 특징으로 분석했다.

그는 또 20세기 초반에 거대한 금융자본이 카르텔(cartel, 기업연합), 트러스트(trust, 기업합동)로 독점화한 산업자본과 결합하여 한 나라의 경제와 정치를 지배하는 금융과두지배 金融寡頭支配가 나타나고 있으며, 자본주의가 산업자본주의에서 금융자본주의의 발전 단계로 이행하고 있다고 주장했다.

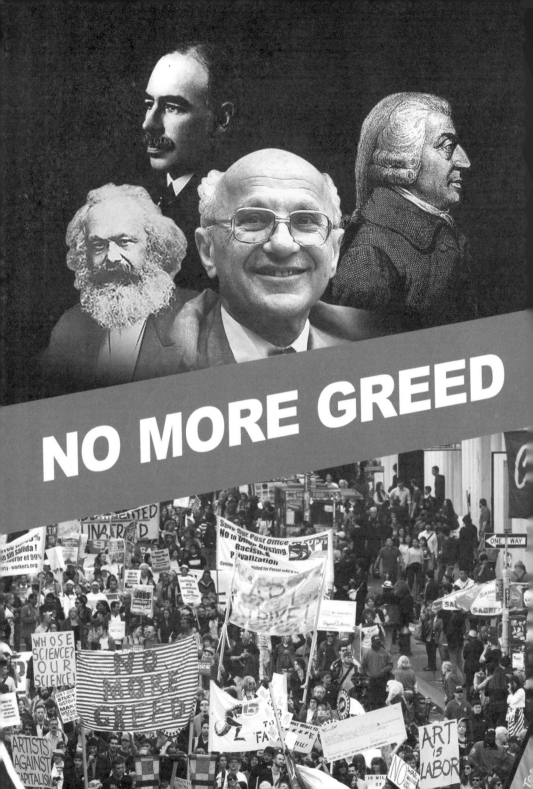

NO MORE GREED

다만, 대공황 이후 강력한 국가개입으로 금융자본주의가 쇠퇴한다. 즉 경제력 집중에 대한 견제와 대공황에 대한 금융독점자본의 원죄론이 대두되면서 정부의 통제가 시작된다. 그 주요 내용은 경쟁기업 인수 제한, 담합 행위 제제, 상업은행과 투자은행의 기능분리, 투자은행 주도의 기업구조 재편 제한 등이다. 특히 기업들은 주식, 사채, 차입금 등의 외부자본이 아니라 내부의 축적된 이윤을 자본으로 활용하는 자기금융self-financing을 발달시켰고, 이는 '금융자본주의의 종말' 이라는 말까지 나오게 했다.

그러나 1980년대 이후 금융부문의 영향력 확대를 계기로 또다시 금융자본주의가 확장되어 왔다. 특히 정보통신기술의 발달과 함께 자본이동이 세계적으로 확대되고, 금융시장의 통합성이 높아졌으며, 금융에 대한 정부 규제가 완화되면서 경제에서 금융부문이 차지하는 비중이 크게 높아졌다. 또한 금융자본은 기업부문에 대한 영향력을 확대해 왔다. 즉 금융자본은 주주가치 증가가 가능한 기업에 직접 투자하기도 하고, M&A 시장에 적극 개입하고 있으며 기업경영권 획득과 개입 움직임도 확산되어 왔다. 이러한 움직임은 실물경제에 대한 금융부문의 영향력을 확대하는 결과를 불러오게 되었다.

금융자본주의의 심화와 쇠퇴 과정을 구체적으로 살펴보자. 먼저, 금융시장이 주식과 채권 등을 넘어서 선물, 옵션option 등 새로운 금융상품과 기법들이 출현하면서 그 규모가 더욱 커지고 복잡해졌다. 사모펀드Private equity fund, 헤지펀드Hedge fund 등 새로운 형태의 금융자본도 등장했다. 더욱이 오늘날 세계경제는 제조업이 아니라 금융부문을 중심으로 작동하고 있으며, 산업생산과 직접적인 관계가 없는 자본 자체의 유통시장이 독립적으로 팽창되고 있다.

이처럼 1980년대 이후 새롭게 확대된 금융자본주의는 금융과 자본시장의 통합성을 높였지만, 금융부문의 과도한 팽창으로 자본주의의 불안정성을 높이는 요인으로 작용하고 있다. 더욱이 급격한 자본이동과 환율변동성의 증대는 국제금융질서를 더욱 불안정하고 균형을 잃어가게 만들었다. 심지어 이러한 불안정성을 증폭시키고 있다.

전세계는 시시각각 변하는 환 위험에 노출되었으며, 이러한 위험요인을 줄이기 위해서 선물이나 콜 옵션 등 수많은 파생상품이 생겨났다. 그리고 단기차익의 극대화를 노린 헤지펀드Hedge fund나 사모펀드Private equity fund는 극심한 투기성을 추구했다. 하루가 멀다 하고 쏟아져 나오는 이러한 신종금융상품들은 자본의 이동성을 한층 더 높여 1990년대 후반 아시아 지역에서 발생한 외환위기와 같이 금융위기를 세계화했다.

투기적 금융자본이 거두는 막대한 이익은 국제사회에서 부의 양극화를 더욱 심화시키고 있으며, 사회와 정치의 불안정성을 높이는 요인이 되고 있다. 나아가 새로운 금융자본주의는 외환이나 선물시장의 유동성을 높여 원자재 가격의 폭등이나 외환가치의 변동 등으로 산업생산에도 심각한 영향을 끼치기도 한다. 이러한 상황에서 2008년에 또다시 글로벌 금융위기가 터졌다. 그런데 이번의 위기는 과거처럼 이머징마켓Emerging Market에서부터가 아니라, 달러라는 기축통화를 무기로 금융자본주의 시대를 주도해 나가고 있던 미국이 그 진원지였다.

이에 국제사회에서는 기존의 미국주도 국제통화체제 개편문제를 논의해 나가고 있는 중이다. 그 핵심 내용은 기존 국제통화체제가 취약한 이유는, 미 달러라는 단일 기축통화체제의 불안정성과 함께 달러에 과도한 특권이 주어지는 불공정성 문제에 기인한다는 것이다.

그러나 달러의 특권을 줄이기 위해서는 새로운 기축통화를 만들어야 하는데 현실은 그렇지가 못하다. 이에 따라 국제금융체제 개편논의는 달러 중심 체제의 지속성을 용인하는 대신 달러 체제의 불안정성을 방지하는 데 초점이 맞추어져 있다. 즉 환율전쟁과 개별 국가의 외환위기 방지, 글로벌 불균형 해소, 글로벌 금융안전망 강화 등이 보다 더 직접적인 현안으로 부각되고 있다.

특히 급격한 자본이동의 방지와 단기 외환시장의 변동성을 줄이기 위한 노력을 강화해 나가고 있다. 아울러 금융기관의 자본건전성을 높이는 등 국제금융시스템의 안전망을 강화하는 노력도 기울여나가고 있다.

재정악화와 파탄위기의 확산

지금 세계는 재정악화와 파탄위기에 놓여 있다. 이와 같이 재정의 어려움이 초래된 근본원인은 정부 역할 확대, 특히 복지재정 지출 증가에 기인한다. 서구를 중심으로 복지국가를 지향하는 대부분의 현대 자본주의 경제사회에서는 갈수록 정부 역할, 특히 복지증진에 대한 수요가 늘어나 복지예산이 전체 재정에서 차지하는 비중이 절반 수준에 육박하고 있다. 우리나라 또한 보편적 복지를 지향하며 복지수요가 급격하게 늘어나고 있다. 2014년 복지예산 규모가 처음으로 100조 원을 상회하는 106조 원에 달해 총예산 358조 원의 30%에 달했다. 이와 같이 재정수지가 악화됨에 따라 국가부채 또한 자연히 눈덩이처럼 늘어나고 있다.

주요 선진국의 재정상황을 살펴보자. 우선 세계최대 규모의 국가부채를 지난 미국은 오래전부터 재정위기를 겪어오고 있다. 즉 1980년대부터 재정적자와 무역적자의 쌍둥이 적자에 시달려왔다. 특히 2012년 말부터는 심각한 재정위기 국면에 놓여 있다. 우선, 세금증액과 재정지출 축소가 동시에 강제되는 소위 '재정절벽fiscal cliff' 상황에 직면했다. 다행히 이 재정절벽은 피해갈 수 있었으나 문제가 완전히 해결된 것은 아니었다.

오바마 대통령은 재선이 확정된 뒤 그동안 부자증세를 반대해 온 공화당과 '재정절벽fiscal cliff' 문제해결을 위해 협상을 재개했고, 그 결과 세금증대 문제에서는 합의가 도출되었다. 그러나 정부지출 삭감에 대한 합의는 이끌어내지 못했다. 결국 오바마 대통령은 2013년 3월 1일, 연방정부의 '시퀘스터sequester' 명령에 서명했다. 시퀘스터란 정부적자를 통제하기 위한 강제 관리규정으로, 일정한 적자폭을 줄이지 못하면 그 액수만큼 연방정부의 지출예산이 자동으로 삭감되는 조치를 뜻한다.

이 시퀘스터 발동에 따라 미국은 2013년 9월로 끝나는 2013회계연도의 정부지출이 850억 달러 삭감되었다. 이어 2013년 10월부터 시작되는 2014회계연도를 포함해 앞으로 10년간 회계연도별로 매년 1,100억 달러씩 자동으로 재정지출이 삭감될 예정이다. 전문가들은 이 시퀘스터 발동에 따른 불확실성으로 미국뿐 아니라 전세계 경제사회에 큰 부담이 될 것이라고 지적하고 있다. 이러한 우려는 실제로 나타나고 있는데, 한 예로써 미국 국방부는 예산삭감 때문에 향후 해외 미군기지의 재배치와 감축계획이 필요하다는 뜻을 밝혔다.

한편, 유로존은 아직도 재정위기에서 벗어나지 못하고 있다. 유로존 국가들의 재정위기는 그동안 내부에 잠재해 있던 다양한 문제들이 글로벌 금융위기를 계기로 표출되었다. 이에 따라 그리스(2010년 5월)를 시작으로 아일랜드(2010년 12월)와 포르투갈(2011년 5월), 스페인(2012년 7월) 등 소위 남부의 돼지PIGS라고 불리는 국가들은 이미 구제금융을 지원받았다. 그런데 재정악화 문제는 비단 이들뿐만 아니라 독일과 네덜란드 등 일부를 제외하고 전 유로존 국가들로 확산될 우려가 크다.

그리스, 아일랜드, 포르투갈, 이탈리아 등의 GDP 대비 국가채무 비율은 이미 100%를 넘어섰으며, 여타 대부분의 EU 회원국들도 그 비율이 재정건전성 판단 기준인 60%를 초과한 상태이다. 특히 그리스의 경우, 관광업 중심인 그리스 특유의 산업구조와 유로화 강세에 따른 수출경쟁력 약화, 그리고 복지 포퓰리즘에 따른 과대한 복지지출의 후유증으로 디폴트(default, 채무불이행 상태) 위험에까지 이르는 형국에 처했다.

그러면 일본은 어떠한가? 일본은 경제규모 면에서 세계 3위의 경제대국이고 1인당 국민소득 또한 4만 달러에 달하는 탄탄한 경제력을 가지고 있다. 그럼에도 국제신용평가기관들은 일본의 국가신용등급을 우리와 비슷한 수준으로 평가한다. 그 이유는 다름 아닌 일본의 국가부채 규모가 너무 큰 데 기인한다. 물론 절대규모 면에서는 세계최대의 재정적자 국가는 미국이다. 그러나 경제규모GDP 대비 재정적자의 비중은 일본이 200%를 상회함으로써 세계최대이다. 더욱이 아베노믹스에 따라 2013년부터 향후 10년간

200조 엔의 재정자금을 토목공사에 퍼붓기로 되어 있어 재정적자 규모는 앞으로 더 커질 것으로 예상된다.

세계 2위의 경제대국인 중국 또한 재정안정성을 장담하지 못한다. 물론 중국의 GDP 대비 국가부채 비중은 아직 50% 미만이어서 미국과 일본이 각각 100%, 200%를 넘어선 것에 비하면 외견상으로는 그다지 심각해 보이지 않는다. 그러나 중국의 재정통계는 신빙성이 부족하다. 여기에 지방정부의 부채는 중앙정부보다 훨씬 더 심각하다. 지방정부는 개발을 명분으로 엄청난 규모의 자금을 '그림자금융'을 통해 가져가 사용했다. 이들은 장부외부채로 그 규모마저 제대로 파악되지 않고 있는 상황이다.

우리나라 역시 갈수록 재정상황이 악화되고 있다. 2013년 말 기준 국가부채는 489.8조 원, GDP 대비 34.3%로 아직까지는 국제수준에 비해 상대적으로 안정적인 모습을 나타내고 있다. 그러나 실상을 더 깊이 들여다보면 결코 안심할 수가 없다. 우선 국가채무 증가세가 지나치게 가파르다는 것인데, 지난 10년 동안의 증가 속도가 OECD 31개 국가 중 최고였다. 더욱이 국민연금, 공무원연금, 군인연금, 사학연금 등 4대 공적연금을 비롯해 기초연금, 건강보험 등 인구고령화와 관련된 지출이 세계에서 유례를 찾을 수 없을 정도로 빠른 속도로 증가하고 있다. 이에 더해 정부채무보다 훨씬 더 규모가 큰 공기업채무와 정부보증채무까지를 포함할 경우, 국가채무는 1,000조 원을 훌쩍 넘어선다. 여기에다 남북통일 같은 불확실성이 더해지면 국가채무는 감당하기 힘든 수준까지 치솟을 가능성이 커진다.

다음으로 적자성 채무가 몇 년 사이 가파르게 늘고 있다는 점이다. 2005년 100조 9천억 원에 그쳤던 것이 글로벌 금융위기를 극복하는 과정에서 2011년 207조 원, 2012년 220조 원, 2013년에는 253조 원으로 국가채무의 절반을 상회하는 51.7%에 달했다. 더욱이 국가채무 이자부담액만 해도 연 20조 원에 달하고 있어 재정경직성을 가속화시키고 있다.

제4세대 자본주의 개념과 탄생 배경

1930년대부터 1970년대까지의 자본주의 단계에서는 '정부가 옳고 시장은 잘못되었다.'고 여겨졌다. 그러나 1980년대부터 2008년 글로벌 금융위기 이전까지 진행된 신자유주의 사조에서는 '시장이 옳고 정부는 잘못되었다.'고 여겨졌다. 그런데 글로벌 금융위기 이후 신자유주의가 퇴조하면서 이제는 또 다른 이데올로기를 가진 새로운 자본주의 시대를 맞이하고 있다.

사실 신자유주의 사조가 한창 진행되고 있을 당시에도 유럽뿐만 아니라 신자유주의 본류인 미국에서조차 복지증진을 국가정책의 주요 목표로 삼아왔다. 그런데 이러한 복지증진 시책은 결국 정부의 역할 강화를 뜻한다. 이는 다시 말해 한편으로는 시장의 역할을 중시하면서도 다른 한편으로는 정부의 역할 또한 강화시켜 왔다는 것을 의미한다.

이러한 배경 아래 1998년 영국 런던 정경대 교수 앤서니 기든스Anthony Giddens가 주창한 '제3의 길The Third Way, The Renewal of Social Democracy'이란 사회 발전 모델이 등장했다. 그 내용은 진보진영에서 추구하는 복지사회를 보수 진영에서 추구하는 시장자본주의로 구현하자는 것이었다. 천사의 모습을 한 이 자본주의 사상은 여러 나라에서 다양한 방식으로 나타났다. 한때 이 사조는 영국 토니 블레어 총리의 '신좌파노선'과 독일 슈뢰더 총리의 '새로운 중도'의 중심이론으로 떠오르며 전세계적인 열풍을 일으켰다. 미국의 빌 클린턴 행정부 또한 이 사상을 적극 수용하여 경제정책의 골간으로 삼았다.

이와 같이 시장과 정부의 역할이 동시에 중요시되는 자본주의 체제를 흔히 '자본주의 4.0' 또는 '제4세대 자본주의'라고들 한다. 이 '자본주의 4.0'이란 말은 영국의 언론인이자 경제평론가인 아나톨리 칼레츠키가 2010년 6월에 낸 〈자본주의 4.0, 위기 이후 새로운 경제의 탄생〉이라는 책에서 연유한다. 그는 "자본주의가 고정된 제도의 묶음이 아니라, 환경의 변화에 따라 진화하고 적응해 온 사회체제"라면서, 역사를 보면 자본주의가 위기를 통해 재조직되어 왔다고 주장했다. 그 대표적인 사례가 1803년~1815년 유럽을 휩쓴 나폴레옹 전쟁, 1930년대의 대공황, 1970년대의 경제위기, 2008년 글로벌 금융위기 등이라고 했다.

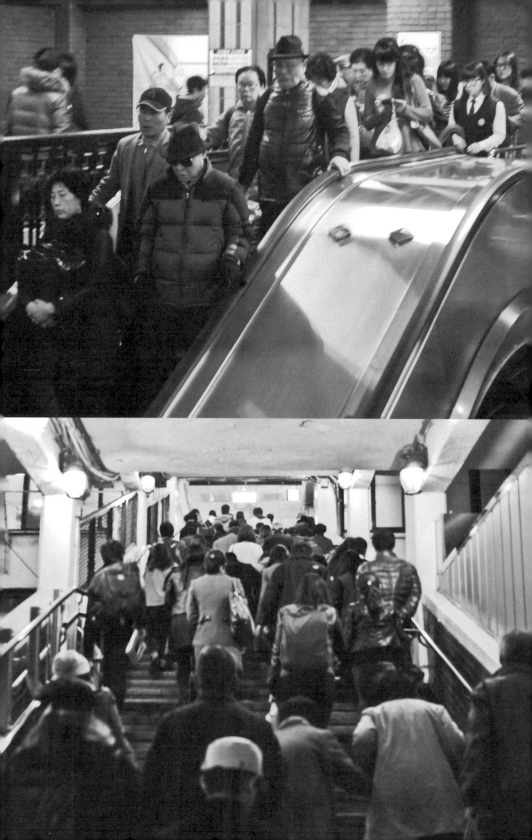

'자본주의 3.0' 시절 눈부신 경제성장과 시장경제의 발전이 이루어졌으나, 그 이면에는 탐욕과 양극화 등 여러 가지 부작용이 나타났다. 즉 신자유주의 시대에 확산·누적된 대기업과 부자의 탐욕, 승자독식 메커니즘은 심각한 양극화 현상과 각종 사회 부조리를 양산하는 후유증을 낳았던 것이다.

이에 따라 자본주의 체제가 앞으로도 지속되기 위해서는 기존의 '성장과 발전'에서 '공생共生과 상생相生'으로의 패러다임 변경이 있어야 한다. 즉 중소기업과 대기업, 실물산업과 금융산업, 국내자본과 외국자본들 모두가 '상생하는 복지positive-sum welfare' 구도를 만드는 것이 주어진 과제라 할 것이다.

현실사회에서는 신자유주의에서 잉태된 양극화와 사회 부조리 현상의 심화에 불만을 지닌 시민단체와 서민들은 '월가를 점령하라Occupy Wall Street'는 기치를 내걸고 봉기했다. 그들은 대기업과 금융자본의 탐욕, 사회 부조리를 시정하기 위해 가진 자들이 솔선수범할 것을 강력히 요구했다. 이를 계기로 제4세대 자본주의가 탄생하게 된다.

제4세대 자본주의는 정부와 시장이 상호보완적이어야 한다는 인식을 기반으로 한다. 그리고 제3세대 자본주의, 즉 신자유주의가 지녔던 시장만능 사상에서 벗어나 시장의 기능을 일부 보완할 필요가 있다고 주장한다. 특히 그동안 시장이 가장 중요시해 오던 경쟁원리를 재평가해 볼 필요가 있다는 것이다.

과연 그동안 시장에서 경쟁이 공정하게 이루어져 왔을까? 과도한 경쟁은 이루어지지 않았는가? 경쟁에서 살아남기 위해 탈법과 부도덕한 수단이 동원되지는 않았는가? 그리고 경쟁으로 인해 발생하는 후유증은 무엇이며 이를 치유하는 방법은 무엇일까? 이런 의문을 가지고 성찰하는 계기가 마련된 것이다.

2장 | 병든 경제의 여러 모습

무기력 경제_ 고용 없는 성장의 딜레마

세계경제는 1929년 대공황, 두 차례의 석유파동, 2008년의 금융위기 등 몇 번의 위기를 제외하고는 꾸준히 성장해 왔다. 1980년부터 2000년까지 평균 3%를 상회하는 성장세를 보여왔으며, 2000년대 들어서는 IT기술의 혁신과 신흥국시장의 비약적인 발전 등을 통해 연평균 4%를 상회하는 높은 성장세를 보였다. 그러던 중 2008년의 글로벌 금융위기와 유로존의 재정위기 여파로 인해 세계경제 성장세는 크게 둔화되고 있다. 2010년 이후에는 3%대 초반의 성장세가 유지되고 있다.

세계경제 성장률 추이

(단위 : %)

1980	1985	1990	1995	2000	2005	2008	2009	2010	2013
1.8	3.9	3.2	3.3	4.4	4.6	2.9	-0.5	5.0	3.3

자료 : IMF

그리고 이런 저성장 추세는 앞으로도 당분간 지속될 것으로 예견된다. 이는 미국과 일본 그리고 유럽 국가들이 경제위기에서 벗어나지 못하고 있고, 또한 그동안 이들 선진국들을 대신하여 세계경제를 견인해 오던 중국마저 최근 들어 성장세가 크게 둔화되고 있기 때문이다.

지난 1979년부터 2012년까지 세계경제의 연평균 성장률은 3% 수준에 불과했던 데 비해 중국경제는 연간 9.8%의 고속성장을 유지한 것으로 나타났다. 특히 글로벌 금융위기 이후 중국은 세계경제 회복의 견인차 역할을 하면서, 세계경제에 대한 기여도가 매년 20%를 초과했다. 이와 같이 그동안 두 자릿수 성장을 유지하면서 세계경제를 뒷받침해 오던 중국이 최근 몇 년 사이 성장곡선이 급하강하면서 7%대 중반까지 내려앉았다. 앞으로 성장세가 7% 아래로 추락할 가능성이 크다는 전망도 나온다.

이제 세계경제는 본격적인 저금리·저성장시대로 접어들었다. 미국과 일본, 유로존 국가들의 금리는 제로금리 수준이다. 그만큼 수익률이 떨어지고 경제의 활력이 줄어들고 있다는 방증이다. 더욱이 이 당면한 경제위기를 극복하기 위해 세계경제의 장기적 문제들이 간과되고 있다. 당면한 문제에 집중하는 사이 장기적 문제들은 더 악화되고 있으며, 이는 세계경제를 매우 큰 위험에 빠뜨릴 수 있다는 것이다.

그러면 우리 경제는 어떠한가? 우리 경제 또한 매우 어려운 상황에 처해 있으며, 당분간 이런 상태가 지속될 것으로 전망된다. 그 실상을 구체적으로 알아보자.

우선 무엇보다도 성장잠재력의 약화 현상을 들 수 있다. 우리의 잠재성 장률은 1970년대 초에는 약 10%, 1970년대 중반부터 1990년대 초까지는 8~9%를 유지했다. 외환위기 기간인 1998년에는 4%로 하락했다가 1999년 이후에는 IT산업이 호조세를 보이면서 5%까지 상승했다. 그러나 2004년 이후 잠재성장률은 다시 하락 추세를 보이고 있으며, 2008년 글로벌 금융위기 이후에는 약 3%까지 하락했다.

이와 같이 잠재성장률이 하락한 것은 총투자를 결정하는 요소들인 물적 자본투자(생산설비), 인적 자본투자(인재양성), 연구개발투자(과학기술개발) 모두가 축소된 데 기인한다. 즉 저출산·고령화 현상이 심화되면서 생산가능인구와 경제활동인구가 감소하고 있다. 여기에 인적자원의 질적 향상을 위한 투자부진까지 가세되어 노동생산성이 약화되었다. 또 자본수익률 하락, 저축률 하락 등에 따라 자본투입이 감소되었다. 그리고 연구개발투자의 효율성, 제조업을 뒷받침하는 서비스산업의 질적 수준은 경쟁상대국에 비해 현저히 낮은 실정이다. 이와 함께 계층간·산업간 격차 확대로 인한 갈등구조의 심화도 산업 전반의 생산성과 경쟁력을 약화시키는 요인이 되고 있다.

다음으로 우리 경제가 안고 있는 심각한 문제점은 '고용 없는 성장' 현상이다. 갈수록 경제활동에 따른 고용창출 효과가 떨어지고 있다. 특히 수출 부문의 고용창출력은 소비나 투자보다 더 낮다. 이에 따라 전산업 평균 취업유발계수는 2005년 15.8명에서 2011년에는 11.6명으로 악화되었다.

참고로 취업유발계수란 해당 부문에 10억 원의 추가 수요가 생길 때 직간접으로 창출되는 일자리를 뜻한다.

이러한 고용 없는 성장의 원인은 무엇보다도 기술발전에 따른 기계화와 장치시설의 확대에서 찾을 수 있겠지만, 대기업과 수출 중심의 성장전략 또한 큰 요인이 되고 있다. 대기업과 수출기업은 중소기업과 내수기업에 비해 상대적으로 고용흡수력이 작으며, 또 이들은 비용절감을 통한 생산성 향상에 집착하고 있다. 특히 인건비 절약에 우선하고, 고용이 있다 하더라도 비정규직 채용에 방점을 두는 성향을 보이고 있다.

이와 함께 많은 기업들이 인건비 절감 등을 이유로 생산시설을 해외로 이전하는 현상도 고용을 위축시키고 있다. 초기에는 주로 중국으로의 공장 이전이 이루어지다가 최근에는 베트남·인도네시아 등 동남아 지역으로 이전하는 추세를 보이고 있다.

탐욕경제 _ 이기심과 도적적 해이의 만연

우리 사회를 포함한 자본주의 사회에서는 돈이 되면 무엇이든지 할 수 있다는 의식이 팽배해 있다. 특히 자발적인 질서유지에 익숙하지 못한 상당수 기업과 개인은 법과 제도를 위반하면서까지 자신의 이익을 추구하고 있으며, 이로 인해 구성원 간 신뢰를 저해하고 공정경쟁을 방해하고 있다.

기업이란 일반적으로 이윤을 목적으로 일정한 제품(서비스 포함)을 생산하여 소비자에게 판다. 이 과정에서 기업은 근로자에게 일자리를 제공하고, 또 세금을 납부하여 국가를 유지하는 데 기여한다. 기업은 국가경제를 운영하는 데에서나 개인의 가계활동을 영위해 나가는 데 없어서는 안 될 중요한 조직이다. 이제 기업경쟁력은 곧바로 국가경쟁력으로 연결된다.

이와 같이 중요한 역할과 기능을 하는 기업에 대해 비판적인 목소리가 없지 않다. 오히려 날이 갈수록 더 커지는 양상을 보이고 있다. 왜 그럴까? 이는 기업과 기업인이 지나치게 과다한 이윤을 추구하려는 탐욕 때문이다. 특히 우리나라는 기업의 성장과정에서 많은 특혜를 주었으며, 기업인의 부의 축적과정에 정당성이 부족하다는 이유에서 비판의 정도가 더 심하다.

우리 사회에 '대마불사(大馬不死, too big to fail)'란 말이 통용되어 왔다. 기업이나 금융기관이 정상적인 기준으로는 도산해야 함에도 불구하고 그 규모가 너무 클 경우 도산 시의 부작용이 너무 커서 구제금융 등을 통해 존치되는 경우를 말한다. 그동안 기업과 금융회사들은 수익성과 관계없이 무작정 외형을 키우는 경향이 있었다. 여기에는 경쟁상대를 제압해서 시장을 차지하겠다는 의도가 깔려 있었다. 또한 덩치가 커지면 정부가 감히 어쩌지 못할 거라는 배짱심리도 작용했다.

또한 기업은 망해도 기업가는 망하지 않는다는 좋지 않은 관행도 만연되어 있다. 이는 기업가가 기업활동에 전념하기보다는 자신의 사리사욕을 채우는 데 더 열을 올렸다는 것을 방증한다. 회사의 자산을 자신의 몫으로 별도로 챙겨두기도 한다. 잘못된 기업주나 경영주가 회사가 망하게 되었는데도 자기만 챙길 것 다 챙기는 것은 분명 심각한 도덕적 해이moral hazard라고 할 수 있다. 그런데 현실에서는 이러한 관행이 버젓이 존재한다.

오늘날 자본주의 시대에서 금융회사도 고수익과 이윤을 추구하는 하나의 영리기관임에는 틀림없다. 그러나 금융회사는 일반 기업에 비해 공공재적 성격이 훨씬 더 강하다. 이는 금융회사는 중앙은행이 위탁한 지급결제 기능과 통화신용정책의 전달경로 역할 등을 수행하기 때문이다. 또 금융은 불특정다수, 아니 전국민의 자금을 관리하기에 공평무사해야 한다는 의미가 내포되어 있다.

그러나 현실은 이와 다르게 움직이고 있었다. 2008년 미국의 대형투자금융회사인 리먼이 파산하면서 글로벌 금융위기가 닥쳤다. 당시 〈뉴욕타임스NYT〉는 신용평가사들이 월가의 금융회사들과 공모해 서브프라임 모기지에 대한 신용등급을 높게 유지했고, 이로 인해 서브프라임 모기지의 대량 부실 사태가 일어났으며, 이게 금융위기로 이어졌다고 보도한 바 있다.

신용평가회사 직원들이 회사수익을 올리기 위해 엉터리 신용평가를 한 정황이 담긴 이메일이 공개되어 세상을 떠들썩하게 만들기도 했다. 무디스의 한직원은 문제가 있는 모기지 담보증권MBS에 신용등급을 부풀려 좋게 매긴 뒤 임원에게 보낸 이메일에 "우리는 매출을 위해 악마에게 영혼을 팔았다."라는 문구를 남겼다.

이러한 과정에서 세계는 월스트리트Wall-Street로 대표되는 금융의 탐욕과 소득불평등 심화 등을 시정해야 한다는 자성의 목소리가 높아지고 있다. 월스트리트의 전설 펠릭스 로하틴은 저서 〈Dealings - 월가의 전쟁〉에서 이렇게 말하고 있다. "지금 월가에서의 승리는 수익뿐이다. 온갖 비밀스러운

금융상품을 고안하고, 회계조작이나 하는 기업에 막대한 자본을 쏟고 있다. 투기로 한순간에 대박이 나고, 세상은 이를 승리로 포장했다. 내가 아는 월가는 자본을 모아 기업을 구해내는 일을 승리라고 믿던 곳이었다. 경제에 진정한 활력을 일으켜 사람들에게 일자리를 주는 것 말이다. 그 믿음이 다시 살아나야 한다. 지금 월가는 기로에 서 있다…"

개인들 또한 돈이 되면 무엇이든 다 할 수 있다는 심리가 팽배해 있다. 대표적인 것이 부동산투기와 '묻지 마' 식의 파생금융상품 투자이다. 이는 잘만 하면 투자액의 수십 배, 수백 배에 달하는 불로소득을 챙길 수 있다는 탐욕에서 비롯되었다. 더욱이 이 과정에서 법망을 피하기 위한 탈법과 위법행위가 자행되고 있다. 이러한 투기로 인해 불로소득을 챙기는 사람들이 많아지면 성실하게 살아가는 많은 사람들이 상대적 박탈감을 갖게 되고 일할 의욕을 잃게 된다. 이는 건전한 사회활동을 통해서는 경제적 부를 축적할 수 없다는 상대적 상실감을 증폭시켜 사회의 건강성을 해치게 된다.

이와 같이 인간의 탐욕은 비리와 부정을 초래하고, 이는 결국 사회적 문제를 불러일으킨다. 그동안 우리 사회에는 엄청난 대형참사가 끊이지 않고 일어났다. 이들 사고의 원인으로 우선 일차적으로는 관련자들의 탐욕과 비리, 도덕적 해이와 무책임, 그리고 정부의 감독 부실과 재난 대처능력 부족 등이 지적되고 있다. 그러나 보다 근원적으로는 우리 사회 전반에 똬리를 틀고 있는 도덕불감증과 적당주의, 부정과 비리 등에 기인한다.

특히 남의 눈을 피해 뒤에서 하는 정당하지 않은 거래, 즉 검은 뒷거래 관행은 아직도 우리 사회 곳곳에서 광범위하게 이루어지고 있다. 이 뒷거래는 촌지, 리베이트, 비자금, 이면계약, 급행료 등 여러 가지 다양한 형태로 일어나고 있다. 이는 우리 사회가 여전히 비리와 부패에서 자유롭지 못하다는 것을 의미한다. 이 과정에서 부실한 원자재가 사용되었고, 결국은 날림공사와 불량제품들이 양산되었던 것이다.

더욱이 이러한 불법적이며 몰인간적인 행위들이 사회생활을 해나가는 데 오히려 유리하다는 생각이 알게 모르게 우리의 의식구조를 지배하고 있는 것은 아닌지 모르겠다.

지하경제_ 탈세와 자금세탁의 온상

그리스, 포르투갈, 스페인 등 남유럽 국가들은 재정위기를 맞아 커다란 홍역을 치렀으며 앞으로도 쉽사리 치유되기가 어려울 것으로 예상된다. 그런데 이들이 위기를 맞게 된 결정적 요인 중의 하나로 지하경제 규모가 크다는 점이 지적되고 있다.

우리나라의 경우 그동안 지하경제를 줄이기 위해 부단한 노력을 기울여 왔다. 1990년대 금융실명제와 부동산실명제, 2000년대 신용카드와 현금영수증 사용 확대가 중요한 역할을 했다. 최근에는 국세청이 조세회피 지역들과 조세협약을 맺는 등 역외탈세 방지에도 노력을 기울이고 있다. 이에 지하경제 규모는 줄어들고 있는 추세이기는 하다. 그러나 아직도 여전히 그 규모는 국내총생산GDP의 16~18% 수준인 것으로 파악되고 있다.

대표적인 지하경제의 형태는 탈세로 나타난다. 기업탈세는 해당 기업에 대한 불신을 심화시키는 것은 물론이고, 일반 국민들에게 큰 박탈감을 준다. 더욱이 탈세는 국가재정의 기본수입원인 세수 부족을 초래한다는 원초적인 문제점을 지니고 있다. 지하경제 규모에서도 나타나듯이 우리 기업들의 탈세는 지금도 여전히 광범위하게 이루어지고 있다. 더욱이 특별한 죄의식 없이, 아니 오히려 의도적으로 탈세를 한다는 데 문제의 심각성이 있다.

기업들의 탈세 목적과 방식은 다양하다. 세금을 덜 내려는 단순한 목적 외에도, 기업경영권 방어와 승계를 위해 혹은 정경유착을 위한 비자금 조성을 위해서도 탈세를 한다. 그중에서도 일부 재력가들의 변칙적인 상속세와 증여세 포탈행위는 더욱 염치가 없어 보인다. 이들은 아무런 세금부담 없이 자녀들에게 재산대물림을 시도하고 있다. 이 과정에서 차명주식, 재산 해외반출, 회계장부 조작, 그리고 여기에 더해 그룹 자회사에 일감 몰아주기 방식까지도 동원되고 있다. 일감 몰아주기가 문제가 되는 것은 공정한 시장경쟁 질서를 무너뜨릴 뿐 아니라 재벌들의 재산상속 수단으로 이용될 수도 있기 때문이다.

탈세 기법도 날이 갈수록 고도화되고 전문화되어 가고 있다. 특히 금융과 IT기술의 발달은 이를 뒷받침하고 있다. 주요 신종 탈세 유형으로는 세법 해석의 불명확성을 이용한 파생금융상품 활용, 사모펀드를 이용한 편법 증여, IT분야의 비약적 발전에 따른 새로운 거래형태 창출, 글로벌시장을 이용한 판매자 신고누락 등이다.

이중에서도 대표적인 예가 역외탈세(域外脫稅, offshore tax evasion)라 하겠다. 자유무역협정FTA 확산과 기업의 세계화 전략 등으로 국제거래가 급증하면서 역외탈세가 기승을 부리고 있다. 역외탈세는 조세회피 지역에 유령회사를 차려 세금을 내지 않거나 축소하는 행위를 일컫는다. 구체적으로 해외에 페이퍼컴퍼니(paper company, 서류상 회사)나 위장계열사 등을 차려 두고 위장·가공거래 등을 통해 세금을 탈루, 거액의 비자금을 조성하는 것이다. 그리고 허위 또는 과다경비 계상도 역외탈세자들이 주로 활용하는 수법 중 하나다. 이는 국내 회사가 조세회피처의 페이퍼컴퍼니와 거래가 있는 것처럼 위장해 대금을 지급하거나 실제보다 과다하게 대금을 지급해 자금을 해외로 유출하는 방식이다.

한편, 조세회피처란 법인에서 실제로 얻은 소득의 전부나 일정 부분에 대해 조세 부과가 이루어지지 않는 국가나 지역을 뜻한다. 여기서는 세금 우대를 받을 뿐만 아니라 외환거래 등 금융거래의 전반적인 부분에 대해 철저하게 비밀이 보장되며, 국가 간에 이루어지는 조세정보의 교류에 굉장히 소극적이다. 특히 금융거래의 익명성이 철저하게 보장되기 때문에 탈세나 돈세탁 등 불법 자금거래의 온상이 되기도 하는데, 바하마·버뮤다제도 등의 카리브해 연안과 중남미의 국가들이 대표적인 조세회피처이다.

또 다른 지하경제의 요인은 차명거래에 의한 금융거래가 광범위하게 이루어져 왔다는 것이다. 우리나라는 1993년 8월 12일 20시를 기하여 '대통령 긴급재정경제명령' 형식으로 금융실명제를 도입·시행하고 있다. 또

1997년에는 '금융실명거래 및 비밀보장에 관한 법률'(이하 '금융실명법')을 제정했다.

그러나 이 '금융실명법'은 금융기관이 거래당사자가 본인임을 확인할 의무를 부과하고 있을 뿐, 금융실명제에 위반하여 계좌를 개설한 사람은 따로 처벌하지는 않았다. 다만 계좌개설자가 타인의 명의와 신분증을 도용해서 계좌를 개설한 경우라면 사문서위조죄에 의해 처벌할 수 있다.

이와 같이 차명거래에 대한 처벌이 미온적이어서 아직도 차명거래가 광범위하게 이루어지고 있고, 이로 인한 사회적 문제 또한 심각한 수준이다. 대표적인 예가 '대포통장'으로, 이는 제3자 명의를 불법 도용하여 실제 사용자와 명의자가 다른 통장이다. 명의를 도용해 제3자가 통장을 개설한 행위는 '금융실명법' 위반이지만, 발급된 통장 자체는 사용에 아무런 문제가 없는 상태이다. 때문에 대포통장인지 아닌지를 사전에 확인할 수 있는 방법은 없었다. 명의도용 사실이나 통장을 이용한 범죄 사실이 발각되어 해당 통장이 '대포통장'임이 드러나기 전까지는 알기 어려웠다.

양도성 예금증서인 CD도 그렇다. CD는 무기명 상품이란 특징이 있어, 1993년 금융실명제 시행 후 맨 처음 은행에서 인수한 사람과 최종만기 때 찾는 사람은 실명을 밝히도록 되어 있으나, 만기 이전 거래에선 무기명 거래를 할 수 있어 거래자의 신원 확인이 사실상 어렵다. 이 때문에 자금세탁 수단으로 악용되는 사례가 있었다. 이러한 불법적인 차명거래 행위를 규제하기 위해 개정된 금융실명법이 2014년 12월부터 시행된 것은 그나마 다행이라 할 것이다.

한편, 자금세탁Money Laundering 행위도 지하경제의 온상이 되고 있다. 자금세탁이란 용어는 1920~1930년대에 마피아가 불법적인 도박이나 마약거래 등으로 얻은 수입을 주로 세탁소의 합법적인 수입처럼 위장하면서 등장했다. 이 자금세탁의 개념은 나중에 '자금의 위법한 출처를 숨겨 적법한 것처럼 위장하는 과정'이라는 의미로 일반화되었다. 가령 불법적으로 얻은 수입금을 가명으로 만든 계좌를 통해 은행에 입금시킨 다음, 엄격한 금융비밀제도를 갖춘 국가에 송금했다가 해외자금인 것처럼 가장해서 국내로 들여와, 새로운 범죄자금에 사용하거나 합법적 경제활동에 침투시키는 것이 자금세탁의 예이다.

자금세탁의 대부분은 불법비자금을 조성·은닉하거나 탈세를 위한 목적으로 쓰이고 있으나, 최근에는 테러자금으로 활용되기도 한다. 2001년 9월 11일, 미국에 테러 사건이 일어났을 당시 국제테러조직 '알카에다'가 돈세탁을 했다는 의혹이 있어서 여러 나라의 금융기관이 테러리스트 일원의 계좌를 동결하기도 했다.

한편, 지금은 많이 둔화되고 있지만 얼마 전까지만 해도 세계의 검은 돈이 스위스로 몰려들었다. 이 음성자금 운용에서 비롯되는 스위스의 금융산업은 스위스 경제의 버팀목이기도 한데, 스위스 국내총생산GDP에서 차지하는 비중이 11~12%에 달한다. 이와 같이 스위스 금융산업이 차지하는 비중이 국내외적으로 높은 것은 바로 스위스 은행의 비밀유지 조항 때문이다. 스위스 연방은행법에 따르면 은행 직원이 고객의 개인정보를 공개하는 경우, 형사적 제재조치(징역이나 벌금형)를 받는다. 그런데 스위스는 글로벌 금융위기 이후 국제사회의 압박에 투항하면서 이 비밀금고의 빗장을 풀기 시작하고 있다. 물론 아직까지 스위스가 완전히 '은행비밀주의'를 포기한 것은 아니다.

종속경제_ 우월적 지위의 남용

　　우리 사회에 '갑을관계'라는 용어가 널리 통용되고 있다. 원래 갑과 을은 계약서상에서 계약 당사자를 순서대로 지칭하는 법률 용어다. 그러나 현실에서는 보통 권력적 우위인 쪽을 '갑', 그렇지 않은 쪽을 '을'이라 부르고 있다. 여기서 "갑을관계를 맺는다"는 표현이 생겼으며, 이는 지위의 높고 낮음을 의미한다. 지금은 대기업과 협력업체, 업주와 종업원, 상사와 직원, 고객과 서비스업체 사이에까지 이 표현이 폭넓게 사용되고 있다.

　　이 갑을관계가 우리 사회에 광범위하게 작동되고 있지만, 가장 두드러지게 나타나는 현장은 경제계라 할 수 있다. 제조업체와 건설업체에서의 원청업자와 하청업자 간의 관계에서 전형적으로 나타난다. 대기업은 협력관계 또는 하청관계에 있는 중소기업에 대해 우월적 지위를 가지고 있다.

소위 말하는 '갑과 을'의 관계가 형성되어 있다. 자연히 중소기업은 대기업의 눈치를 보지 않을 수 없다. 그렇지 않다가는 그 중소기업은 문을 닫을 수도 있다.

이러한 갑의 횡포 현상은 우리 경제가 압축성장하는 과정에서 생겨난 졸부근성과 전근대적인 계층의식에서 비롯된다고 볼 수 있다. 즉 돈이나 권력이 있는 사람들이 합리적이고 수평적이며 상식적인 사고를 하지 못하고, 약자에게 함부로 대하면서 빚어지는 몰상식적인 현상인 것이다.

우리 사회에서 광범위하게 벌어지고 있는 중소기업에 대한 대기업의 횡포 사례들을 좀더 구체적으로 살펴보자.

첫째, 납품단가 후려치기이다. 대기업에 물건을 납품하는 중소기업에게 납품단가를 심하게 낮게 책정하도록 강요한다. 이런 현상은 특히 대기업이 운영하는 할인마트와 그곳에 납품하는 중소제조업체 간에 자주 일어나고 있다. 게다가 대기업들은 납품되는 물건의 원가가 인상되어도 이를 납품가격에 제대로 반영하지 않고 있는 실정이다.

둘째, 충분히 현금으로 결제할 능력이 되는데도 3개월 또는 6개월 만기인 어음으로 물건대금을 지불하고 있다. 현찰이 필요한 중소기업은 그 어음을 사채업자에게 수수료를 떼고 현금으로 바꾸는데, 그만큼 손해를 보게된다. 대신에 대기업은 그 기간만큼의 이자를 고스란히 따먹고 있다.

셋째, 특허권 침해문제이다. 중소기업이 대박 아이템을 출시하면 대기업이 그것을 모방해서 만든 유사제품 또는 기술로 중소기업의 목을 죈다. 그리고 중소기업이 원천기술을 싸게 넘기도록 손을 쓴다. 만약 중소기업이 소송이라도 걸려는 낌새가 포착되면 엄청난 자금력으로 중소기업을 굴복시킨다.

넷째, 부당내부거래 문제이다. 하도급 납품 거래를 특정 계열사에 집중시킴으로써 시장의 가격구조를 왜곡시키거나, 비계열사의 사업 기회를 박탈하는 것은 1차적 폐해이다. 더 심각한 문제는 재벌 총수의 친인척이 대주주로 있는 계열사(주로 비상장 계열사)에 물량을 몰아주거나 가격조작을 통해 단시간 안에 경영권 승계에 필요한 종자돈을 챙기도록 하는 데 활용하는 데 있다.

이러한 부당내부거래 행위의 전형은 일감 몰아주기 방식이다. 그동안 대기업 계열회사는 동일 기업집단에 속한 다른 계열회사에 일감을 몰아주고, 그 일감을 수주받은 계열회사는 별다른 역할 없이 중소기업 등에 일감을 위탁하여 중간에서 이익을 취하는 거래관행이 폭넓게 이루어지고 있다.

이러한 거래방식은 대기업 계열회사에 부당하게 경쟁우위를 주는 것이다. 이로 인해 모기업인 대기업은 내부거래에 따른 물량에 안주하여 경쟁력이 약화되고, 하청기업인 비계열 중소기업은 원천적으로 사업 기회가 박탈되는 결과를 가져왔다. 이 일감 몰아주기 행위가 그동안 규제의 사각지대에 있었다. 이를 차단하기 위해 '독점규제 및 공정거래에 대한 법률'(이하 '공정거래법')이 2013년 7월 개정되었다.

다섯째, 대기업이 아예 스스로 제빵, 장갑, 순대 장사와 같은 소규모 영세 상인의 영역까지 침범하는 경우이다. 이를 방지하기 위해 정부는 중소기업 적합 업종제도를 만들었지만, 이를 거스르는 대기업이 종종 나타나 사회적 비난을 받기도 했다.

한편, 유통업체에서도 갑의 횡포는 광범위하게 일어나고 있다. 대표적인 예가 본사와 가맹업체 간의 프랜차이즈franchise 시스템이다. 이는 상호, 특허 상표, 기술 등을 보유한 프랜차이저(Franchisor, 본사)가 프랜차이지(franchisee, 가맹점)와 계약을 통해 상표 사용권, 제품 판매권, 기술 등을 제공하고 대가를 받는 시스템이다. 이 과정에서 갑의 위치에 있는 본사는 을의 위치에 있는 가맹점에게 각종 횡포를 부리고 있다.

물론 '을'을 보호하기 위해 '공정거래법'과 '하도급거래 공정화에 관한 법률'(이하 '하도급법') 등이 존재하지만, 현실은 을의 위치에 있는 개인과 기업들은 갑의 사후보복이 두려워 제대로 법에 호소하지 못하고 있는 실정이다. 하청업체들은 대기업들에 목을 매고 있는 상황이기 때문에, 억울하고 화가 나지만 울며 겨자 먹기 식으로 대기업의 후려치기를 감내해야 한다. 이런 구조에서 중소기업이 성장하는 것은 불가능하다.

이와 같이 다수의 대기업들은 아직도 협력업체들을 자기들 성장발전의 희생양으로 간주하고 횡포를 부리고 있다. 이를 견디지 못한 중소기업은 결국 도산하고 말 것이다. 이 경우 수많은 근로자들이 길거리로 내몰리고, 종국에는 대기업 자신에게도 부메랑이 된다. 이는 중소기업이 우리나라 전체 기업에서 기업체 수 기준 90%, 종업원 수 기준 70% 이상을 차지하고 있다는 사실에서 잘 알 수 있다. 이런 상황이 지속된다면 대기업의 국제경쟁력을 기대하기 어렵고, 또 강소기업도 나올 수가 없다.

이제 대기업과 중소기업의 균형성장은 지속적인 경제사회 발전을 위한 전제조건이다. 중소기업 육성시책이 만병통치약은 분명 아니지만 대기업과 중소기업 간의 균형성장은 반드시 필요하다. 특정 대기업의 경제력이 국가경제에서 차지하는 비중이 지나치게 높다는 것은 국가뿐 아니라 이들 기업에도 결코 좋은 현상이 아니다. 개별기업이 국가경제에서 차지하는 비중이 지나치게 클 때 오히려 국가에 재앙이 될 수 있음은 핀란드의 '노키아' 사례에서도 찾을 수가 있다.

갈등경제 _ 경제와 사회 균열의 징후들

　현실 경제사회에는 여러 가지 갈등관계가 존재하고 실제로 그 폐해가 일어나고 있다. 대기업과 중소기업 간, 부유층과 저소득층 간, 지역 간의 갈등 등 이루 헤아릴 수 없을 정도이다. 그중에서도 가장 대표적인 갈등관계가 바로 노사갈등이다. 이는 노와 사가 서로 자기들의 몫을 조금이라도 더 키우려는 욕심에서 비롯된다.

　그리고 경영진의 과도한 연봉문제도 이를 자극하는 하나의 요인이 될 수 있다. 미국의 경우 2013년 6,820만 달러, 우리 돈으로 약 700억 원의 연봉을 받은 CEO도 있었다. 이에 따라 CEO와 근로자의 평균급여 차이가 크게 벌어지고 있다. 이러한 현상은 우리나라에도 일어나고 있다. 우리나라에도 100억 원에 달하는 초고액 연봉자가 십수 명에 달한다고 한다. 반면에 저임금 비정규직 자리조차도 아쉬운 '88만 원 세대' 월급쟁이나, 연애 · 결혼 · 출산을 포기한 소위 '3포 세대' 젊은이들이 허다하다.

한편, 이러한 노사간의 갈등은 노사분규로 비화되고, 지나칠 경우 회사가 문을 닫게 되며 근로자도 일자리를 잃게 된다. 파업으로 인한 우리 경제 사회의 피해는 실로 엄청나다. 먼저 수십조 원 규모에 이르는 생산 및 수출 차질이다. 이로 인해 가장 큰 이득을 보는 나라는 두말할 필요 없이 제조업 강국인 이웃 중국과 일본이다. 더욱이 파업을 거치면서 해이해진 근로기강은 불량품을 양산하는 결과마저 초래한다. 그로 인해 우리 상품에 대한 국내외 소비자들의 평판이 나빠지게 된다.

이는 결국 당사자인 기업과 근로자 모두의 공멸을 초래한다. 생산 차질과 제조원가 상승, 그리고 평판까지 나빠진 기업은 얼마 가지 않아 문을 닫을 수도 있다. 그렇게 되면 근로자들 또한 직장을 잃는 것은 자명한 일이다. 모기업이 문을 닫으면 협력업체들도 덩달아 문을 닫는 연쇄반응이 이어진다. 반대의 경우, 협력업체가 파업을 할 경우에도 모기업이 부품공급 상의 애로를 겪게 되어 결국은 모기업의 생산라인이 멈추게 된다. 노조원들의 임금을 올려주기 위해서 하청업체들의 숨통을 더 조이는 경우도 생길 수가 있다.

다음으로 소비자와 일반국민들이 경제적 손실과 큰 불편을 겪게 된다는 점이다. 노조원들에게 들어가는 임금은 결국 상품가격에 반영되고 소비자가 그 비용을 부담한다. 근로자들이 수고한 만큼 보상을 받는 것에 대해서는 이의를 제기할 필요가 없지만, 과도하다고 느껴질 때 소비자는 해당 기업의 상품을 외면하게 될 것이다.

그리고 파업기간 동안 제품을 구매하거나 서비스를 받기가 어려워 국민들이 일상생활을 제대로 수행해 나갈 수 없다. 특히 철도, 항공, 화물, 의료 등 국민들의 일상생활과 밀접한 분야의 파업은 엄청난 피해와 불편을 끼친다. 의약분업을 골자로 하는 '약사법' 개정 당시, 법 개정에 불만을 가진 의료계의 집단파업으로 인해 수많은 환자들이 고통을 받았으며 심지어 귀중한 생명을 잃기도 했다.

불법파업 대처 과정에서 사회적 갈등구조가 심화된다는 점도 큰 문제이다. 불법파업 진압 과정에서 종종 노조와 경찰들의 물리적 충돌이 야기되고 있다. 이로 인해 노·사·정 상호간의 반목과 불신의 골은 점점 더 깊어진다. 그리고 그 파장과 후유증은 우리 사회 전반으로 전이되고 있다.

이러한 노사간의 갈등 못지않게 근로자들 상호간 또는 노조 상호간의 반목과 질시, 이른바 '노노갈등'도 갈수록 심화되고 있다는 점 또한 큰 문제이다. 이 사안의 핵심은 비정규직 문제이다. 비정규직이란 일정한 기간의 노무급부를 목적으로 사용자와 근로자가 한시적으로 근로관계를 맺는 모든 비조직화된 고용형태를 말한다. 우리 정부 기준에 따르면 비정규직 근로자 수는 2013년 607만 7천 명으로 600만 명을 넘어섰다. 이는 전체 임금근로자의 32.4%를 차지하는 비중이다.

그리고 이들 비정규직의 근로조건은 정규직에 비해 몹시 불리한 것으로
나타났다. 즉 2011년 6월 기준 1인 이상 전 산업사업체의 시간당 정액급여
를 보면 비정규직의 임금은 정규직의 71.3% 수준이었다. 더욱이 월 급여는
정규직에 비해 53.8%에 불과했고, 사회보험 가입률(직장가입자 기준) 또한
절반 수준에 불과했다.

장벽경제_ 개천에서 용 나기 어려운 세태

최근 규제개혁이 회자되고 있다. 정부는 이제 '말로만 규제개혁'이 아니라 실질적인 규제혁파를 통해 경기부양을 하겠다는 뜻을 밝히기도 했다. 그런데 이 규제개혁의 이야기가 나온 것은 비단 어제오늘의 일이 아니다. 역대 정권이 들어설 때마다 내세운 정책방향이다. 그러나 그 결과는 신통치 않았다. 이는 아마 그만큼 규제개혁이 어렵다는 점을 나타내는 것이기도 하다.

사실 현실경제에는 수많은 진입장벽이 형성되어 있다. 그 명분은 시장의 질서를 바로잡기 위해서, 그리고 환경보호나 미풍양속 보호 등을 위해서이다. 그러나 개중에는 불필요하거나 혹은 있어서는 안 될 진입장벽들도 더러 있다. 그리고 이러한 장벽들이 결국 자유로운 경쟁을 제한하고 기득권을 인정하는 셈이 된다. 바꾸어 말하면 이러한 진입장벽들은 시장의 독과점을 초래하는 원인이 된다는 것이다.

수많은 진입장벽 중에서도 자본력에 의한 진입장벽이 가장 심각한 문제라는 것은 불문가지이다. 자본주의에서는 당연히 자본이 가장 중요한 생산요소이다. 우선 자본은 자본 자체를 더 크게 확대재생산시키는 능력을 가지고 있다. 일정한 자본이 있으면 이것을 담보나 기반으로 하여 더 큰 자본으로 키울 수가 있다는 것이다. 현실경제에서 경영권을 가진 최대주주의 지분이 10%가 채 안 되는 주식회사가 무수히 많다. 또한 자본이 있으면 다른 생산요소인 노동과 기술을 보다 쉽게 그리고 보다 우수한 노동력과 기술을 확보할 수가 있다.

그런데 이러한 자본력 확보가 대부분 부의 대물림 속에서 이루어지고 있다. 이것이 자본주의의 최대 진입장벽이 되고 있는 것이다. 자본력이 취약한 사람들은 신용 기반이 없기 때문에 정상적인 사회생활조차 하기 힘들어지고 있다. 이는 기본적으로 우리 경제사회가 자본주의 사회이고 신용사회이기 때문이다. 이러한 상황에서 '빈익빈 부익부貧益貧 富益富' 현상이 심화되어 가고 있다. 이에 많은 젊은이들은 이제는 자신이 아무리 열심히 노력해도 미래가 보이지 않고 희망이 없는 세상이 되어가고 있다고 토로하고 있다. 그리고 가진 계층과 못 가진 계층 간에 부의 격차가 너무 벌어져 있어, 혼자 힘으로는 이를 극복해 나가기가 거의 불가능하다면서 절망하고 있다.

금융생활에서도 이러한 빈익빈 부익부 현상이 진행되고 있다. 금융회사는 개인에게 대출을 하거나 수수료를 부과하고자 할 때 신용등급 기준을 활용하고 있다. 이는 금융회사가 고객에게 자금을 대출할 때 대출 규모나 금리 수준을 달리하고 있다는 것을 뜻한다.

이 개인의 신용등급을 결정하는 평가기준은 크게 3가지이다. 연소득과 직업 등을 포함한 신상정보, 자체은행과의 거래내역, 다른 금융회사들과의 거래내역이 그것이다. 금융회사들은 적게는 10개에서 많게는 30개까지 유효성 있는 요소를 종합해 고객의 신용등급을 평가한다. 이를 토대로 각 금융기관들은 개인의 신용등급을 일반적으로 10단계로 구분해 관리한다. 통상 7등급 이하부터는 시중은행권의 대출에는 부적합한 저신용자로 분류되고 있다. 부득이 이들은 금리가 높은 금융기관을 활용할 수밖에 없다. 더욱이 이제 이들은 결제능력을 증명하지 못할 경우 사실상 신용카드까지 발급받을 수가 없게 되었다.

솔직히 이제는 더 이상 개천에서 용이 나기가 어려운 세태가 되어버렸다. 이는 부모의 배경이 자식의 장래를 좌지우지하고 있기 때문이다. 다시 말해 부모의 권세 혹은 경제력이 아이들의 장래를 좌우하는 결정적인 요인이 된다는 말이다. 다행히 유복한 가정에서 태어나면 좋은 교육을 받을 수가 있어, 좋은 대학에 가서 좋은 직장을 구할 수 있는 가능성이 크다. 설사 어쩌다 잘못 풀려 좋은 직장을 구하지 못하더라도, 이들은 부모로부터 물려받은 재산을 바탕으로 그럭저럭 사업을 꾸려나갈 여지가 있다. 한마디로 본인의 실력이 좀 모자라도 부모의 배경만 탄탄하면 큰 문제가 되지 않는다는 것이다. 이에 반해 경제적으로 쪼들리는 가정에서 태어난 아이들은 좋은 교육을 받기가 어렵다. 이에 따라 그들은 치열한 경쟁과 배려가 부족한 사회분위기 속에서 도태될 수밖에 없는 것이 지금의 현실이다.

패권경제 _ 기축통화의 횡포와 에너지 전쟁

    미국은 세계경제를 주무르고 있다. 미국은 자국의 세계경제 장악력이 약화되는 징후가 발생할 경우 정치력과 군사력을 동원해서라도 경제패권을 놓지 않으려 한다. 대표적인 예가 1985년에 있었던 '플라자 협정Plaza Accord' 이다. 당시 일본은 세계경제의 최강자였다. 1인당 국민소득이 미국을 능가했고, 전자와 자동차를 위시한 각종 제품들이 세계시장을 석권했다. 반면 미국은 당시 대규모 무역수지 적자에 시달리고 있었다. 특히 일본으로부터만 무려 430억 달러에 달하는 적자를 보여 전체 무역수지 적자의 38%를 차지했다.

    미국은 이대로 가다가는 일본에게 세계경제 패권을 빼앗길 것이라는 위기의식을 느꼈다. 그래서 착안해 낸 것이 바로 플라자 협정이다. 엔화의 환율절상을 강요한 것이다. 미국시장 의존도가 워낙 컸던 일본은 미국의 압력에 굴복하고 만다. 그리하여 일본은 3년 동안에 엔화를 달러당 260엔에서 120엔으로 거의 3배에 이르는 수준으로 절상시켰다. 이것이 일본의 잃어버린 20년의 단초가 되었다. 이후 일본경제는 끝없는 추락을 하게 된 반면 미국은 서서히 경제가 회복되어 패권을 유지해 나갈 수 있었다.

여기에 미국은 경제패권을 확고히 하기 위해 금융자본주의 체제를 최대한 활용하기 시작했다. 미국은 2008년 금융위기가 발생하자 자국경제의 회복을 위해 6년이 채 안 되는 기간 동안에 양적완화Quantitative Easing란 이름 아래 약 4조 달러 이상의 달러를 살포했다.

경제논리에 따른다면 양적완화 시책으로 야기된 달러의 증발은 달러 가치 하락으로 연결되고, 이는 미국경제와 달러화에 대한 신뢰 저하로 이어진다. 그러나 현실은 달러의 증발이 달러의 가치하락을 초래하지 않았다. 오히려 위기의 순간에는 안전자산을 선호하는 심리가 확산되어 달러 가치가 안정되거나 오르기까지 했다. 또한 미국이 2014년 10월 양적완화를 종료하자 신흥국 시장들은 또다시 출렁이는 모습을 보였다. 즉 그동안 신흥국 시장에 유입되었던 달러자금 등 외국계 여유자금들이 썰물처럼 빠져나가기 시작한 것이다.

왜 그랬을까? 바로 달러가 기축통화인데다가 미국의 패권전략이 주효했던 데 기인한다. 즉 달러 가치가 폭락하면 미국 달러를 많이 보유하고 있던 나라들도 덩달아 커다란 손실을 볼 것이라는 우려가 먹혀들었다. 사실 중국과 일본은 각기 1조 달러 이상의 미국국채를 보유하고 있다. 이런 상황에서 달러 가치 폭락은 중국과 일본에 엄청난 타격을 줄 것이다. 그래서 이들 달러 채권국들은 달러 가치의 폭락을 원하지 않았던 것이다. 또 세계경제에 위기가 닥치면 그나마 미국이 상대적으로 가장 빨리 위기를 타개할 것이라는 막연한 기대심리, 그리고 달러 위상이 흔들리면 국제금융질서가 마비될 것이라는 우려 등도 이러한 왜곡된 현상을 야기하는 데 일조했다.

기축통화란 국제간 결제에 금과 동격으로 널리 사용되고 있는 통화를 뜻한다. 그러면 달러는 어떻게 해서 기축통화가 될 수 있었을까? 제1차 세계대전 이전까지만 해도 금본위제 아래 영국의 파운드화가 세계의 기축통화 역할을 해왔다. 그러나 금본위제가 붕괴되고 영국의 경제력이 점차 쇠퇴하면서 기축통화로서의 파운드화는 그 운명을 마감하게 되었다. 반면 미국과 미 달러화가 부상하기 시작했다. 제2차 세계대전 종전 직후 미국은 슈퍼파워가 되었다.

당시 미국의 GDP가 전세계 GDP의 50%를 훌쩍 뛰어넘었고, 전세계 금의 70%를 보유하고 있었다. 이를 바탕으로 미국만이 당시 유일한 금본위제 국가였으므로 경제적인 측면에서도 달러가 힘을 발휘할 수 있었다. 더욱이 강력한 군사력이 뒷받침되었다. 여기에 뉴욕은 이미 국제금융의 중심지로서의 역할과 기능을 수행하고 있었다. 즉 완비된 은행조직과 어음 할인시장이 존재하고 있었기에 세계의 자금들이 이곳에 몰려들어 거래되고 있었다.

그러면 기축통화가 되면 어떤 이득을 볼 수 있는가?

첫째, 전세계를 상대로 시뇨리지seigniorage를 누릴 수 있다. 국가권력은 국민경제 내에서 화폐를 찍어낼 수 있다. 이때 화폐의 액면가치에 비해 실제로 화폐를 만드는 데에 들어가는 비용의 차액, 국가가 화폐를 찍어냄으로써 얻게 되는 이익을 시뇨리지라고 한다. 개별 국가의 정부가 그 나라 국민들로부터 시뇨리지를 거두는 것처럼, 세계경제 전체를 대상으로 시뇨리지를 거둘 수 있게 된다.

둘째, 기축통화가 되면 대외균형에 얽매이지 않고 국내의 경제정책 목표를 추구할 수 있다. 쉽게 말해 환 위험에 노출되지 않기에 아무리 무역적자가 나더라도, 우리나라가 IMF 외환위기를 겪었던 것과 같은 외환부도를 걱정할 필요가 없다는 것이다. 미국은 세계최대의 무역수지 적자국가이다. 또한 세계최대의 재정적자 국가이기도 하다. 경제이론에 따른다면 미국은 만성적인 외환위기에 시달리거나 달러 가치의 폭락으로 이어져야 한다. 그러나 현실은 그렇지가 않은데, 이 또한 달러가 세계의 기축통화이기 때문이다. 결국 미국은 1945년에 미국 달러를 기축통화로 만들면서부터 세계경제체제에서 이와 같은 특권을 누리게 되었다.

중국은 세계 2대 경제대국으로 부상하면서 달러화 패권에 대한 견제심리를 노골적으로 표출하고 있다. 중국의 싱크탱크인 중국과학원은 2013년 1월 발표한 '국가건강보고'라는 연구보고서에서, 미국이 전세계 패권적

이익을 싹쓸이하고 있으며 이로 인한 최대 피해국이 중국이라고 주장했다. 그리고 패권적 이익이란 패권국가가 세계적으로 짜놓은 패권구조를 통해 얻는 독점적이고 약탈적인 초과이익이라고 정의했다.

또한 이 보고서는 미국은 화폐 주조, 국제통화 팽창, 채권 발행, 해외투자, 불공정 무역 등 다양한 경로를 통해 패권적 이익을 얻고 있다고 지적했다. 이어서 미국이 2011년 패권을 통해 얻은 이익이 7조 4천억 달러로 전세계 패권적 이익의 96.8%를 차지한 것으로 분석했다. 아울러 미국의 패권 추구로 인한 최대 피해국이 중국이라며, 그 손실액은 3조 7천억 달러에 달한다고 주장했다. 또 중국이 이런 손실을 보지 않았다면 중국 노동자들은 매일 근로시간을 20~30% 줄일 수 있고, 주 4일 근무제도 가능할 것이라 덧붙였다. 결과적으로 미국은 별반 노동 없이 이득을 누리는 반면 중국은 제조를 열심히 하지만 막상 노동자들이 손에 쥐는 것은 별로 없다는 것이다.

미국이 금융을 통해 세계를 지배하려는 전략은 또 다른 패권경제의 형태이다. 이는 세계경제의 주도권은 돈의 흐름, 즉 금융에 있다는 것을 뜻한다. 흔히들 금융을 경제의 혈맥이라고 부른다. 금융이 원활하지 못하면 경제가 동맥경화증에 걸리기 마련이다. 다시 말해 제조업이 아무리 강력한 경쟁력을 가지고 있다고 하더라도 금융이 제대로 받쳐주지 않으면 경제가 원활히 돌아가지 않는다는 뜻이다. 미국과 일본경제의 부침에서 이를 잘 알 수가 있다.

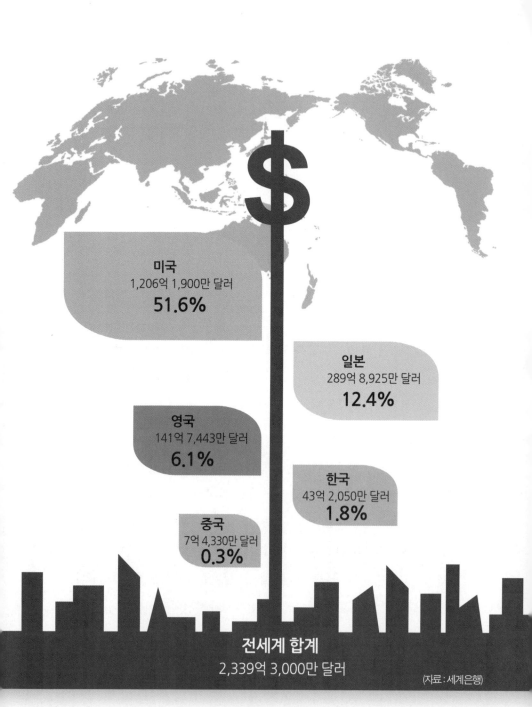

미국
1,206억 1,900만 달러
51.6%

일본
289억 8,925만 달러
12.4%

영국
141억 7,443만 달러
6.1%

한국
43억 2,050만 달러
1.8%

중국
7억 4,330만 달러
0.3%

전세계 합계
2,339억 3,000만 달러

(자료 : 세계은행)

국가별 로열티 수령액(2011년)

1980년대까지만 해도 제조업 강국이던 일본은 세계제패의 꿈을 키웠다. '21세기 일본의 시대' 라든지 '일본제일Japan as Number One' 이라는 말이 유행어가 되었다. 그러나 1990년대 들어 일본의 영향력은 급격히 축소되었다. 당시 일본이 이처럼 패권경쟁에서 뒤떨어지게 된 이유는 파워의 중심이 제조업에서 금융으로 옮겨가는 패러다임 시프트paradigm shift에 적절히 대응하지 못했기 때문이라는 분석이다.

미국은 1980년대 플라자 협상을 열어 달러 약세를 가져오고, 이를 통해 제조업 경쟁력 강화와 경상수지 개선을 꾀했으나 결과적으로 실패했다. 그래서 경상수지 개선의 목표는 버리고 차라리 달러 강세를 통해 자본수지 개선을 도모했다. 이것이 루빈의 '금융에 의한 미국의 세계지배 전략' 의 골자이다. 즉 통상을 통한 문제해결 방식을 버리고, 금융을 통해 세계의 주도권을 행사하겠다는 정책전환인 것이다.

에너지 패권은 또 다른 하나의 패권경제이다. 에너지는 경제성장의 동력원으로서 없어서는 안 되는 중요한 투입요소이다. 에너지 공급이 어려워지면 일부 경제활동이 중단되거나, 심할 경우 국가경제 전체가 마비되는 상태에 이를 수도 있다. 앞으로도 세계경제의 성장이 지속된다면 에너지 수요 또한 계속 늘어날 것이다. 특히 우리나라는 에너지 다소비 국가이면서도 대부분의 에너지를 해외에서 들여오고 있다.

이미 세계는 두 차례에 걸쳐 에너지 파동을 겪었다. 앞으로도 에너지 수요는 지속적으로 늘어날 것으로 예상되는 반면, 공급 상황은 중동 및 북아프리카 정정政情불안 등에 따라 더욱 악화되는 추세에 있다. 더욱이 자원보유국들은 에너지를 국제사회에서의 자국 위상강화를 위한 지렛대로 활용하는 경향을 강화해 나가고 있다. 자원보유국이 자원개발을 할 때 외국인 합작기업의 지분참여 제한, 로열티 인상 또는 높은 보너스 요구, 심지어 외국인 기업에 대해서는 더 이상 신규 자원개발을 허용하지 않는 나라까지 나타나고 있다.

이에 자원 확보를 위한 국가간의 경쟁은 한층 더 가열되고 있다. 중국은 풍부한 외환보유고를 활용하여 세계의 주요 유전매입에 열을 올리고 있다. 미국은 세계 에너지시장의 주도권을 지속적으로 확보해 나가기 위해 중동질서를 재편하고 아울러 새로운 대체에너지 개발에도 힘을 기울이고 있다. 또한 러시아, 베네수엘라 등 주요 산유국들은 국영석유회사의 위상강화를 통해 자원통제력를 강화하고 있는 중이다. 이러한 분위기 속에서 이제 에너지 문제는 세계안보와 국가간 패권다툼의 문제로까지 비화되고 있는 실정이다.

훼손경제 _ 지구를 위협하는 인간의 도발

과거 문명의 발달이 미미했던 시기에 인간은 환경에 절대적으로 순응하며 살았으나, 산업혁명 이후 환경을 인간의 의지와 능력에 따라 개발할 수 있는 자원으로 인식하게 되었다. 그 결과 자연에 대한 무차별적인 개발 행위가 가해져 결국 오늘날 환경파괴라는 심각한 과제를 떠안게 되었다.

일반적으로 경제행위를 할 때 불가피하게 환경오염을 수반하게 된다. 즉 재화를 생산하기 위해 공장을 가동하면 대기오염, 수질오염, 토양오염, 소음, 지반 침하, 악취 등을 유발하는 것이다. 도로를 달리는 수많은 자동차들도 매연과 가스를 배출하고 있다. 이러한 환경오염은 결국 생태계 질서를 파괴하여 인간의 삶을 위협한다.

환경오염과 훼손으로 인한 폐해를 좀더 구체적으로 살펴보자. 우선, 수질오염이다. 이는 하천·호수·해역 등이 가정폐수·공장폐수 등에 의해 용수用水로서의 가치와 외관이 저하되고, 환경보전 및 국민보건에 악영향을 끼친다는 뜻이다. 특히 산업폐수는 각종 중금속을 비롯하여 고도 처리를 요하는 난분해성 물질 등을 배출한다. 이에 따라 어패류나 식물 등이 직접 피해를 받는 것은 물론 사람도 직·간접적으로 피해를 입는다. 이와 같이 수질오염은 결국 인간에게 되돌아와 환경질환이나 공해병을 일으킨다.

다음은 대기오염이다. 흔히 스모그smog 현상이라고 일컬어지는 대기오염은 대기에 인위적·자연적으로 방출된 오염물질이 과다하게 존재함으로써 대기의 성분 상태가 변화하고, 그 질이 악화되어 인간과 동식물의 활동에 나쁜 영향을 주는 것을 뜻한다. 즉 대기가 오염되면 사람들은 기침, 호흡곤란, 두통, 구토 등의 증세를 나타낸다. 급격한 도시화와 산업화로 인해 대기오염은 점차 광역화되며 심각해지고 있다.

한편, 요즘 국제사회에서 가장 심각하게 떠오른 환경파괴 관련 이슈는 지구온난화이다. 산업발달에 따라 석유와 석탄 같은 화석연료를 사용하고, 또 개발과정에서 숲을 파괴하면서 온실효과의 영향이 커졌다. 이런 지구온난화에 의한 피해를 감지할 수 있는 대표적 사례는 해수면 상승과 이상기후 현상을 들 수 있다. 위성 관측 결과 지표면의 눈은 1960년대 이래 약 10% 감소했으며, 온도상승이 심한 북반구에는 1950년대와 비교해 빙하가 10~15% 줄었다. 또한 빙하가 녹으면서 해수면이 상승하고 있으며, 이로 인해 지구상에서 섬이 없어지고 있다. 또한 지구 곳곳에서 폭염과 이상한파 등 기후이변 현상이 나타나고 있고, 이로 인한 인명피해 또한 적지 않다.

지구온난화 현상은 1972년 로마클럽보고서에서 처음 공식적으로 지적 되었다. 이후 1992년 6월, 브라질의 리우 회의에서 지구온난화에 따른 이상 기후 현상을 예방하기 위한 목적으로 '기후변화협약(기후변화에 관한 국제연 합 기본협약)' 이 채택되었다. 그러나 이 협약은 구속력이 없는 하나의 선언 에 불과했다.

그러다 1997년 12월 교토에서 개최된 3차 당사국 총회에서 2000년 이후 선진국의 감축목표를 주요 내용으로 하는 '교토의정서Kyoto Protocol' 가 채택 되었다. 교토의정서는 온실가스 감축에 대한 법적 구속력이 있는 국제협약 으로, 전세계 국가들이 지구온난화 방지를 위해 노력하겠다는 기후변화협 약과 달리 감축목표 수준 및 설정방식, 교토메커니즘을 도입한 구체적인 국제협약이다. 그러나 세계최대의 온실가스 배출국들인 미국과 중국이 자 국의 산업을 보호한다는 구실로 미온적이라 협약이행의 성사 가능성이 그 리 밝지는 않다.

참고로 '교토메커니즘Kyoto Mechanism' 이란 공동이행제도, 청정개발제도, 그리고 배출권 거래제를 통해 온실가스 감축을 구체적으로 이행시키는 제 도이다. 공동이행제도란 선진국들이 온실가스 감축사업을 공동으로 수행 하는 것을 말하며, 청정개발체제는 선진국이 개도국에서 온실가스 감축사

업을 수행해 달성한 실적의 일부를 선진국의 감축량으로 허용하자는 것이다. 또 배출권 거래제도는 온실가스 감축의무가 있는 국가가 의무 감축량을 초과 달성했을 경우, 이 초과분을 다른 감축의무 국가와 거래할 수 있다는 것이다. 반대로 의무 달성을 이행하지 못할 경우, 다른 감축의무 국가로부터 구입할 수 있도록 허용한다. 따라서 감축목표가 설정된 선진국들 간에 배출권 거래가 가능하다.

국제사회는 이러한 환경파괴를 방지하기 위한 방안의 하나로 그동안 대체에너지원으로서 원자력의 활용 비중을 꾸준히 늘려왔다. 그러나 원자력 발전은 이산화탄소를 배출하지는 않지만 방사선 노출 위험이 높다. 특히 최근 잇따른 원전사고는 이러한 재앙에 대한 공포를 키우고 있어 원자력의 활용도를 높이는 데 걸림돌이 되고 있다. 그리고 태양광, 풍력 등 신재생에너지 개발은 비용문제로 아직도 저조한 수준이다.

한편, 우리나라는 1997년 당시 기후변화협약 채택시 개발도상국으로 분류되어 온실가스 배출 감소의무가 유예된 상태로, 온실가스 감축의무가 없다. 그러나 우리나라의 온실가스 배출이 지속적으로 증가하고 있다. 2010년 온실가스 배출량은 6억 6,900만 톤으로 1990년 2억 9,600만 톤에서 2배 이상 증가했다. 이에 우리나라는 2009년에 자발적으로 온실가스 배출량 감소를 선언했다. 즉 2020년까지 온실가스를 전혀 감축하지 않을 경우에 비해 30%를 감축하기로 선언한 것이다. 그리고 2015년부터는 온실가스 배출권 거래제도를 시행해 산업계의 온실가스 감축을 이행하도록 한다는 계획을 가지고 있다.

앞으로도 인류가 경제활동을 지속하고 에너지를 사용한다면 온실가스 양이 점점 증가할 것이다. 이를 방치한다면 결국 인류사회는 생존이 불가능해질 것이다. 지구온난화의 주범인 이산화탄소의 대기 중 농도를 적어도 550ppm 이하로 억제해야 하며, 그 해결 여부는 우리의 손에 달려 있다.

과시경제 _ 허례허식과 낭비의 조장

대부분의 사람들이 경기불황이라고 말한다. 그런데 불황에도 불구하고 비싼 제품은 더욱더 불티나게 팔린다고 한다. 2013년 세계 명품시장 연구 보고서와 〈월스트리트 저널〉에 따르면 전세계 명품시장 규모는 우리나라 돈으로 약 313조 원에 달했다. 그중 한국에서 판매되는 명품 판매액은 12조 원이라고 한다. 이제 우리나라는 세계 명품 판매국 10위 자리에 등극했다. 그렇다면 경기불황에도 이렇게 비싼 명품이 잘 팔리는 이유는 무엇일까?

먼저, 대다수의 사람들이 가지고 있는 허영적인 소비심리를 지적할 수 있다. 즉 남의 눈을 지나치게 의식하여 남들에게 뒤처지지 말아야 한다는 부담감과 경쟁심이 명품소비를 부추긴다는 것이다. 명품 구매자들은 명품이 특별히 질이 엄청 뛰어나서 구입하는 게 아니다. 그들은 브랜드 가치를 구입하는 것이다. 여기에 장사꾼들은 가격이 비쌀수록 사람들의 허영심을 자극한다는 심리를 이용해서 일부러 가격을 높게 책정하기도 한다.

또 다른 이유로 자기만족감과 과시욕을 느끼기 위해서라고 한다. 명품과 스스로를 동일화하여 명품이 곧 자신의 이미지라고 생각하기 때문에 무리를 해서라도 명품을 구입한다는 것이다. 즉 명품을 구매하면서 상류층에 속한다는 환상을 느낀다는 것이다. 그런데 이러한 고급스러운 서비스와 상품으로 자신을 과시하고 싶은 욕구나 유명인과의 친분을 과시하고 싶은 심리들은 어떻게 보면 현대인의 열등감과 불안함에서 기인한다고 볼 수도 있을 것이다.

이런 현상은 우리 현실에서 광범위하게 일어나고 있는데, 비싼 브랜드 커피전문점에서 주저 없이 지갑을 여는 소비자들의 심리도 이와 같다고 할 수 있다. 식사 후 나만 자판기 커피를 마신다면 브랜드 커피점에서 커피를 마시는 집단과는 어울릴 수 없다는 괴리감을 느낀다고 한다. 결국 그들과 어울리면서 브랜드 커피를 마셔야 심리적 안정을 찾을 수 있다는 것이다.

이와 함께 우리의 고질적인 체면중시와 허례허식의 풍조에도 기인한다. 이는 아마도 그동안 가난하게 살아왔던 열등감에 대한 반작용이 아닌지 모르겠다. 이제는 나도 좀 잘살고 있다는 것을 과시하고 싶은 것이다. 그래서 친지의 경조사에 분수를 넘어서는 과도한 부조금을 냄으로써 자신을 과시하려는 것이다. 특히 결혼풍속도는 낭비요소가 너무 많아 돈이 줄줄 새고 있는 형국이다. 혼수는 비용도 많이 들지만 사돈 집안간에 반목과 불화를 일으키는 등 두고두고 문제가 되고 있다. 그리고 과도한 부조금을 받은 사람은 다시 그만한 수준으로 경조금을 되갚아줘야 하므로 부담을 키우는 악순환으로 이어지게 된다.

이처럼 과시욕 때문에 가격이 비싸더라도 수요가 늘어나는 현상을 '베블렌 효과'라고 한다. 이 베블렌 효과가 사회 전체로 확산되어 일반계층 사람들도 상류층 사람들이 구입하는 물건을 모방하여 소비하게 되는 경향이 있다. 이를 '밴드왜곤 효과'라 한다. 그런데 이 밴드왜곤 효과는 베블렌 효과보다 더 큰 문제를 초래할 수 있다. 왜냐하면 자신의 경제적 능력과는 무관하게 모방소비를 일삼을 경우 경제적 파탄상태를 맞게 되고, 이는 개인의 문제에 그치지 않고 사회 전체의 건전성을 해칠 수 있기 때문이다.

우리는 지금 가계빚이 1,000조 원을 상회하고 있다. 물론 이처럼 가계빚이 크게 늘어난 것은 주로 주택구입 자금을 마련하는 과정에서 빚어졌지만, 빚에 대해 무감각한 사회분위기도 이를 부추겼다. 상환능력을 초과하는 과다한 빚은 향후 가계파탄을 초래하고 신용불량자를 양산함으로써 결국 국가경제를 위기에 빠뜨리게 된다.

※ 주요 '과시소비 효과' 관련 이론

베블렌 효과 (Veblen Effect)

미국 사회학자 베블렌(Veblen)은, 계급이 사라진 대중사회에서는 부의 정도를 알아보기 어렵기 때문에 사람들은 자신을 알리기 위한 과소비를 한다고 주장한다. 소비자는 물건을 살 때 두 가지를 고려하게 된다. 하나는 실제로 지불하는 가격, 둘째는 남들이 얼마를 줬을 거라 예상하는 가격이다. 구입한 물건에 대해 남들이 기대하는 가격이 바로 과시가격이다. 과시가격이 올라갈수록 수요가 늘어나는데 이것이 바로 베블렌 효과이다. 주로 사치품이 이에 해당된다.

밴드왜곤 효과 (bandwagon Effect)

곡예나 퍼레이드의 맨 앞에서 행렬을 선도하는 악대차(樂隊車)가 사람들의 관심을 끄는 효과를 내는 데에서 유래한다. 특정 상품에 대한 어떤 사람의 수요가 다른 사람들의 수요에 의해 영향을 받는 현상으로, 편승효과라고도 한다.

스놉 효과 (Snob Effect)

스놉 효과란 특정 제품에 대한 소비가 증가하면 그 제품의 수요가 오히려 줄어드는 현상이다. 스놉 효과에서 소비자들은 다수의 소비자가 구매하지 않는(못하는) 제품에 호감을 느끼는데, 보통 가격이 비싸서 쉽게 구매하기 어려운 고가의 하이클래스 제품, 명품 등이 해당된다.

디드로 효과 (diderot Effect)

문화적으로 연결이 강하다고 여겨지는 소비재에 관한 사회현상을 일컫는 말이다. 쉽게 말하면 하나의 물건을 갖게 되면 그것에 어울리는 다른 물건을 계속해서 사게 되는 현상을 뜻한다. 즉 제품 간 조화를 추구하는 욕구가 소비에 소비를 불러 충동구매로 이어지는 것이다. 눈으로 보여지는 제품일수록 이 효과는 강하게 나타난다.

선심경제 _ 뜨거워지는 복지논쟁

흔히 '복지증진'이라는 이름으로 벌이는 무분별한 재정지출 확대가 멀쩡한 나라를 어떻게 파산시키는지를 이야기할 때 아르헨티나의 사례가 자주 인용되고 있다. 한때 세계 유수의 경제강국이던 아르헨티나가 어찌하여 국가 디폴트 사태로까지 추락하게 되었을까? 그 논란의 중심에 포퓰리즘 populism의 원조격인 페론주의Peronism가 있다.

아르헨티나는 광활한 토지를 이용한 곡물생산과 목축으로 외화를 벌어들여 20세기 전반까지는 부유한 국가였다. 교육 문화수준 또한 다른 남미 국가에 비해 매우 높았다. 그러나 1943년 군부 소장파 장교들의 쿠데타로 등장한 후안 페론 대령이 1946년 대통령에 당선된 이후 노동자들을 집권기반으로 이용하려는 정책을 펴기 시작하면서 사정이 달라졌다.

페론 정부는 개혁이라는 미명 아래 저소득계층의 임금을 올려주고 복지를 늘리는 등 물량공세를 폈다. 또 외국산업의 배제와 산업의 국유화를 단행했다. 노동단체에게는 전례가 없는 각종 혜택들이 주어졌다. 페론 집권 후 연간 20% 이상의 임금인상, 복지재정 지출확대가 이어졌다. 페론정부 집권초기에는 긍정적인 경제지표가 나타나기도 했다. 그러나 시간이 흐를수록 후유증이 나타나 결국 극심한 인플레이션과 경제파탄을 초래하고 말았다. 아직도 아르헨티나는 이 포퓰리즘이 남긴 어두운 그림자에서 벗어나지 못하고 있다.

한편, 우리가 지향하던 복지국가 모델인 서구유럽 국가들의 최근 사정은 어떠한가? 2008년 미국발 글로벌 금융위기 여파는 유럽국가들에게도 휘몰아쳤다. 그동안 복지천국을 구가하던 이들 대다수 유럽국가들의 재정은 이미 바닥이 났다. 특히 포르투갈·아일랜드·그리스·스페인 등 소위 PIGS국가들의 상황은 심각했으며, 그중 그리스·스페인 등은 국가부도 사태까지 경험했다.

결국 이들은 구제금융을 받기에 이른다. 그 과정에서 경제적 주권을 훼손당하게 되었고, 국민들은 심각한 불황과 고실업으로 커다란 고통을 겪게 되었다. 구제금융 덕분에 가까스로 위기를 벗어난 이들은 이제 복지수준을 줄여나가려 하고 있다. 또 재정의 건전성을 높이기 위한 논의도 활발히 진행 중이다.

우리 사회에도 복지논쟁이 갈수록 뜨거워지고 있다. 이는 한편으로는 경제적으로 어느 정도 여유가 생겼다는 것을 뜻하기도 한다. 그러나 지나친 복지는 반드시 후유증을 낳게 마련이다. 정치인들은 선거를 앞두고 경쟁적으로 복지공약을 쏟아내고 있다. 반값등록금과 반값주택 등의 반값 시리즈뿐만 아니라, 무상급식과 무상의료, 무상보육 등 무상복지 시리즈까지 등장했다. 선심경제와 포퓰리즘의 전형적인 모습이다.

우리 경제사회 구조를 건전하고 지속적인 발전이 가능하도록 만들기 위해서는, 다른 OECD 국가들에 비해 열악한 사회안전망과 복지 인프라를 확충하는 작업이 필수적 과제임은 틀림없다. 선제적으로 이 같은 예방적 복지 인프라를 구축하지 않으면 향후 복지지출 비용은 훨씬 더 커질 수 있다. 특히 저출산·고령화 충격이 본격화되기 전에 전략적으로 복지 인프라를 구축해 가는 작업을 서둘러야 한다.

그러나 이 과정에서 재원조달 문제와 복지 인프라 확충의 방법론에 대한 심각한 고민이 전제되어야 한다. 어떤 식이든 복지재원 문제에 대한 구체적인 계획이 없는 한, 그것은 공허하거나 재정악화 등 커다란 문제를 낳을 수밖에 없다. 이런 것을 막기 위해 어떤 법안을 제정할 때, 재원을 먼저 확보하라는 '페이 고Pay-Go' 원칙을 엄격히 준수해야 할 것이다.

복지재정을 늘리려면 다른 부문의 재정을 줄이거나, 아니면 빚을 내어 충당할 수밖에 없다. 그런데 다른 부문의 재정을 줄인다는 것은 결국 재정의 우선순위를 조정하는 문제이다. 물론 이를 통해 상당부분은 해결이 가능하겠지만, 현실적으로는 어려움이 많고 한계가 있다.

결국에는 국채를 발행하여 재원을 충당하는 방법을 택하게 될 것이다. 이 경우 자칫하면 나라를 온통 빚더미에 올려놓게 될지도 모른다. 그리고 그 빚더미를 고스란히 후손들에게 떠넘겨 그들이 무책임한 아버지 세대와 할아버지 세대를 욕하게 만들 것이다. 만약 그 규모가 지나치게 클 경우 당장 국가채무불이행, 즉 디폴트 사태가 일어날 수도 있다.

현대사회에서 노령, 실업, 산업재해, 모자가정, 질병 등 다양한 사회문제에 대처하기 위해 복지는 반드시 필요하다. 또한 사회적 약자를 배려하고, 사회안전망을 구축하는 것은 당연한 국가의 의무이며 국민의 권리이다. 그러나 복지만능주의는 오히려 사회의 활력을 저하시키고 국가의 재정위기를 초래할 가능성이 있다. 더욱이 한번 달콤한 복지 맛에 길들여지면 이를 줄이기가 거의 불가능하다.

지금은 공짜복지들이 달콤할지 몰라도 나중에 돌아올 부담은 엄청난 파괴력을 지닌다. 무상복지를 감당하기 위해 들어간 돈은 누군가가 갚아야 할 빚이다. 결국은 우리가 갚아야 하는 빚이고, 우리 세대가 감당하지 못하면 우리의 후손들이 짊어져야 할 빚인 것이다. 결코 공짜 점심은 없다!

전시행정도 선심경제의 대표적인 하나의 예로 꼽을 수 있다. 이 역시 재정을 파탄 내는 주범 중 하나이다. 지방자치제 시행 이후 대다수 지방정부에서는 경쟁적으로 도로, 스포츠시설, 공항시설을 유치해 왔다. 그러나 다수가 제대로 활용되지 못한 채 방치되거나 흉물로 전락할 위기에 놓여 있다. 이는 지자체들이 제대로 된 사전 수요조사 없이 무턱대고 지역주민들의 환심을 사려는 심산에서 건설에 나선 데 기인한다.

지방정부의 호화청사 또한 국민적 비난의 대상이 되고 있다. 이 청사들은 건축비용도 천문학적인 수치이지만, 청사를 유지·관리하는 데에도 에너지 비용 등 엄청난 비용이 들어가고 있다. 더욱이 여기에 들어가는 비용은 모두 주민들이 부담하지만, 정작 이 호화청사가 주민들의 삶에는 전혀 도움을 주고 있지 않다는 데 문제의 심각성이 있다.

재정지출뿐만 아니라 재정수입 측면에서도 선심정책이 남용되고 있는데 다름 아닌 조세감면이다. 대표적인 사례가 미국 부시 행정부가 취했던 부자감세정책이다. 이는 부자들이 지갑을 열어야 소비가 늘어나고 국민경제가 활기를 띤다는 소위 공급경제논리에서 비롯되었다. 그러나 이는 소비진작이란 긍정적 측면보다 재정악화를 초래하는 부작용이 더 컸다는 결과를 경험했다.

물론 조세감면이 필요한 경우도 있다. 수입기반이 취약한 중소기업과 서민 등 경제적 약자들이 그 대상자들이다. 그러나 이 제도가 너무 남용되는 측면이 있다는 것은 문제이다. 2013년 기준 우리나라 국세 감면액은 33조 6천억 원이었다. 이중 서민·중산층에 대한 지원 비중은 중소기업 53%를 포함해 전체의 60% 수준이다. 역으로 말하자면 상당한 금액이 고소득층과 대기업으로 흘러들어가고 있다는 의미다. 더욱이 조세감면의 기한, 소위 일몰조항이 정해져 있지 않은 항구화된 조세특례가 63.4%나 차지하고 있다.

투기(로또)경제 _ 꺼지지 않는 거품들

　우리는 언론을 통해 도박, 경마, 로또 등 지나친 사행행위로 패가망신을 했다는 기사를 종종 접한다. 그런데 여러 가지 사행행위들 중에서도 우리 경제사회에 가장 커다란 문제를 일으키고 있는 것은 어쩌면 부동산투기가 아닐까 여겨진다.

　복부인! 대한민국 부동산 투기꾼의 대명사이다. 우리나라 부동산투기의 역사는 1963년 강남지역 개발에서 시작되었다. 당시 이재理財에 밝은 소위 강남복부인들이 전국을 누비면서 부동산가격을 천정부지로 뛰게 만들고, 그 와중에 자신들은 엄청난 불로소득을 챙겼다. 옆에서 이를 보고 부럽기도 하고 또 한편으로는 배 아프기도 한 이웃동네 아줌마들도 부동산투기 대열에 뛰어들었다.

그사이에 대한민국 사람들은 아줌마뿐만 아니라 너나 할 것 없이 모두 투기꾼이 되어가고 있었다. 또한 전 국토는 투기장으로 변해버리고 말았다. 그리고 땅 투기에서 시작된 부동산투기는 점차 아파트 등 건물투기로까지 확산되어 갔다.

지금도 이 부동산투기 광풍현상은 잠재워지지 않은 채 여전하다. 한 정부 통계에 따르면, 수백 채의 집을 가진 사람들이 적지 않고, 1,000채 이상을 보유한 사람도 있는 것으로 나타났다. 도대체 이들은 어디서 이런 많은 자금을 조달했으며, 또 이 수많은 집들을 어떻게 활용하는지 도무지 상상이 가지 않는다.

게다가 이들 투기꾼들은 염치도 없다. 법망을 피하기 위해 위장전입을 하거나 교묘한 방식을 동원해서 탈세를 하고 있다. 우리나라 기업들 중에는 겉으로는 제조업을 한다고 신고해 놓았지만, 실제로는 땅 투기에 골몰하는 곳도 꽤 많았던 것으로 알려졌다. 그 이유가 바로 다름 아닌 세금회피를 위해서이다. 또 양도소득세를 덜 내려고 실거래가격을 속이고 훨씬 낮은 가격으로 거래한 것처럼 위장하는 소위 '다운계약서' 작성 행태도 그중의 하나이다. 이렇게 부동산투기로 부자가 된 이들이 떵떵거리고 살아가는 반면, 다른 한편에서는 전셋집과 월세집을 전전하거나 쪽방촌에서 연명하는 사람들이 적지 않다.

이 부동산투기 광풍으로 우리 경제사회는 깊이 병들어가고 있다. 그 실상을 살펴보자.

첫째, 경제를 위축시키고 물가불안 요인이 되었다. 생산적인 부문에 투자되어야 할 돈이 땅에 묶여버리면 기업생산 활동에 필요한 돈은 그만큼 줄어들고 생산활동이 위축된다. 더욱이 자금이 부족한 중소기업들은 생산활동에 필요한 돈을 못 구해서 도산할 수밖에 없다. 그리고 기업들은 투기로 인해 비싸진 땅값을 지불하고 공장용지를 확보해야 하므로 상품의 원가상승 요인이 된다. 따라서 물가도 자연적으로 상승하는 것이다. 현재의 부동산가격은 부동산투기가 시작되던 1960년대 당시에 비하면 수백 배 이상 뛰었다.

둘째, 땅값과 집값을 상승시켜 서민들의 부담을 가중시켜 놓았다. 만약 건설업자가 비싸진 땅값을 지불하고 아파트를 짓는다면, 아파트 분양가격이 상승하게 된다. 소비자들은 그만큼 비싼 대가를 치르고 아파트를 살 수밖에 없다. 그리고 집 없는 서민들은 전셋집과 월세집을 전전하며 집 없는 설움을 겪어야 한다. 이 경우 세를 놓는 주인은 자신도 비싼 대가를 치렀기에, 자연히 전셋값과 월세값을 올릴 것이다. 그리하여 결국에는 집 없는 가난한 서민들에게까지 그 파급효과가 미치는 것이다.

셋째, 근로의욕 상실과 소득격차 심화 등 사회불안을 증폭시켰다. 부동산투기로 인해 불로소득을 챙기는 사람들이 많아지면 성실하게 살아가는 많은 사람들이 상대적 박탈감을 갖게 되고 일할 의욕을 잃게 된다. 노조의 과다한 임금인상 요구도 부동산투기와 관련이 있다. 이는 건전한 사회활동을 통해서는 경제적 부를 축적할 수 없다는 상대적 상실감에서 비롯되기 때문이다.

보통 일반 근로자나 직장인들은 성실하게 일해서 벌어들인 빠듯한 급여로 생활도 하고 저축도 한다. 또 10년·20년을 목표로 내 집을 장만하는 것이 작은 소망인 사람들이 많다. 그러나 이러한 무주택 서민들의 내 집 마련이라는 소박한 꿈은 아무리 열심히 일해도 평생 이룰 수 없는 것이 되어가고 있다.

넷째, 경제운용에도 커다란 충격을 주고 걸림돌이 되어왔다. 이는 특히 부동산 거품이 꺼지기 시작할 때 더 심각해진다. 거품상태의 부동산 가격을 기준으로 대출해 줬던 돈들이 거품이 꺼지면서 한순간에 사라지고, 수많은 부실채권들을 양산하게 됨으로써 금융 또한 덩달아 부실해진다. 결국 나라 경제 전체가 위축될 수밖에 없다.

이와 같이 부동산투기는 한마디로 우리 경제사회를 병들게 하는 암적인 존재이며, 나라를 망치는 망국병인 것이다. 따라서 더 이상 부동산투기가 일어나지 않도록 강력한 제도적 장치를 확보하고 이를 일관성 있게 유지해 나가야 한다.

지금 부동산 가격이 빠졌다고 해서 부동산 투기심리가 근절되었다고 생각해서는 큰 오산이다. 단지 당분간 잠복되어 있을 뿐이다. 언제 또다시 고개를 쳐들고 나올지 모른다. 호시탐탐 그 기회를 노리고 있다. 더욱이 아직까지도 부동산 가격의 거품이 완전히 빠진 것도 아니다. 그럼에도 불구하고 부동산을 내수 진작을 하려는 불쏘시개로 활용하려는 정책을 펼쳐서는 곤란하다.

한편, '묻지 마' 식의 금융상품 투자행위도 우리 경제사회를 병들게 하고 있다. 특히 자금력과 정보력이 약한 소위 '개미'들이 섣불리 머니게임에 나섰다가 가산을 탕진하는 경우가 흔히 나타나고 있다. 개미들은 작전세력들의 꾐에 빠져 당하는 경우가 허다하다. 이들 작전세력들은 교묘한 방법으로 개미들을 유혹한다. 가격으로 유인하기도 하고, 때로는 거래량으로 유인하기도 한다. 거짓정보를 퍼뜨리기도 한다.

개미들이 일단 낚시의 떡밥을 물면 곧바로 코가 꿰어 이러지도 저러지도 못하는 상황으로 전개되다가 결국엔 저가로 보유주식을 던지지 않을 수 없다. 간혹 적은 금액의 수익을 보는 개미들도 없지 않다. 그러나 이 역시 낚시 미끼에 걸린 사실을 모르는 개미들은 오히려 더욱 깊이 유혹에 빠져들게 된다. 작전세력과 기업사냥꾼의 농간으로 전재산을 날리고 신용대출 받은 자금까지 물려 빚더미에 오른 개미들은 신용불량자가 되거나 자살을 시도하기도 한다. 이것이 우리 불쌍한 개미들의 슬픈 자화상이다. 결국 선량한 대다수 개인투자자들의 희생을 바탕으로 일부 악덕 사기집단이 배를 채우는 결과를 가져오는 것이다.

더욱이 이제 개미들은 막연한 대박과 일확천금에 대한 꿈을 가지고 과도한 위험(risk)이 따르는 파생금융상품에 대한 투자를 늘리고 있다. 파생상품은 원래 투자에 따른 위험을 줄이기(hedging) 위해 출시된 상품으로, 굉장히 전문적인 금융공학에 의해 정교하게 만들어진다. 따라서 이 상품에 투자를 하려면 과학적이고 전문적인 지식이 필요하다. 이런 연유로 정보력과 자금력을 갖춘 기업과 기관투자가 등 전문투자가 이외의 개미들은 투자에 신중을 기할 필요가 있다.

양극화 경제_ 소득격차와 경제력집중 심화

크레디트스위스은행의 2014년 연례보고서에 따르면, 세계 인구가 소유한 글로벌 자산총액은 263조 달러에 달하며, 전세계 최상위 부유층 1%는 이중 절반에 가까운 48%를 소유하고 있다고 밝혔다.

한편, 조세재정연구원에 따르면(2012년 4월), 우리나라 소득상위 1%가 버는 소득이 전체의 16.6%를 차지했다. 이는 OECD 주요 19개국 평균 9.7%를 크게 상회하고 있으며, 우리나라보다 부의 쏠림이 심한 나라는 미국(17.7%)뿐이었다.

우리나라의 소득분배 상황을 알아보자. 우선, 지니계수가 2012년 0.307로, 불평등하다고 평가되는 수치인 0.3을 상회하고 있다. 그리고 이 수치는 경제협력개발기구(OECD) 34개 회원국 중 18위에 해당되어 소득불평등 정도가 중간 수준을 유지하고 있다. 지니계수란 0과 1사이의 수치로 숫자가 높아질수록 소득불평등이 높다는 것을 의미하며, 0.3을 상회하면 불평등, 0.4를 넘으면 매우 불평등하다고 간주된다.

한편, 소득상위 20%(5분위)와 하위 20%(1분위)간의 소득격차를 보여주는 5분위배율이 2012년 5.54에 달했다. 이는 최상위 20% 계층의 소득이 최하위 20% 계층에 비해 5배 이상 소득이 많다는 것을 뜻한다. 이에 따라 전체 가구에서 중산층이 차지하는 비중은 65%에 그치고 있다. 중산층이란 전체 국민을 연간소득 순으로 한 줄로 세웠을 때 딱 중간에 있는 사람의 소득(중위소득) 50% 이상, 150% 미만을 의미한다.

물론 2010년부터는 우리나라의 전반적인 소득분배 상황이 다소 개선되는 모습을 보이고 있기는 하다. 그러나 이는 저소득 자영업자의 증가 등에 따른 것으로 심각한 전세난과 가계부채 규모의 지속적인 증가 등을 감안할 때, 앞으로도 이런 추세가 계속 이어질지는 예측하기 어려운 상황이다.

더욱이 이러한 공식지표도 그렇지만 현실적으로 느끼는 체감지표는 한층 더 심각한 상황이다. 그 이유로는 여러 가지가 있겠지만 가장 큰 이유는 이러한 중산층 지표들이 단지 소득만을 기준으로 삼고 있기 때문이다. 즉 중산층 지표를 구할 때 한 가구의 소득 이외에 부동산·금융상품 등의 자산은 제외된다. 예를 들어 자산은 전혀 없고 매달 갚아야 할 빚이 잔뜩 있는데 일정한 급여가 있는 직장인의 경우, 중산층 지표에 따르면 중산층에 속하지만 실제로는 중산층으로 보기 힘들다.

지니계수를 예로 들어보자. 정부가 가계소득을 기준으로 조사한 지니계수는 2012년 0.307이었지만, 가계소득뿐만 아니라 금융자산까지 포함할 경우 지니계수(가계금융복지조사 기준)는 0.353에 달한다. 이 경우 우리나라는 OECD 회원국 중에서 6번째로 소득불평등 정도가 나쁜 것으로 나타났다.

또한 통계청이 새로 개발한 중산층 측정지표인 '울프슨 지수Wolfson Index'에 따르면 2011년 0.254에서 2012년 0.256으로 상승했는데, 이는 중산층이 그만큼 줄어들고 있음을 보여준다. 즉 울프슨 지수는 소득의 양극화가 심화될수록 중산층의 규모가 감소한다고 전제하고 중산층의 몰락 정도를 표시한 것으로, 수치가 1에 가까울수록 중산층이 몰락하고 있다는 것을 의미한다.

소득분배 지표 추이

구 분		'07	'08	'09	'10	'11	'12
지니계수	전체가구(1인 농가 포함)	0.312	0.314	0.314	0.310	0.311	0.30
	2인 이상 비농가	0.295	0.296	0.294	0.288	0.288	0.285
5분위배율 (배)	전체가구(1인 농가 포함)	5.60	5.71	5.75	5.66	5.73	5.54
	2인 이상 비농가	4.95	4.98	4.95	4.81	4.80	4.68
상대적 빈곤율(%)	전체가구(1인 농가 포함)	14.8	15.2	15.3	14.9	15.2	14.6
	2인 이상 비농가	12.9	12.9	13.0	12.5	12.3	12.2
증산층 비중 (%)	전체가구(1인 농가 포함)	63.9	63.1	63.1	64.2	64.0	65.0
	2인 이상 비농가	66.7	66.3	66.8	67.5	67.7	68.9

자료 : 기획재정부

한편, 소득양극화 못지않게 기업에 의한 경제력집중 현상 또한 갈수록 심화되고 있다. 특히 우리나라는 수많은 계열기업들이 단일경영체제로 형성되어 있는 대기업집단, 즉 재벌이 존재함에 따라 이러한 현상이 더욱 심각하다. 재벌은 개발연대에서 대기업 위주의 성장전략, 기업들의 외형 키우기 경쟁, 그리고 돈이 돈을 버는 자본의 속성 등이 결합되어 이루어진 것이다.

우리나라의 경제력집중 현상을 살펴보자. 지난 10년간 상호출자 제한 기업집단 중 자산상위 10대 기업집단(공기업 제외)의 국내총생산(GDP) 대비 자산은 48.4%에서 84%로, 매출액은 50.6%에서 84.1%로 증가했다. 즉 지난 10년간 각 연도 자산상위 10대 기업집단의 자산은 2003년 371조 2,900억 원에서 2012년 1,070조 50억 원으로 늘어났으며, 매출액은 388조 6,200억 원에서 1,070조 9,300억 원으로 증가했다.

계열기업의 수도 지속적으로 늘어나 2013년 62개 상호출자 제한 기업집단의 총 계열회사 수는 1,768개에 달했다. 이들 대기업집단별 평균 계열회사 수는 28.5개에 달했다. 개중에는 80개 이상의 계열기업을 거느린 기업집단도 없지 않다. 재벌들이 이같이 수많은 계열기업들을 거느릴 수 있게 된 데는 관계인들이 상호출자 등 실타래같이 엉킨 지분교환 등을 통해 정작 재벌총수 자신이 가진 지분은 얼마 되지 않더라도 실질적인 기업지배가 가능했기 때문이다.

이와 같이 소수의 재벌에 의한 경제력집중이 문제가 되고 있는 가운데,

더 심각한 문제는 상위 5대 재벌에 의한 경제력집중이 갈수록 커지고 있다는 것이다. 정부가 30대 기업집단을 상위그룹(1~4위), 중위그룹(5~10위), 하위그룹(11~30위)으로 나눠 분석한 자료에 따르면, 상위그룹 편중현상은 자산, 부채비율, 매출, 순이익 등 경영전반에 걸쳐 두드러지게 나타났다. 이는 상위그룹의 신장률이 중위그룹이나 하위그룹에 비해 훨씬 높은 데 기인한다. 이에 따라 30대 기업집단의 자산총액 중 상위그룹이 차지하는 비중은 2009년 49.6%에서 2013년 55.3%로, 총매출액은 49.6%에서 53.2%로, 순이익은 70.5%에서 79.8%로 각기 높아졌다.

경제력집중 현상을 완화하기 위해 정부는 공정거래 강화, 중소·중견기업 육성과 서비스산업 활성화 등의 시책을 펼쳐나가고 있으나 한계가 있다.

고령화 경제_ 활력을 잃어가는 경제사회

　날이 갈수록 은행 등 금융회사에서 젊은 인재들을 찾아보기가 어려워지고 있다고 한다. 성장을 멈춘 금융회사들이 신입사원 채용을 대폭 줄이고 있는 데다, 국내 금융시장에서 비전을 찾지 못한 20~30대의 인재들이 속속 금융권을 떠나고 있기 때문이다. 금융회사들이 수년 동안 신입사원을 뽑지 않다 보니 기존 직원들은 만년 막내노릇을 하면서 서류정리 같은 단순업무에 투입되고 전문성을 습득할 기회가 없다. 이와 같이 직장생활에 비전이 보이지 않자 이들은 직장을 떠나고 만다. 결국 직장이 고령화되고 활력과 경쟁력이 떨어지고 있는 것이다.

　금융연구원과 한국직업개발원이 매년 발표하는 '금융인력 수급 통계보고서'에 따르면, 2006년 금융권의 20~30대 인력 비중은 68.4%로, 40~50대

31.6%의 두 배를 훌쩍 넘었다. 그러나 2013년 말에는 20~30대 비중이 57.8%로 떨어졌고, 40~50대는 41.5%로 증가했다. 이와 같이 갈수록 금융회사들이 신입사원 채용을 대폭 축소하고 있어 조만간 20~30대 직원 비중이 50% 미만으로 떨어질 가능성이 높다. 그런데 문제의 심각성은 이러한 현상이 비단 금융권에서만 일어나고 있는 것이 아니라 전산업에서 공통적으로 나타나고 있는 전반적인 추세라는 점이다.

우리나라는 낮은 출산율과 수명연장으로 인해 고령화가 급속하게 진행되고 있다. 한 세대 전까지만 해도 지속적인 인구증가가 초래할 식량위기, 인구폭발, 환경위협 등의 문제에 대비해 인구억제정책을 펼쳐왔다. 그러나 한 세대만에 세계는 저출산, 고령화 문제에 직면하게 된 것이다. 특히 우리나라에서 이 문제가 심각한 이유는 그 진행속도가 상대적으로 매우 빠르고, 두 문제가 매우 깊게 연결되어 있다는 것이다.

우리나라는 낮은 출산율로 인해 2017년부터는 생산가능인구(15~64세 기준)가 감소할 전망이다. 우리나라의 현재 출산율은 2011년 1.24명, 2012년 1.30명으로, 세계 222개국 중 6번째로 낮은 수준이다. 반면 65세 이상 고령인구 비중은 2010년 11%에서 2030년 24.3%, 2050년에는 37.4%로 점차 늘어날 것으로 전망된다. 이에 미래 납세자는 줄고, 부양해야 할 노인은 늘어나 성장잠재력 약화가 우려된다. 현재의 경제활동참가율을 전제할 경우 2021년부터 노동력 부족 현상이 현실화될 전망이다.

국제사회에서는 전체인구에서 65세 이상 노인인구의 비율이 7%를 넘으면 '고령화 사회aging society'라 하며, 14%를 넘으면 '고령사회aged society', 그리고 20%를 넘으면 '초고령사회' 또는 '후기 고령사회post-aged society'라 한다. 우리나라의 노인인구는 2000년에 7.2%를 넘어서서 고령화사회에 진입했고, 2012년에는 11.8%에 달했다. 통계청의 장래인구 추계에 따르면 우리나라는 2017년에 노인인구가 전체인구의 14%를 넘어서서 '고령사회'가되고, 2026년에는 '초고령사회'가 될 전망이다.

이처럼 우리나라는 세계적으로 그 유례를 찾을 수 없을 정도로 짧은 기간인 17년 만에 고령화사회에서 고령사회가 되고, 또 8~9년 만에 초고령사회로 진입할 것으로 관측되고 있다. 따라서 오랜 기간에 걸쳐 인구고령화에 대처해 온 선진국에 비해 우리가 받게 될 충격은 훨씬 더 클 수밖에 없다. 이와 더불어 1955년에서 1963년 사이에 출생한 810만 정도의 베이비부머baby boomer들이 노령자층에 접어들기 시작하는 2020년부터 2028년 사이에 고령인구는 급증할 것으로 예상된다.

주요 국가의 고령화 진행 속도

	도달 연도			소요 기간*
	고령화(7%)	고령(14%)	초고령(20%)	7 → 20%
한국	2000	2017	2026	26년
일본	1970	1994	2006	36년
프랑스	1864	1979	2018	154년
미국	1942	2015	2036	94년

주 : * 65세 이상 노령인구가 총인구에서 차지하는 비중이 7%에서 20%로 높아지는 데 걸리는 기간

그러면 이와 같이 날로 심화되는 저출산, 고령화 현상이 우리 경제사회에 미치는 문제점은 무엇일까?

첫째, 생산가능인구의 감소이다. 저출산 현상이 지속되면 20여 년 후 신규로 노동시장에 진입하는 인구가 감소하여 전체 노동력이 감소할 것이다. 이에 따라 총취업자 수 증가율은 2000년대 0.97%에서 2010년대 0.45%로 둔화되고, 2020년대부터는 마이너스 성장률을 보일 것이다. 또한 15~64세 경제활동인구의 감소로 노동력 공급부족 현상도 초래될 것이다. 이는 노동 이동성을 줄여 직종간, 산업간, 지역간 노동력 수급의 불균형을 초래하며 노동생산성도 저하시키게 된다.

한국의 인구 변화

둘째, 국가경쟁력의 약화이다. 노동공급 감소, 소비와 투자 위축에 따른 자본스톡 증가율 둔화, 재정수지 악화 등으로 인해 경제성장은 크게 둔화될 전망이다. 또 저축률이 감소하고 사회보장 확대로 인한 공공지출이 증가함에 따라 기업투자를 위한 자금공급은 상대적으로 줄어들 것이다.

셋째, 사회부담의 증가와 경제사회 활력의 저하를 초래한다. 노인인구가 늘어나면 노년부양비가 늘어나게 된다. 노년부양비란 15~64세 생산연령인구에 대한 65세 이상 피부양 노인연령층 인구의 비율을 말한다. 우리나라의 경우 1970년도 노년부양비는 5.7%였지만, 2000년에는 10.1%이고, 2010년 15.4%였다. 앞으로 2020년 22.4%, 2030년에는 37.3%에 이를 것으로 예측된다. 이는 1970년에는 젊은 사람 17.5명이 노인 한 사람을 부양했지만, 2020년에는 4.6명이, 2030년에는 2.7명이 노인 한 사람을 부양해야 한다는 것을 의미한다.

넷째, 연금고갈 문제를 초래한다. 노인인구 증가로 연금수급자가 급격히 증가하는 반면 저출산의 영향으로 연금가입자의 증가율이 상대적으로 낮아, 향후 연금지출액이 연금수입액을 초과하면서 연금고갈 문제가 초래될 우려가 커지고 있다. 이와 함께 저출산 및 고령화는 경제성장을 둔화시켜 세입 기반이 잠식되는 반면, 노인인구 급증으로 인해 연금수급자가 증가하고 노인진료비가 증가하여 사회보장 재정부담은 크게 증가할 것이다.

3장 | 어떻게 치유할 것인가?

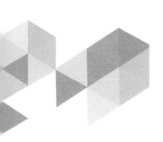

시장 기본질서의 올바른 확립

자본주의 체제의 근간이 되고 있는 시장경제는 그 기본원리를 자율·창의·경쟁에 두고 있다. 그러나 현실경제에서는 이 원리가 제대로 작동하지 않고 있다. 이에 경기가 곤두박질치고 있으며, 거시경제 운용에 많은 어려움을 겪고 있다.

그러면 경쟁원리가 제대로 실현되지 않거나 오작동됨에 따라 야기되는 문제의 예부터 들어보자. 우선 정부가 인허가 규제를 통해 진입장벽을 만들면서 원천적으로 경쟁이 제한되는 경우이다. 그나마 이는 시장의 혼란을 사전에 방지하기 위해 불가피한 측면이 인정될 수 있을 것이다.

진짜 문제는 다른 데 있다. 원래 시장은 기업 규모나 능력 차이를 전혀 고려하지 않은 채 무차별적인 경쟁을 강요하고 있다. 이는 쉽게 말해 체급이나 중량이 다른 대기업과 중소기업이 동일한 조건 아래 경쟁하라는 것을 뜻한다. 이 경우 결과는 뻔하다. 물론 정부가 공정거래 제도를 마련하여 이를 중재하고는 있으나 한계가 있을 수밖에 없다.

또한 과다출혈 경쟁이란 것도 있다. 이는 말 그대로 너무 많은 경쟁자들이 나타나 손실을 보면서까지 과도한 경쟁을 하는 현상을 뜻한다. 특히 해외수주를 놓고 이런 사태가 벌어지면 문제는 더욱 심각해진다. 우리 기업들끼리 과도한 가격인하 경쟁으로 인해 제대로 된 보상을 받지 못하는 사례가 종종 나타나고 있다. 또 경쟁에 뒤처진 기업들은 마땅히 시장에서 퇴출되어야 하나, 실제로는 그렇지 않고 연명해 나감에 따라 시장질서를 어지럽히는 경우가 많다는 것도 큰 문제이다. 이는 '대마불사大馬不死'의 배짱심리가 아직도 작용하기 때문일 것이다.

시장경제의 또 다른 원칙인 자율과 창의는 오늘날 기업가정신의 쇠퇴와 함께 거의 실종된 상태이다. 시장경제를 주도해 나가는 핵심 경제주체는 기업이며, 이 기업의 가치를 높이는 가장 중요한 경제활동이 투자행위이다. 그런데 현실 경제사회에는 이 투자를 저해하는 각종 요소들이 널려 있어 경제침체를 면지 못하고 있다.

대표적인 투자저해 요소가 바로 규제이다. 따라서 시장 메커니즘이 제대로 작동되기 위해서는 규제 개선 노력을 지속적으로 추진해 나가야 한다.

적어도 불합리한 규제로 인해 기업투자에 지장이 초래되는 사례는 발생하지 않도록 해야 한다. 특히 규제가 서로 얽혀 있어 실마리조차 찾기 어려운 덩어리 규제를 풀어나가는 데 주력해야 한다.

이와 함께 우리 경제의 중장기 체질개선을 위해 인적자본의 활용도와 질적제고를 위한 투자도 확대해 나가야 한다. 경제발전을 이루기 위해서는 창의력을 제고하고 기술발전을 이루어나가야 하는데, 이는 결국 사람이 수행하기 때문이다.

특히 여성인력의 경제활동 참여를 확대하고 인적자본의 질을 높여나가야 한다. 우리나라의 경우 심각한 저출산 추세로 인적자본의 투입이 줄어들고 있는데, 이는 성장잠재력을 약화시키는 요인이 되고 있다. 남성의 경제활동 참가율은 이미 70%를 상회하는 포화상태이므로, 이제는 여성의 경제활동 참여를 활성화하는 수밖에 없다. 이를 위해서는 여성이 직장에서 직위나 임금 등 모든 면에서 차별대우를 받지 않도록 하고, 또 육아 · 보육 대책을 강화해야 할 것이다.

그리고 고급 산출물들을 만들어낼 수 있도록 고급인력들을 양성하는 한편, 국내 고급두뇌의 해외유출 방지와 해외 고급인력의 국내유치 노력을 강화해야 한다. 아울러 근로 분위기와 여건을 개선하고, 노사상생의 협력문화를 확산시켜 나가야 한다.

새로운 성장동력을 찾기 위한 노력도 강화해야 한다. 우리나라는 그동안 노동집약적인 산업에서 점차 자본집약적인 산업구조로 전환함에 따라 제조업 강국이라고 여겨져 왔다. 그러나 중국, 인도 등 후발국의 추격으로 이제는 이 발전모델도 한계에 직면하고 있다. 이를 탈피하기 위해서는 기술개발 투자를 확충하여 첨단산업을 육성하고, 산업의 융·복합을 촉진해 나가야 한다. 이런 과정을 통해 발전된 산업들은 수익성이 클 뿐만 아니라, 국제사회에서의 표준화에 유리하고 기술 로열티까지 챙길 수 있다. 또 문화산업, 에너지, 생태계 보전산업 등 미래발전과 인간성 회복에 중요한 산업의 육성도 병행해 나가야 한다.

한편, 이러한 시장원리의 복원과 함께 시장경제 운용과정에서 발생한 여러 가지 부작용과 후유증을 완화하는 노력도 병행해 나가야 한다. 우리는 과거 개발연대 시절 단기간 내 고속성장을 이루기 위해 특혜성 지원과 불공정 경쟁체제 인정 등 여러 가지 무리수를 둔 측면이 없지 않았다. 이에 따라 소득계층간·산업간·기업규모별 격차 등 양극화 현상의 심화는 물론이고 기업의 정부의존적인 경영관행을 초래하는 문제점까지 낳았다.

그리고 두 차례의 경제위기를 극복하는 과정에서 비정상적인 조치들이 적지 않게 활용되면서 경제주체들의 도덕적 해이를 부추겼다. 대표적인 사례가 빚을 감당할 능력이 없는 개인이나 기업에 대한 부채탕감과 법정관리 절차 인정이었다. 이 제도를 도입한 이후 실제로 능력이 안 되는 기업과 개인뿐만 아니라 멀쩡한 경제주체들도 빚 탕감을 받기 위해 이 제도를 남용하는 사례가 늘어나고 있는 추세이다.

각종 제도와 관행의 투명성과 공정성을 재고하기 위한 노력도 한층 더 강화해 나가야 한다. 특히 기업경영 측면에서 그러하다. 사실 그동안 이와 관련한 많은 노력이 있어왔음에도 불구하고 아직까지 지하경제 규모가 GDP의 16~18%에 이르고 있다. 이는 아직도 투명성과 공정성 관련 제도와 관행을 개선할 여지가 크다는 점을 뒷받침하는 것이다.

끝으로 시장경제 질서를 복원하기 위해서는 무엇보다도 포퓰리즘에 입각한 선심성 행위, 즉 정치논리에 의한 경제운용을 지양해 나가야 한다. 이는 포퓰리즘에 근거한 왜곡된 경제운용은 재정의 건전성을 해치고 결국은 디폴트(국가부도) 사태를 초래할 우려마저 있기 때문이다.

복지수요가 증대하면서부터 표를 얻기 위한 정치권의 선심성 정책들이 쏟아져 나오기 시작했다. 그런데 이와 같이 포퓰리즘이 확산될 수 있게 된 이면에는 보통사람들의 공짜심리도 크게 작용했다. 우리는 대책 없는 무상복지 시리즈를 좋다고 환호하면서 기꺼이 표를 던진다. 은근히 좀더 화끈한 무상 시리즈를 부추기기까지 한다. 이는 결국 그 부담이 자신에게 돌아온다는 걸 모른 채 '나중에 생길 후유증이야 내가 책임질 일도 아닌데, 지금 당장 나한테 유리하면 됐지, 뭐…' 라는 생각에서 비롯된 것이리라!

우리는 흐트러진 시장경제 원리와 질서를 한시바삐 정상화하는 한편 시장경제의 함정을 착실히 바로잡는 노력도 병행해 나가야 한다. 이렇게 할 때 비로소 우리 경제의 활력 회복은 물론이고 지하경제, 선심경제, 종속경제, 장벽경제 등의 문제를 해소할 수 있을 것이다.

인간존중의 조직문화와 사회풍토 정착

지금 우리 주변에서 일어나고 있는 모든 부조리와 병폐 현상은 결국 인간의 탐욕에서 비롯된 것이다. 이러한 탐욕을 절제시키지 않고서는 제대로 된 경제사회가 건설되지 않는다. 설혹 경제상황이 나아진다고 하더라도 사람들이 탐욕에 몰입해 있다면 우리의 삶은 결코 행복하지 않을 것이다.

기본을 소홀히 하고 절차를 무시하면 큰 화를 부를 수 있다. 좀더 긴 안목에서 가정과 기업, 그리고 국가를 잘 운영해 나가지 못한다. 그저 당장 눈앞에 보이는 이득을 챙기는 데만 급급할 따름이다. 특히 검은 뒷거래는 우리 경제사회의 총체적 부실을 초래하고 경쟁력을 훼손시킬 뿐만 아니라, 인간의 양심과 존엄성마저 갉아먹는 무서운 바이러스인 것이다. 이를 뿌리뽑지 못하면 언젠가 부메랑처럼 되돌아온다.

따라서 우리는 한시바삐 적당주의와 검은 뒷거래를 불식할 수 있도록 빠진 너트들을 찾아 다시 조이는 사회시스템 정비작업을 추진해 나가야 한다. 적당주의와 빨리빨리 문화에 '철저하고 빈틈없는 부지런함', '섬세함과 침착함을 지닌 여유로움' 을 더해 나가야만 한다. 그리고 무엇보다도 기본과 원칙에 충실하고, 부정부패 없는 맑고 투명한 사회분위기를 조성 · 정착시키는 데 힘을 모아야 한다. 이것이 전제되지 않으면 우리가 지향하는 선진 경제사회는 영원한 구두선에 불과할 것이다.

이러한 인간존중의 경제사회 실현을 위해서는 무엇보다도 올바른 인성교육이 가장 중요하다. 인성이란 사람의 성품을 뜻한다. 즉 특정한 개인이 생각하고 느끼고 행동하는 것이다. 그리고 인성교육이란 지知, 정情, 의意를 조화롭게 발달시키는 교육이고, 개인적인 자아실현을 위한 가치교육이며, 사회생활을 하면서 더불어 살아가기 위한 도덕교육이다.

자기 스스로 삶의 가치를 안다면 자존감도 높아지고 정서가 안정되며, 긍정적인 생각으로 사회생활을 할 수 있다. 그리고 사회가 안정되어야 불신과 갈등의 충돌이 줄어들게 되며, 더불어 살아가는 기쁨도 느낄 수 있다. 선악을 분별하는 능력인 도덕성이 날로 희박해지는 오늘의 세태를 바로잡고, 참다운 인간을 양성하는 인성교육이 절실한 이유이다.

인성교육은 가정과 사회에서부터 먼저 시작되어야 한다. 참다운 인성을 갖춘 사람으로 키우는 데는 물론 학교에서의 인성교육도 중요하지만 어렸

을 때부터 가정에서의 밥상머리 교육이 더 중요하다.

행복한 삶의 근원은 '가정'이다. 그런데 최근 여러 가지 이유로 가정이 파괴되는 경우가 늘어나고 있다. 또 우리 아이들이 사회생활의 기본을 배우고 미래를 준비하는 곳인 학교에서는 교권이 실추되고 학교폭력이 난무하고 있다. 그리고 우리 사회는 정의로운 사회, 공정한 사회, 신뢰할 수 있는 사회와는 거리가 멀다고 인식하는 사람들이 많다. 우리 사회에 퍼져 있는 이러한 부정적 요소들이 복합적으로 작용함에 따라 우리 공동체의 삶이 행복하지 못한 것이다.

이러한 문제가 발생하는 것은 인간의 관계성이 제대로 정립되어 있지 않은 데서 비롯된다. 서로가 불필요한 갈등 없이 친밀하고 협동적인 인간관계가 이루어진다면 우리는 행복한 삶을 살 것이다. 따라서 관계성을 결정짓는 인성을 키우는 노력을 강화해야 한다. 인성을 바르게 함양시켜 행복한 삶을 살아가고 따뜻한 사회를 만들어나가는 데는 문화적 안목과 감성을 키워나가는 것이 커다란 도움을 준다. 이는 문화와 예술은 사람의 감정을 순화시키고 안정감을 더해주는 기능을 가지고 있기 때문이다.

서구사회의 인성교육은 주로 부모의 자원봉사활동, 스포츠와 문화적 교류를 통해 이루어지고 있다. 부모들이 일상생활 혹은 직장에서 자원봉사하는 모습을 보인다면 자녀들은 저절로 자원봉사 정신을 배우는 것은 물론이고 부모를 더욱 신뢰하고 존경하게 된다. 그들의 뇌리에는 봉사정신을 통해 인성교육이 올바르게 이루어지며, 또 훌륭한 지도자가 되기 위해서는 남의 아픔에도 공감할 줄 아는 마음가짐을 가져야 한다는 믿음이 생기게 된다. 스포츠 활동 또한 인성교육을 함양하는 데 크게 기여하고 있다. 이는 스포츠 활동을 통해서 페어플레이fair play 정신과 상대편에 대한 배려정신을 배울 수 있기 때문이다. 그리고 폭넓은 문화생활은 마음의 안정과 삶의 가치를 존중하는 태도를 길러나가는데 도움을 주고 있다.

한편, 기업경영 활동에서도 인간존중의 정신은 갈수록 중요한 화두로 떠오르고 있다. 기업은 이윤획득이란 공통목표를 가진 사람들의 협동체이다. 그런데 현실 기업경영에서는 늘 사람을 이윤획득의 도구로만 생각해왔지, 소중한 인격체라는 점에 대한 배려에는 소홀했다. 그래서 경영진들은 경쟁과 통제의 시스템을 주로 활용해 왔으며, 조직은 계층구조를 선호해 왔다. 그것은 위계질서를 통한 통제와 분배를 편리하게 해주기 때문이다. 그러나 이러한 조직운영과 경영철학은 갈수록 계층의 단절을 가져오고 갈등을 초래하여 오히려 기업생산성이 떨어지는 문제를 낳았다.

이러한 문제를 극복하기 위해서라도 이제는 사람을 자원이 아닌 인격체로 복원시켜야 한다. 그래서 경영자는 구성원의 아픔을 이해하고 나누며, 그들이 즐거이 일할 수 있도록 배려해야만 한다. 그리고 경쟁과 통제보다 협력과 자율을 더 중시하는 경영철학을 가지고 기업경영을 해나가야만 한다. 또 조직을 수평 구조화하고 직장을 자기실현의 장으로 만드는 새로운 문화를 창조해 나가야 한다.

이러한 조직에서는 고정 근무시간이 없고, 작업장의 분위기를 근로자 스스로 만들어가며, 노조활동이 자유롭고, 노사간 협조를 통한 경영참여가 보장되며, 상사를 평가하는 시스템이 있고, 1년 중 30일을 휴가로 쓸 수 있는 그런 시스템과 조직문화 형성이 가능할 것이다.

'경쟁시대'에서 '협력시대'로

경쟁은 보통 제한된 자원을 가진 환경에 공존하는 생물 사이에서 자연스럽게 일어난다. 경쟁은 발전의 원동력이다. 한 예로 스마트폰 시장에서는 지금도 계속해서 기술력이 성장하고 있으며 최신 제품들이 나오고 있는데, 이는 경쟁이 있기에 가능한 것이다. 더 많은 매출실적을 내기 위해서 치열한 경쟁을 한다. 경쟁의 필요성은 공산주의가 망한 것을 보아도 알 수 있다. 공산주의 사회에서는 일을 잘하든 못하든 같은 월급을 주니 사람들이 일을 하려고 하지 않아 작업효율도 떨어지고 발전도 못하는 것이다.

그렇다고 해서 경쟁이 무조건 좋은 것만은 아니다. 과도한 경쟁은 화를 불러오기 마련이며 오히려 독이 될 수도 있다. 경쟁의 본성은 결과지향적이기 때문에 욕망으로부터 벗어난 자유로운 행동이 없고, 상대의 실패와 패배를 전제로 이루어지는 승리감과 성취욕에 대한 집착이다. 그런데 집착은 인간에게 경쟁 없이는 세상을 살아갈 수 없는 굴레가 되며, 다른 사람과 비교하면서 느끼는 성취나 쾌락은 다시 상대적인 위치에서 좌절감과 고통으로 변한다.

시간의 기반 위에서 일어난 모든 경험은, 두뇌 속에 저장되어 조건반사적으로 더 나은 새로운 성취감을 얻으려고 반복하고자 한다. 이것이 집착이고 욕망이다. 욕망은 두뇌 속에서 일어나는 과거의 운동이다. 때문에 반복하고자 하는 욕망은 미지의 새로운 것을 맞이할 수가 없다. 경쟁은 욕망의 에너지로 반복되는 모순과 심리적 분열의 경험이다. 그리하여 경쟁은 온갖 갈등과 긴장을 생산하고, 쾌락과 고통을 가져다주며, 인간관계의 파괴적 행동으로 감수성을 둔감하게 한다.

반면, 협력은 서로의 관계를 한 가지 가치 기준에서 개인의 능력만을 비교하는 것이 아니라, 서로 다른 다양한 가치를 존중하며 공통으로 성취해 가는 과정에서 함께 누리는 기쁨이다. 그리고 팀워크를 통해 남을 이해하고 공존하며 같이 나아가는 것을 배울 수 있고 일을 분담할 수 있다. 그러기에 큰일을 작게 나누어 효율성을 높일 수 있다.

협력의 중요성에 대한 사례는 우선 대기업과 중소기업간의 협력에서 찾을 수 있다. 무한경쟁시대에서 이것이야말로 글로벌 경쟁력은 혼자가 아닌 협력업체와의 네트워크 경쟁력에서 나온다. 이제 우리 대기업들도 외국 선진기업들처럼 중소기업을 동반자로 생각하고 이들의 경쟁력 강화와 인재육성, 동반성장에 기여하는 다양한 경영지원 플랜을 만들어 실천해야 할 것이다.

때에 따라서는 경쟁기업 상호간의 협력도 필요하다. 한 예로 IBM과 도시바는 경쟁기업이지만, 노트북의 핵심기술인 LCD를 생산하기 위해 협력관계를 유지하고 있다. 이처럼 아군이 아니면 적이었던 비즈니스의 세계에 새로운 물결이 일고 있다. 이러한 기업간 협력은 비용을 절감하고 매출 또한 극대화할 수 있다는 점에서 하나의 추세로 지속될 것으로 보인다.

노사간의 협력 또한 중요하다는 것은 두말할 필요가 없다. 오늘날 글로벌 경제전쟁 시대의 상황은 근로자와 기업주 양자가 싸워서 누가 이기느냐 하는 1:1 승부 게임이 아니다. 근로자와 기업이 한 팀이 되어, 즉 동반자로서 함께 승자가 되느냐 아니면 함께 패배자가 되느냐 하는 동반협력의 게임인 것이다. 그래서 글로벌 경쟁력은 혼자가 아닌 노사단합에서 나온다. 이를 위해 기업은 근로자를 기업경쟁력을 키우는 가장 중요한 인적자원으로 인식해야 한다. 나아가 인격체로 대우해야 한다. 근로자들 또한 파업을 예사로 생각하는 노조문화를 바꾸어나가야 한다. 다시 말해 오늘날과 같이 어렵고 불확실성이 큰 시대에는 결국 노사간의 상생과 공존이 경쟁력이라는 것이다.

국제간의 공조도 중요하다. 글로벌 경제에서는 국가간의 상호협조 없이는 아무리 훌륭한 정책이라도 실효를 거두기 어렵다. 대표적인 예가 토빈세이다. 토빈세란 외환·채권·파생상품·재정거래 등으로 막대한 수익을 올리는 투기자본을 규제하기 위해 단기성 외환거래에 부과되는 과세이다. 따라서 토빈세가 제대로 작동될 경우 각국 정부는 재정수입을 올릴 수 있으며, 또 핫머니를 방지해 금융시장을 안정시킬 수 있다. 그런데 현실적으로 이 토빈세를 시행한 나라는 브라질이 유일하다.

이와 같이 이론상 나무랄 데 없는 토빈세가 현실에서 제대로 작동되지 않은 이유는 무엇일까? 이는 토빈세가 만약 일부 국가에서만 실시될 경우 금융거래는 토빈세를 도입하지 않은 역외금융시장으로 이동하는 등 조세회피가 발생하기 때문이다. 따라서 토빈세가 실효성을 거두기 위해서는 모든 관련국들이 동시에 이 제도를 도입해야만 한다.

국제 기후변화협약의 성공을 위해서도 국제사회의 협력과 공조가 중요하다. 1997년에 채택된 교토의정서는 세계최대의 경제대국들이면서 또 이산화탄소를 가장 많이 배출하는 나라인 미국과 중국이 자국 산업보호 명분을 들어 미온적이다 보니 제대로 잘 이행되지 않고 있다. 그러다 2011년 들어서는 캐나다까지도 이에 비협조적인 태도를 보이는 상황이다.

이와 같이 협력과 공조는 국내 및 글로벌 경제사회를 바르게 이끌어가는 데 매우 중요한 요소이다. 그렇지만 인간의 속성을 고려할 때 무조건적인 협력은 존재하기 어렵다. 또 설사 존재하더라도 지속되기가 어려울 것이다. 세상에는 완전경쟁과 완전협동은 있을 수 없다. 따라서 현실적인 대안으로 협력에 바탕을 둔 경쟁을 추구하는 것이 바람직하다. 이것이 바로 협력Cooperation과 경쟁competion을 합성한 코피티션Co-Opetion이다. 사람들과 사이좋게 어울리면서 협력하고 서로 존중하는 가운데, 더 좋은 일의 성과를 만들어내기 위한 경쟁이 촉발되는 경제사회를 만들어야 한다. 이 경쟁은 사람과의 경쟁이 아니라 일과의 경쟁인 것이다.

기업과 금융기관의 윤리경영 강화

최근 '기업윤리'가 주요한 기업경쟁력으로 대두되면서 윤리경영이 기업 경영활동의 최우선 가치로 인식되고 있다. 미국의 저명한 비즈니스 잡지 〈포춘Fortune〉이 선정한 500대 기업의 95% 이상이 윤리경영을 도입하고 있다는 조사결과도 있다. 이런 세계적인 추세를 반영하듯, 우리 기업들도 윤리경영 전담부서를 설치하고 윤리경영 교육을 실시하는 등 다양한 활동을 벌이고 있다.

윤리경영이란 회사경영 및 기업활동에서 '기업윤리'를 최우선 가치로 생각하며, 투명하고 공정하며 합리적인 업무수행을 추구하는 경영정신이다. 이익 극대화가 기업의 목적이지만, 기업의 사회적 책임도 중요하다는 의식과 경영성과가 아무리 좋아도 기업윤리 의식에 대한 사회적 신뢰를 잃으면 결국 기업이 문을 닫을 수밖에 없다는 현실적인 요구를 바탕으로 한다.

미국은 1976년부터 '해외부패행위법 foreign corruption practice act, U.S.A' 등을 통해 국제거래 관계에서 윤리경영을 가장 중요한 거래 기준의 하나로 제시해 왔다. 이는 결과적으로 윤리라운드 Ethics Round로 발전해 모든 기업이 윤리강령을 갖도록 하는 데 영향을 미쳤다. OECD에서도 1992년 외국 공무원 뇌물방지협약을 발효했으며, 2000년에는 국제공통의 기업윤리강령을 발표하는 등 윤리경영을 가장 중요한 국제거래 기준의 하나로 삼고 있다.

환경오염 방지를 위한 투자확충 또한 윤리경영의 중요한 부분이다. 이를 위해 탄소배출권 CERs : Certified Emission Reductions 거래제가 제대로 운용되어야 한다. 이는 정부가 기업에 할당한 온실가스 총량을 시장에서 주식이나 채권처럼 사고팔 수 있도록 하는 것으로, 우리나라도 2015년부터 시행될 예정이다. 이 제도가 시행되면 정부가 할당한 온실가스 감축량을 달성한 기업은 배출권을 시장에 내다팔고, 의무량을 채우지 못한 기업은 탄소배출권을 구입해서 채워야 한다.

일반기업 활동뿐만 아니라 금융활동에 대한 윤리강화 요구도 거세어지고 있다. 이를 위해 현재 대주주 적격성 심사제도를 통해 범죄를 저지른 금융회사 대주주의 의결권 제한이나 주식처분명령 등을 하고 있으며, 꺾기와 불완전판매금지 등을 통해 금융소비자 보호제도를 도입·운용하고 있다.

특히 2008년의 글로벌 금융위기는 이런 움직임을 한층 더 심화시키고 있다. 금융의 탐욕을 원천적으로 봉쇄하기 위해서는 이슬람 금융이 새로운 모델이 될 수 있을 것이라는 주장이 제기되기도 했다.

이는 이슬람 금융은 이슬람 율법인 '샤리아Sharia'를 지키기 때문에 보다 더 윤리적인 금융이라는 인식이 깔려 있다. 샤리아는 돈을 빌려주고 이자를 받지 못하게 하며 하루 안에 주식을 사고파는 것도 금지한다. 또 술과 돼지고기, 대중문화, 무기와 관련한 투자도 금지하고 있다. 이 때문에 이슬람 금융권은 투자금에 대한 이자가 아니라 배당금 형식으로 수익을 배분하며, 투기성 투자에는 잘 나서지 않는다. 이에 따라 이슬람은 채권금융debt financing을 지양하고 주식금융equity financing을 지향하는 방식으로 금융체계를 운영한다.

이슬람은 이자를 매개로 한 금융거래는 위험공유의 측면에서 대출자에게 유리하고 차입자에게 불리한 현상으로 간주한다. 이슬람에 따르면 대출자는 고정된 이자를 수취함으로써 미래의 위험을 전혀 감당하지 않으며, 오직 차입자만이 모든 위험을 감당하기 때문에 이자를 매개로 한 대출관계는 공정한 거래관계가 아니라고 여겨 이자riba를 금지한다.

또한 이슬람 금융은 실물자산에 근거한 거래라는 독특한 특징을 갖고 있다. 이슬람에 따르면 자본은 반드시 실질적인 경제활동과 연결되어 투자되어야만 이윤으로 보상받을 수 있다고 생각한다. 즉 자본만이 생산활동에 기

الإسلامي

الاقتصاد

여하는 것이 아니라 인간의 노동과 경영 등과 결합될 때 비로소 생산활동과 이윤획득이 가능한 것이라고 믿는다. 따라서 자본 제공자는 제공한 자본으로 창출된 이윤을 생산자와 공유해야 한다고 여기고 있다.

이슬람 금융은 2008년 글로벌 금융위기 이후 한층 더 빠르게 성장하고 있으며, 앞으로도 발전을 지속할 것으로 예상된다. 특히 이슬람 채권인 '수쿠크'는 수요가 몰리면서 앞으로 그 규모가 대폭 커질 것으로 보인다. 이렇게 이슬람 금융이 확산될 경우 세계 자본조달의 원천을 다양하게 할 뿐만 아니라 금융시스템의 발전에도 긍정적인 영향을 미칠 수 있다.

다만, 이슬람 금융기관은 투자예금 중심으로 운영하기 때문에 은행 등 일반 금융기관에 비해 적시에 유동성을 제공하기 어려운 문제를 안고 있다. 또한 이슬람은행이 수행하는 금융중개는 실물이 수반되는 구조이므로, 금융중개라는 본질적인 기능 외에 금융중개에 관련되는 실물을 관리하는 데도 경영자원을 투입해야 한다. 이는 순수한 금융중개를 제약하여 금융거래 비용을 높이는 요인으로 작용한다. 그래서 이슬람 금융이 기존의 금융방식을 대체하기보다는 금융의 안정성을 보강하는 보완적인 방식으로, 즉 일반적인 금융체제와 공존하는 형태로 이를 적극 활용하려는 노력이 필요하다.

이처럼 국제경제사회에서는 기업과 금융기관의 윤리경영 필요성이 점차 높아지고 있다. 우리나라에서도 1999년 2월 전경련이 기업윤리강령을 발표함으로써 본격적인 윤리경영 시대를 맞게 되었다.

한편, 사회적 책임투자Socially Responsible Investments, SRI에 대한 관심도 높아지고 있다. 사회적 책임투자란 도덕적인 기업, 투명한 기업, 환경친화적인 기업만을 투자 대상으로 삼는 것을 뜻한다. 이에 따라 비도덕적인 기업이나 반윤리적 기업 등은 투자 대상에서 제외하는데, 담배와 술 등을 제조·판매하는 기업도 기피대상으로 삼고 있다.

그리고 사회적 책임투자 지수Socially Responsible Investment Index도 활용하고 있는데, 이는 환경·사회·지배구조 등 기업의 지속가능성에 영향을 미치는 요소들을 비재무적 관점에서 평가한 후 우수기업을 대상으로 산출한 지수이다. 이 지수는 2009년부터 한국거래소가 매년 사회적 책임을 다하고 경영 투명성이 높은 70개 상장사를 편입해서 만들고 있다.

그러면 기업이 윤리경영을 지향해야 하는 이유는 무엇일까? 이는 기업에서 사전에 윤리경영에 입각한 적절한 조치를 취하지 않으면 사회적으로 커다란 저항에 부딪치고, 결과적으로는 그 기업에 더 큰 손실을 가져오기 때문이다. 나아가 기업이 비윤리적인 경영을 할 경우 정부는 기업활동을 제한하는 새로운 규제를 부가할 가능성이 있기 때문이다.

끝으로 기업이 윤리경영을 운영함에 따라 거두게 될 이점은 다음과 같다. 우선 대외적인 기업이미지 향상으로 브랜드 가치를 높이고, 주주와 투자자 특히 외국인 투자자로부터 신뢰를 확보할 수 있다. 또 노사간 신뢰를 바탕으로 하는 바람직한 노사문화를 형성하고, 종업원의 애사심과 주인의

식을 이끌어내어 생산성과 품질향상을 가져올 수 있다. 이와 함께 국내외 경영환경 변화에 따른 위험에 대비하고, 전반적인 기업경쟁력을 높일 수 있다.

사회안전망 확충과 질적 내실화

사회안전망Social Safety Nets은 넓은 의미에서 모든 국민을 실업, 빈곤, 재해, 노령, 질병 등의 사회적 위험으로부터 보호하기 위한 제도적 장치로서, 사회보험과 공공부조 등 기존 사회보장제도에 공공근로사업, 취업훈련 등을 포괄한다. 이러한 사회안전망의 목적은 모든 사회적 위험으로부터 국민의 재산과 생명을 보호하고 국민의 기본 복지수요를 보장하는 데 있다.

우리나라에서 사회안전망에 대한 논의가 본격화된 직접적 계기는 1997년 경제위기 당시 IMF 및 세계은행으로부터 구제금융의 조건으로 사회안전망의 확충을 요구받으면서부터이다.

날로 심각해지고 있는 양극화 현상을 시정함과 아울러 우리 경제사회의 지속가능한 발전을 위해서는 기존의 복지정책 패러다임이 근본적으로 바

꿰어야 한다. 특히 저출산·고령화라는 인구학적 변화가 급격하게 이루어지고 있는 점을 감안할 때 더욱 그러하다.

현재 우리나라의 사회안전망은 크게 1·2·3차로 구축되어 있다. 1차 안전망은 일반 국민을 대상으로 하는 공적연금, 의료보험, 산재보험, 고용보험 등 4대 사회보험으로 이뤄져 있다. 2차 사회안전망은 1차 안전망에 의해 보호받지 못하는 저소득층을 위한 공공부조인 기초생활보장제도와 보완적 장치인 공공근로사업을 운용하고 있다. 마지막 3차 사회안전망으로는 재난을 당한 사람에게 최소한 생계와 건강을 지원해 주는 각종 긴급구호 제도가 있다.

그런데 우리나라의 사회안전망은 아직까지 여러 가지 면에서 미흡한 상태이다. 우선 사회보험 가입률이 뚜렷한 양극화 현상을 나타내고 있다는 점이다. 통계청이 발표한 2013년 10월 기준 사회보험 가입 현황에 따르면, 월평균 임금이 100만 원 미만인 근로자 중 16.1%만이 국민연금에 가입한 것으로 나타났다. 건강보험과 고용보험 가입 역시 각각 21.1%와 18.3%에 그쳤다. 이에 비해 월소득 400만 원 이상 근로자의 국민연금, 건강보험, 고용보험 가입률은 각각 96.3%, 97.9%, 95.4%에 이르고 있어 극명한 대조를 보이고 있다.

또 소득이 정확히 파악되지 않아 사회보장 혜택의 수급대상자 선정에도 애로를 보이고 있다. 여기에다 복지상품이 정형화되어 있어 수요자에게 적합한 사회보장 혜택이 주어지지 못하고 있는 실정이다.

이를 시정하기 위해서는 기본적으로 사회안전망을 보다 확충하고 내실화해 나가야 한다. 그리고 수급대상자 선정이 제대로 될 수 있도록 제도 개선이 뒤따라야 한다. 이와 함께 공급자 위주의 복지정책에서 수혜자가 실제로 필요로 하는 수요맞춤형으로 전환해 나가야 한다. 아울러 자활참여자의 능력과 유형에 따른 다양한 자활근로사업과 창업을 위한 지역자활센터 활용 등 자활지원사업도 내실화해 나가야 할 것이다.

2014년 경제혁신 3개년 계획에 포함되어 있는 우리나라 사회안전망 확충방안을 소개하면 다음과 같다.

먼저 고용보험 사각지대에 있는 취약계층에 대한 고용보험 적용을 확대하고, 두루누리 사업의 지원기준 개편 등 내실화 방안을 마련했다. 취약계층에 대한 고용보험의 경우 특수형태 업무 종사자와 예술인 등이 포함된다. 자영업자와 일용근로자의 가입도 확대한다. 두루누리 사업이란 10명 미만의 소규모 사업장에 고용보험과 국민연금의 보험료 일부를 지원하는 제도다.

실업급여도 개편한다. 기존 실업급여 최고액인 1일 4만 원 및 최저액인 최저임금의 90%를 보다 현실에 맞게 조정한다는 방침이다. 또 도덕적 해이 방지를 위해서는 취업의지가 없는 실업급여 반복 수급자에 대해 수급액의 단계적 축소 등의 제재를 강화한다. 그리고 저소득층이 일을 통해 빈곤에서 벗어날 수 있도록 근로장려세 지원 수준을 확대하고, 희망키움통장의 대상자를 차상위 계층까지 확대한다.

이와 함께 근로취약계층에 대한 취업지원과 교육훈련을 강화한다. 이를 위해 이들의 경력 등을 데이터베이스화해 관리하고, 취업교육과 일자리 알선 등 맞춤형 취업지원을 강화하는 한편 직업능력 교육훈련을 강화한다. 또 중소기업 이직과 퇴직 예정자에게는 무료교육을 제공하며, 50세 이상 재직자에 대한 개인훈련 지원, 자영업자에 대한 직업훈련 지원 등도 확대한다.

4장 │ 문화와 경제의 상호보완 관계

문화와 경제는 어떤 관계인가?

우리 경제사회는 드디어 대중소비사회 국면으로 진입하고 있다. 그러나 다른 한편으로는 너무 빠르게 달성한 물질적 풍요와 함께 효율제일주의와 물질만능주의의 거센 파도 속에서 방황하고 있다. 즉 우리 모두는 커다란 조직의 일개 부품처럼 되어 불확실한 미래와 불안한 인간관계를 유지하며 정신없이 바쁘게 일상을 살아가고 있다.

이처럼 우리의 삶이 몰개성적으로 변해 가고 하루하루를 쫓기듯 살아가다 보니 과연 "누구를 위한 그리고 무엇을 위한 경제발전이었던가?"라는 의문을 갖지 않을 수 없다. 경제성장이나 발전의 목적은 분명히 사람들의 행복한 삶, 즉 복지수준을 높이는 데 있다. 그런데 사람들이 복지와 풍요를 느끼지 못하고 행복하지 못하다면 이는 목표와 수단이 바뀐 격이라 할 것이다. 사회가 선진화되기 위해서는 경제적 발전만으로 충분한 것이 아니다. 반드시 문화적 성숙이 수반되어야 한다. 또한 문화적 발전을 동반하지 않은 경제발전은 그 자체로도 한계가 있다. 우리는 1960년대 초반부터 기적이라고 불릴 만큼 괄목할 경제성장을 달성해 온 것이 사실이다. 그러나 문화적으로나 정치적인 면에서는 아직도 많이 낙후되어 있는 것이 현실이다. 더욱이 최근 들어서는 경제발전마저도 정체된 상황이다.

어떤 사람들은 최근 우리 경제가 당면하고 있는 문제점의 커다란 원인 중 하나가 바로 이러한 정치적·문화적 발전의 후진성이라고 주장하기도 한다. 프랑스의 세계적인 문명 비평가 기 소르망Guy Sorman은 "한국이 직면한 위기의 본질은 경제문제가 아니라 세계에 내세울 만한 한국적 이미지 상품이 없는 문화의 위기다."라고 말했다.

경제와 문화는 서로 강한 의존관계를 지닌다. 우선 문화가 경제를 선순환시킨다. 원래 문화의 의미는 자연상태의 것을 변화시키거나 새롭게 창조해 낸 것을 뜻한다. 따라서 문화는 경제발전의 핵심요소인 기술혁신과도 불가분의 관계를 지닌다고 할 수 있다. 더욱이 앞으로의 창조경제사회에서는 문화적 기반 없이는 기술발전이나 경제성장을 기대하기 어렵다.

이는 창조경제사회에서는 창조적 아이디어가 중요한 자원이고 생산요소가 되며, 이 창조적 아이디어는 튼튼하고 풍부한 문화적 기반에서만 기대할 수 있기 때문이다. 특히 우리나라의 경우 기존의 성장동인에 의한 경제성장이 한계에 봉착하면서 새로운 성장동인인 문화적 감수성의 중요성이 더욱 커지고 있는 실정이다.

역사적으로도 세계의 경제강국들은 대부분 문화대국이었다. 고대사의 주인공이었던 이집트와 그리스, 근대사를 이끌어왔던 이탈리아와 프랑스, 그리고 영국은 모두 문화적 자존심이 강한 국가들이다. 그들은 삶의 가치의 최우선 순위를 종교와 문화에 두었다. 즉 종교관과 문화생활이 바르게 정립되면 경제는 자연스레 번성해진다고 믿어왔다. 실제로도 그들의 경제활동은 종교와 문화를 확산시켜 나가는 과정에서 활발하게 이루어져 왔다. 또 그들은 주변국을 정복하고 나면 그들의 언어와 종교를 비롯한 문화까지도 피지배국에게 전파시키는 통치체제를 구축해 왔다.

이들 서구사회는 일찍이 고대문명의 발상지인 유프라테스와 티그리스 강변에 위치한 메소포타미아 지역을 '오리엔트Orient' 로 불러왔다. 오리엔트란 동쪽이란 뜻으로 유럽인들은 자신들이 살고 있는 땅인 유럽, 특히 지중해가 세계의 중심이자 세계문화의 중심이기에 그들의 관점에서 동쪽에 있는 이 중동지역을 오리엔트 세계로 불렀던 것이다. 한마디로 오리엔트란 단어는 서구문화 우월사상에서 나온 것이라 할 수 있다.

한편, 현대사의 주인공인 미국은 건국의 역사가 짧다 보니 경제적으로는 부강하지만 다른 서구국가들에 비해 문화적 유산이 상대적으로 취약한 편이었다. 그러나 미국이 세계경제를 제패한 뒤로는 문화적 신분상승을 위해 몸부림치고 있다. 그 탈출구로 영화를 활용했다. 영화는 사람의 정신세계를 지배하는 대단한 영향력을 가진 종합예술문화 작품이다. 미국은 세계최대의 영화산업을 장악하고 있다. 소위 할리우드Hollywood 영화를 통해 세계최대의 경제대국 미국은 세계의 문화까지도 점차 지배해 나가는 과정에 있다.

중국 또한 점차 경제대국으로 발돋움하자 자신의 찬란한 과거 문화유산들을 들추어내면서 오래전부터 문화강국이었던 사실을 세계에 알리기 시작하고 있다. 동북공정東北工程도 이런 취지에서 추진되었다.

과거 한漢나라는 중국대륙을 통일한 뒤 문화적 통일도 가져왔다. 특히 한나라는 유교사상을 정치이념으로 채택하고, 또 이를 교육의 중요한 덕목으로 삼았다. 이후 유교사상은 중국인의 정신과 관습에 뿌리내리게 되었다. 이에 따라 유교사상은 한대의 사상이 되었을 뿐만 아니라 중국사상과 더 나아가 동아시아 문화권을 대표하게 되었다. 그러므로 중국에는 여러 왕조가 있었지만 한대의 문화를 중국문화로 여기고 있는 것이다.

과거 거란족과 만주족, 몽고족 등 한족이 아닌 이민족들이 중국대륙을 지배한 적도 있었지만, 이들은 중국의 우수한 한족 문화에 동화되어 자신들 스스로 중국인이라 여기며 살아왔다. 이는 그만큼 문화란 권력이나 정치 이상으로 중요한 인간 삶의 지배요소라는 점을 나타내는 대목이다.

이와 같이 문화가 경제융성과 국가발전의 기반이 되는 역할을 수행하지만, 거꾸로 경제발전도 문화발전에 적극 이바지하고 있다. 과거 문화강국이었던 이집트와 그리스의 경우, 그들의 문화유산이 다른 나라에 수탈당하거나 오늘날 폐허가 되어 흔적만 남아 있음을 보게 된다. 이는 경제발전이 뒤따르지 않아 문화보전이 제대로 이루어지지 않았기 때문이다.

우리가 세계를 다녀보면 수많은 이집트 오벨리스크가 프랑스, 영국, 미국 등의 대도시 중앙광장에 버젓이 세워져 있음을 발견하게 된다. 그리고 그리스의 파르테논 신전이나 올림포스 신전이 볼품없이 초라한 모습을 하고 있음에 놀라기도 한다. 얼마 전 유서 깊은 나폴리의 오페라하우스 산 카를로스 극장이 문을 닫았다. 재정난 때문이라고 한다. 이처럼 경제가 어려워지면 아울러 문화유산의 보전도 힘들어지는 것이다.

이와 관련된 또 다른 예를 들어보자. 오늘날 우리는 흔히 프랑스를 이 시대 최고의 문화대국이라고 부른다. 그런데 이에 대해 가장 가슴 아파할 나라는 어쩌면 이탈리아일 것이다. 사실 문화강국 또는 문화대국의 원조는 이탈리아다. 진정한 유럽문화의 시발점이자 문예부흥 운동인 르네상스는 이탈리아에서 시작되고 꽃피웠다. 당시 수많은 이탈리아 천재 장인들에 의해 걸출한 예술작품들이 만들어졌다. '메디치' 라는 든든한 후원자도 있었다.

메디치 가문의 문화예술 지원은 조반니가 그 문을 열었고, 코시모에 이르러 터전을 견고히 다졌다. 그리고 코시모의 손자로 '위대한 자' 라고 칭송받던 로렌초에 의해 이탈리아 문화의 중심 피렌체는 최고의 전성기를 맞이한다. 조각가 도나텔로는 아무런 조건 없이 예술가라는 명목 하나로 자신을 평생 후원해 준 코시모를 너무나 존경했기에, 죽어서 코시모 곁에 묻히고 싶다는 유언을 남기기도 했다. 세계 각국은 이러한 이탈리아를 부러워했다.

문예부흥의 어원인 '부흥'의 이탈리아어는 'Rinascenza, 또는 Rinascimento' 이다. 그러나 오늘날 르네상스는 이탈리아어가 아닌 프랑스어 'Renaissance'로 통용되고 있다. 왜 그럴까? 한마디로 근세에 들어서면서 이탈리아가 프랑스에 비해 경제적으로 낙후되었고 힘이 부족했기 때문이다. 14세기부터 시작된 르네상스는 이탈리아를 거쳐 프랑스와 북부유럽으로 퍼져나갔다. 특히 프랑스는 문화예술을 육성하는 데 많은 힘을 기울였다.

프랑스의 르네상스는 1494년, 국왕 샤를 8세가 피렌체를 침공하며 시작되었다. 이탈리아의 발달된 문화에 매료된 그는 막대한 전리품과 함께 이탈리아 기술자들을 데려와 프랑스의 문화발전을 이끌었다. 프랑스의 문화혁명은 프랑수아 1세 국왕 때 절정을 이루어 이탈리아의 예술가들을 궁전에 초빙했고, 학교를 세워 인문학을 전수받기도 했다. 또한 프랑스 왕실에 시집온 이탈리아 메디치가 여인들에 의해 이탈리아 문화가 더욱 빠르게 유입되었다.

이후 점차 프랑스가 문화강국으로 두각을 나타낸다. 또한 정치적으로나 경제적으로 힘을 가지게 된 프랑스는 세계 각국에 자신의 문화를 전파해 나갔다. 반면 이탈리아는 통일이 되지 못한 채 도시국가로 분할되어 통치되고 있었다. 자연히 국제무대에서 이탈리아의 영향력이 줄어들었다. 경제력도

미켈란젤로 광장에서 내려다본 이탈리아 피렌체 전경과
퀜틴 메치스, 《대금업자와 그의 아내》(부분), 1514년, 파리 루브르박물관.

점차 약화되어 갔으며 문화에 대한 지원 또한 신통치 못했다. 결국 그 엄청 난 문화자산을 제대로 보전하지 못했고 또 이를 다른 곳으로 잘 전파하지도 못했다. 자연히 이탈리아는 문화대국의 권좌를 프랑스에게 고스란히 넘겨 주고 말았다.

문화는 경제가 간과한
인간의 자긍심을 고양시킨다

문화가 지니는 가치는 매우 다양하다. 그중에서도 현대 경제사회에서는 그동안 경제발전 과정에서 무너진 인간성을 회복시키는 문화적 감수성이 특별히 중요한 역할을 하고 있다. 우리는 흔히 마음이 착잡하거나 우울할 때, 또는 치열한 경쟁사회에서 살아남기 위해 몸부림치는 과정에서 쌓이게 된 스트레스를 해소하고 싶을 때, 좋아하는 음악을 듣거나 영화 혹은 미술 작품을 감상하기도 한다. 이러한 예술작품들이 갖는 힐링healing 기능을 통해 우리는 위로받고 어느 정도 치유된다는 것을 경험한다.

미술이 지니고 있는 힐링 기능은 불문가지이다. 구겐하임 미술관의 리처드 암스트롱 관장은 "이상적인 미술관이란 기억을 만들어주는 곳, 그리고 상상력을 불어넣어 주는 곳이다. 나는 미술관에 다니면서 세상을 흡수

absorbing하고, 고무·inspiring하고, 너그러이 포용·forgiving하는 법을 배웠다."고 말했다. 그는 또 "새로운 도시에 계속 분관을 세우는 이유는 더 많은 사람들에게 문화예술을 접하도록 하고, 그 도시들은 거꾸로 구겐하임에 예술을 보는 다양한 시각을 알려주기 때문이다. 우리 목표는 문화예술을 통해 사람들의 행동을 바꾸는 것이다."라고 말했다.

음악 역시 사람의 감정을 순화시키기도 하고 자신의 감정을 대변해 주기도 하며, 다양한 분위기를 연출해 주기도 한다. 또 음악은 부교감신경을 자극하여 편안하고 안정된 상태를 만들어주고 있다. 이에 착안해 최근에는 음악치료법이란 것이 나왔다. 이는 음악치료자가 치료하는 상황에서 체계적으로 환자에게 음악을 듣게 하거나 적절한 연주 행동을 하게 함으로써 개인의 신체적·심리적·정서적 통합과 바람직한 행동 변화를 가져오게 하는 특수한 심리 치료법이다.

한편, 문학과 영화를 통해서는 여러 가지 다양한 삶의 스토리를 간접적으로 체험할 수 있고 인생의 문제해결에도 도움을 주고 있다. 일반적으로 문학은 독자에게 삶의 의미를 깨닫게 하는 교훈적인 기능과 아울러 정신적 즐거움을 선사하는 쾌락의 기능도 지니고 있다. 그리고 우리가 직접 가보지 못한 이국적인 세상의 모습을 볼 수 있게 하고, 또 살아보지 못한 시대로의 시간여행을 할 수 있는 기회도 제공한다.

영화 또한 정도의 차이가 있겠지만 문학과 비슷한 기능을 하고 있다. 여

기에 영화는 극 전체의 분위기를 클라이맥스로 끌고 가는 음악과 영상이 있기에 마음을 카타르시스Catharsis 시켜주는 강도가 한층 더 강할 수 있을 것이다. 카타르시스란 우리 마음속에 존재하는 불안, 공포, 한과 슬픔 등이 눈물을 동반한 감동에 말끔히 씻겨나가는 것을 말한다. 한마디로 힐링이 된다는 것이다.

우리는 이와 같은 문화생활을 통해 치열한 생존경쟁 과정에서 분출되는 인간의 탐욕과 이기심을 어느 정도 치유받을 수 있다. 그런데 문화적 가치와 자존심은 문학과 음악, 미술과 같은 예술의 세계에서만 형성되는 것은 아니다. 이는 먹고 마시는 음식에서도 중요한 요소이다.

1976년까지만 해도 프랑스는 자타 공인 최고의 와인 생산국이었다. 좋은 와인의 대명사는 프랑스산 와인이었다. 오랫동안 프랑스만이 훌륭한 와인을 만드는 나라로 인정받아 왔고, 어느 누구도 이런 주장에 반기를 들지 못했다. 수백 년 동안 '와인' 하면 프랑스 와인이었던 것이다. 그러나 이러한 전설이 깨어지는 역사적인 사건이 일어났다. 바로 '파리의 심판The Judgement of Paris' 이다.

1976년 미국독립 200주년을 기념하여 프랑스 와인과 미국 와인의 비교 시음회가 열렸다. 모두들 당연히 프랑스 와인의 일방적인 우세라고 내다봤다. 그러나 결과는 정반대로 캘리포니아 와인의 완승이었다. 블라인딩 테이스트blinding test 의 진가가 발휘된 순간이었다.

이 사건으로 프랑스 와인업계는 엄청난 충격에 빠졌다. 프랑스 사람들은 프랑스는 자타가 공인하는 문화대국이며, 프랑스 와인은 프랑스 문화의 정수라고 여기고 있었다. 그런데 문화적으로 천박하다고 여기고 있던 미국이 자기네들보다 더 뛰어난 와인을 만들어냈다는 것을 믿을 수가 없었다. 프랑스 언론들은 이 사건을 축소 보도했지만 그렇다고 무너진 자존심을 회복할 수는 없었다.

자존심이 상한 프랑스 와인업계는 이를 만회하기 위해 10년 후인 1986년 제2차, 20년 후인 2006년에는 제3차 시음회를 열었다. 그러나 그때마다 결과는 또다시 프랑스의 자존심을 구겨놓았다. 10년이 흐르고 20년이 흐른 후에도 블라인딩 테스트 결과는 캘리포니아 와인의 승리로 끝났다.

이러한 일련의 사건은 프랑스 와인업계에 뼈저린 반성의 기회가 되었고, 반면 미국과 신대륙으로서는 그들의 와인이 새롭게 인정받는 혁명적인 계기가 되었다. 또한 신대륙 와인들에 대한 편견이 어느 정도 사라지면서 신대륙 와인에 대한 소비도 늘어나기 시작했다.

그러나 와인 애호가들은 격식을 갖춘 행사가 있을 때면 지금도 여전히 프랑스 와인을 찾는다. 그리고 일반인의 뇌리에는 '프랑스 와인 = 고급 와인, 신대륙 와인 = 대중 와인' 이란 등식이 각인되어 있다. 왜 그럴까? 이는 사람들이 와인을 마실 때는 단순히 음료를 마시는 것이 아니라, 와인에 담겨 있는 '떼루와terroir', 즉 분위기를 생각하고 음미하기 때문이다. 다시 말해 프랑스 와인을 마실 때는 프랑스 와인에 담겨 있는 역사와 문화, 그리고 스토리를 즐긴다는 것이다.

미국을 비롯한 신대륙이 포도주를 생산한 지는 불과 수십 년에 불과하지만 프랑스는 수백 년이 넘는다. 프랑스에는 포도 품종을 제한하거나 포도나무 간격을 제한한다든지 하는 규제법도 있다. 그리고 기후도 변화무쌍해 포도의 생산연도, 즉 빈티지vintage에 따라 포도주의 품질도 달라진다. 그러기에 프랑스 와인에는 축적된 기술과 사연, 역사 등의 문화적 자존감이 농축되어 있는 것이다. 이에 프랑스 와인은 생산원가의 수십 배에 달하는 고가의 가격으로 팔려나가기도 한다. 최고급인 로마네 콩티Romanee-Conti의 경우 몇 년을 기다려 다른 포도주 11병과 함께해서 천만 원을 내야 살 수 있다. 이것이 바로 문화인 것이다.

문화는 스토리텔링을 통해
새로운 비즈니스 아이디어를 창출한다

'스토리텔링'은 '스토리story'와 '텔링telling'이 합쳐져 만들어진 단어로, 말 그대로 '이야기하다'라는 의미를 지닌다. 즉 상대방에게 알리고자하는 바를 재미있고 생생한 이야기로 설득력 있게 전달하는 행위이다. 이 스토리텔링은 인류가 등장한 이래 인간끼리의 의사소통에서 늘 중심적인 역할을 해왔다. 최근 들어서는 효과적인 커뮤니케이션 방법으로서 한층 더 중요성을 띠고 있을 뿐만 아니라 교육·비즈니스·대인관계 등 다방면에 걸쳐 광범위하게 응용되고 있다. 특히 비즈니스 세계에서는 이 스토리텔링을 가장 중요한 경쟁력의 원천으로 삼고 있다.

기존의 비즈니스 세계에서는 상대방을 설득할 때 주로 파워포인트 등 프레젠테이션 자료나 신뢰할 만한 수치를 제시했다. 그러나 과학과 정보가 발달한 현대사회에서는 숫자와 데이터는 커다란 차별화 효과를 거두지 못한다. 또한 그들이 제시한 자료나 정보에 의미있는 이야기가 없다면 아무것도 기억하지 못할 가능성이 크다. 인간은 의미를 추구하는 존재이기 때문이다. 따라서 스토리텔링, 즉 이야기를 통해 고객과 비즈니스 파트너의 마음속으로 메시지를 들여보내는 기능을 해야 한다. 그래야만 무한경쟁의 비즈니스 세계에서 생존이 가능하다.

한편, 스토리텔링은 문화의 핵심요소이다. 원래 문화는 종교생활과 깊은 연관이 있으며, 아울러 인간 삶의 과정에서 축적된 역사적 배경을 바탕으로 형성되는 산물이다. 따라서 문화는 자연스레 역사와 신화, 종교 등의 재미있는 이야기 소재, 즉 스토리텔링의 요소를 지니게 되는 것이다.

서양문화사를 간략히 살펴보자. 서양은 주로 기독교적 관점에서 문화가 발전되어 왔지만, 기독교가 들어오기 전까지 고대사회에서는 다신론의 종교관을 가지고 있었다. 이에 따라 수많은 신들의 이야기, 즉 신화를 가지고 있다. 예를 들어보면, 그리스 올림포스 신전의 12신들 이야기는 오늘날까지도 수많은 예술작품의 소재가 되고 있으며 캐릭터 상품으로 만들어져 팔리고 있다. 또한 그리스의 크레타 문명은 머리는 황소이면서 몸은 사람인 괴물 미노타우로스와 이를 처치하러 간 아테네의 영웅 테세우스가 아리아드네 공주의 도움으로 미궁에서 빠져나온다는 신화 이야기를 만들어냈다.

한편, 고대사를 지나 로마제국이 유럽사회를 통합하면서부터는 기독교가 정치와 사회뿐만 아니라 문화와 인간성까지를 지배했다. 인간의 모든 일 상이 기독교와 예수를 떠나서는 성립될 수 없었다. 기독교 지침서인 성경은 많은 이야깃거리를 내포하고 있다. 구약성서는 구약시대의 가장 위대한 지 도자이면서 또 하나님의 총애를 한몸에 받았던 다윗 가문의 가족사이기도 하다. 다윗이 태어나기 전 조상들 삶의 발자취, 그리고 다윗의 통치시절, 다 윗의 죽음 이후 이스라엘이 남북으로 나뉘고 로마제국에게 멸망하기까지 의 역사를 기록한 것이다. 이를 바탕으로 수많은 문화예술 작품들이 창출되 었다. 또한 예수의 일생을 기록한 신약성서는 구약에 비해 더 중요한 문화 아이콘이다.

이 성경을 소재로 수많은 문학과 영화, 음악과 미술의 작품세계가 펼쳐 져왔다. 우선 문학작품으로는 〈삼손과 데릴라〉, 〈다윗과 골리앗〉, 〈솔로 몬과 시바〉, 〈쿼바디스〉, 〈벤허〉 등 이루 헤아리기 어려운 수많은 걸작품 들이 쏟아져 나왔으며, 또 이를 바탕으로 영화가 만들어졌다. 미술작품 또 한 미켈란젤로의 〈천지창조〉, 다빈치의 〈최후의 만찬〉 등 르네상스 시대 의 대가들 작품뿐만 아니라 지금도 성화가 만들어지고 있다. 그리고 음악 에서도 바흐의 〈칸타타〉, 헨델의 〈메시아〉를 위시해 수많은 미사곡들이 만들어졌다.

중세시대를 지나 근대사로 넘어오는 전환점이 된 르네상스 시대에는 신 으로부터의 인간성 회복을 주장하면서 인간의 이야기가 본격적으로 문화 아이콘으로 등장한다. 〈신곡〉을 만든 단테와 그의 불멸의 연인 베아트리체의 이야기는 지금도 우리의 마음속에 살아 있다. 그래서 매년 세계의 수많은 관광객들은 이 둘의 운명을 갈라놓은 베키오 다리를 건너보기 위해 피렌체로 몰려들고 있다.

1274년 5월 1일, 아버지를 따라 유력자인 폴코 포르티나리의 집을 방문한 단테는 폴코의 딸인 베아트리체를 보고 한눈에 반해버린다. 당시 그녀의 나이는 9세, 그의 나이는 10세에 불과했지만, 이날의 경험이야말로 그에게는 일생일대의 사건이었다. 그러나 당시의 관습에 따라 단테는 마음에 두었던 베아트리체가 아니라 부모님이 정한 상대와 맺어지고 말았다. 베아트리체 역시 1287년에 다른 사람과 결혼했다.

1283년 5월 1일, 단테의 운명을 바꾼 역사적 사건이 일어난다. 처음 만난 지 정확히 9년 만인 바로 그날, 베아트리체가 베키오 다리에서 단테를 보고 인사를 건넸던 것이다. 단지 의례적인 목례인사에 불과했을지도 모르지만, 황홀해진 단테는 그날 밤 꿈속에서 그녀와 함께 사랑의 신을 목격한다. 잠에서 깨어난 단테는 그때부터 베아트리체를 향한 사랑을 담은 시를 쓰기 시작한다.

운문 작품집인 이 소네트에는 베아트리체가 천상의 존재처럼 그를 굽어보는 모습으로 등장하며, '새로운 삶'이라는 제목으로 알려지게 되었다. 이 시집을 계기로 사랑이라는 주제가 문학의 테마로 떠오르게 된다. 단테의 후기 작품 역시 베아트리체에 대한 추억이 작품 곳곳에 배어 있다. 유명한 작품인 〈신곡〉은 단테가 로마 시인 베르길리우스의 안내를 받아 지옥과 연옥을 여행한 뒤 마지막에는 베아트리체의 안내로 천국을 여행하는 내용인데, 그는 베아트리체를 '내 마음의 영광스러운 여주인'이라 묘사했다.

한편 최초의 근대소설가로 불리는 보카치오는 '열흘 동안의 이야기'라는 뜻을 지닌 〈데카메론Decameron〉을 썼다. 이 책은 단테의 '신곡神曲'에 비견하여 '인곡人曲'이라고 불리기도 한다. 이후 셰익스피어, 괴테 등 수많은 문학가들은 사람들이 살아가는 다양한 모습과 이야기를 바탕으로 한 작품들을 쏟아냈다. 또한 미술과 음악의 세계에서도 사람의 이야기를 소재로 한 작품들이 끊임없이 만들어지고 있으며, 심지어는 와인에 대한 스토리텔링도 많은 사람들의 호기심을 자극하고 있다.

이상에서 살펴본 바와 같이 문화의 핵심요소는 스토리텔링이다. 그리고 이 스토리텔링은 현대 비즈니스 세계의 경쟁력을 결정하는 열쇠가 되고 있다. 따라서 비즈니스를 키우고 경제발전을 이루기 위해서는 필연적으로 문화에 대한 이해와 관심을 제고해 나가야만 한다.

문화는 새로운 성장동력이다

문화발전과 경제발전의 관계를 생각할 때, 그동안은 주로 경제발전이 문화발전에 어떻게 영향을 미치는가에 관심을 가져왔다. 즉 경제발전으로 인해서 사회와 문화가 변화하고, 이것이 인간생활에 어떤 영향을 미치는지에 대해 주로 관심을 가져왔던 것이다. 그러나 최근 들어서는 문화가 경제발전에 어떻게 영향을 미치는지에 대한 논의가 더 활발해지고 있다.

21세기는 문화의 시대다. 문화적 가치나 토양이 사회발전이나 경제성장을 가능하게 하는 기반이 되고 있다. 우리는 자본주의 체제의 치열한 경쟁속에서 경제적 성과는 어느 정도 달성했다. 그러나 그 과정에서 감내해야하는 각종 스트레스, 갈수록 벌어지는 빈부격차에서 느끼는 상대적 박탈감, 높아만 가는 청년실업률, 고령화 사회로 접어들면서 겪는 노후불안 등 수많은 문제들이 생겨나고 있으며, 이들은 지속적인 경제발전을 이루어나가는 데 걸림돌이 되고 있다. 이러한 문제들의 근저에는 우리의 피폐해진 인간성과 문화적 후진성이 자리하고 있다. 따라서 지속적인 경제사회의 발전을 기하기 위해서는 문화적 감수성에 주목해야 한다.

우리는 생활수준이 나아지면서 문화생활을 향유하고 또 주변환경을 쾌적하게 가꾸는 데 많은 신경을 쓰고 있다. 또 상품을 고를 때도 상품이 지닌 성능뿐만 아니라 외관 디자인이 어떤지에 대해서도 많은 신경을 쓰고 있다. 예를 들면, 커피전문점들은 정작 커피 맛보다도 젊은층 고객들을 유치하기 위해 인테리어 등 그들이 좋아하는 분위기를 만드는 데 더 많은 비용을 투자하고 있다. 또 자동차업계에서도 새로운 차종을 선보일 때 가장 신경을 많이 쓰는 부분이 바로 외관 디자인을 어떻게 우아하고 세련되게 하느냐에 있다고 한다. 이처럼 현대사회에서는 문화적 요소가 기업활동에 그리고 국민경제 발전에 지대한 영향을 미치고 있는 것이다.

이제는 건축도 패션이고 문화이다. 서울시내에서는 건축물들의 배치가 어떤 계획에 의해 질서정연하게 이루어진 것이 아니라 다소 무질서하다는 느낌이 든다. 건축물의 외관 또한 특성 없이 직사각형의 밋밋하기만 한 아파트가 대부분을 차지하고 있다. 반면 뉴욕과 동경, 시드니, 홍콩 같은 신흥대도시에서는 멋진 스카이라인이 있고 도시 전체가 세련되고 패셔너블하다는 느낌을 받는다. 이렇게 된 데는 우리나라의 경우 그동안 건축이 문화라는 사실을 제대로 인식하지 못했던 점에 기인한다 할 것이다.

이처럼 경제가 발전하여 기본적인 의식주 문제가 해결되고 나면 물질적 풍요보다는 정신적 풍요가 더 중요하게 인식된다. 소비행태 또한 획일화와 대량화에서 개성화·다양화·고급화의 추세를 보이고 있다. 이러한 소비행태의 변화는 생산 측면에서도 인간의 감성적 측면을 중요시하는 소위 '산업의 감성화'를 촉진시키고 있다. 이는 상품 가치가 예전같이 단순히 그 기능에 의해서만 평가되는 것이 아니라 상품에 내재된 문화적 가치가 더 중요해진다는 것을 뜻한다.

이와 같이 이제 문화는 지속적인 경제발전을 가능하도록 하는 기본적 동인이 되고 있다. 우리가 살고 있는 창조적 경제사회에서는 창조적 아이디어가 중요한 자원이고 생산요소가 된다. 그런데 이러한 창조적 아이디어는 탄탄하고 풍부한 문화적 기반 위에서만 꽃피울 수 있다. 이는 '문화'가 바로 우리가 찾아야 할 새로운 성장동인이 된다는 뜻이다. 그리고 앞으로의 경제발전은 더 이상 단순한 기술적 발전에만 의존하지 않고, 경제가 문화와 잘 결합될 때만 가능하다는 것을 의미한다. 바꾸어 말하면 이제 문화적 기반이 없이는 기술발전이나 경제성장을 성공적으로 이룩할 수 없다는 것이다.

따라서 우리는 문화의 발전이 기술혁신의 원동력이 된다는 것을 인식하지 않으면 안 된다. 인간의 감성이 중요해지고 소비행태 또한 다양해지고 있는 이 시대에 국제경쟁에서 살아남기 위해서는 상품에 문화적인 감각이 부가되지 않으면 안 되는 상황에 이른 것이다.

전통적으로 경제발전을 이루는 데 필요한 투입요소는 자본과 노동, 그리고 기술수준이었다. 그중에서도 갈수록 기술수준이 차지하는 비중이 커지고 있다. 그런데 오늘날과 같이 소비행태가 고급화·다양화되고 있는 추세에서는 더 이상 기술수준이 가장 중요한 요소라고 말하기 어렵게 되었다. 실제로 선진국을 중심으로 많은 국가들은 순수한 기술뿐만 아니라 기술외적인 요인을 갖고 상품이나 산업의 경쟁력을 향상시키려는 노력을 강화해 나가고 있다. 이 기술외적인 요소 중 가장 중요한 것이 바로 문화라는 새로운 차원의 생산요소이다. 특히 우리는 이를 한층 더 절감하고 있다. 이는 우리의 경우 기존의 성장동인은 후발추격자에게 추월당한 채 새로운 성장동인을 제대로 찾지 못해 갈수록 성장잠재력이 정체되고 있기 때문이다.

한편, 기술혁신 또한 문화의 영향을 받고 있다. 문화가 기술혁신에 미치는 영향은 그 정도에 따라서 다양하게 나타난다. 우선 가장 적극적인 형태는 문화가 바로 창조적 발명과 참신한 아이디어의 원천이 된다는 것이다. 창조적인 사고나 새로운 아이디어들은 풍부한 상상력으로부터 나오는 것인데, 이러한 창조적 상상력은 문화를 생산하고, 이해하며, 소비하고, 향유하는 과정에서 길러진다는 것이다.

또 다른 형태는 문화와 기술이 상호 결합되어 상품의 가치를 높이는 요소로 작용하게 된다는 것이다. 이 경우 대개 직접적으로 부가가치를 높이는 것은 문화적 요소이고 기술은 오히려 보조적인 매체가 되는 경우가 더 많다. 끝으로 가장 소극적인 형태로는 상품의 기술력과 기능이 상품가치를 결정하는 데 중요한 역할을 하는 경우에도 문화가 부가됨으로써 상품가치를 한층 더 높이는 경우가 많이 있다.

21세기로 넘어오면서 문화는 산업화, 정보화에 이은 새로운 시대의 화두로 떠오르고 있다. 미국의 미래학자 다니엘 핑크는 〈새로운 미래가 온다(A whole new mind)〉라는 책에서 앞으로 산업화 · 정보화 시대를 넘어 하이컨셉트 high concept, 하이터치 high touch 의 시대가 온다고 주장했다. 또 이러한 감성적 성향은 인간의 우측 두뇌에서 비롯되는것으로, 조만간 우뇌형 인간의 시대가 도래할 것으로 내다보았다.

하이컨셉트란 패턴과 기회를 포착하고 예술적 아름다움과 감정의 아름다움을 창조해 내며, 스토리를 만들고 요소간의 의미들을 새로이 결합하는 것을 뜻하는 말이다. 그리고 하이터치는 남과 공감하며 미묘한 인간관계를 잘 다루고, 자신과 타인의 즐거움을 유도하면서 목적과 의미를 발견해 그것을 추구하는 능력과 관계된다. 그리고 하이컨셉트 · 하이터치 시대에 필요한 6가지 조건으로 디자인 design, 스토리 story, 조화·symphony, 공감·empathy, 놀이 play, 의미 meaning를 꼽고 있다.

이와 같이 오늘날에는 문화와 감성, 스토리 등과 같은 계량화할 수 없는 가치들이 존재하며, 이는 21세기 기업경영, 사회경영의 성공인자로 주목받고 있다.

문화 자체로 경제적 가치를 지닌다

한 사회가 누리고 있는 문화의 가치나 문화의 생성·발전·확산 과정에 관한 연구는 전통적으로는 경제학의 범주에 속하지 않았다. 그러나 경제가 발전할수록 서비스 부문이 차지하는 비중이 점차 커지고, 또 문학·출판· 예술 등을 포괄한 이른바 문화산업이 경제에서 차지하는 비중이 커짐에 따라 이에 대한 경제학의 관심도 커지고 있다.

사실 한 사회에서 소비되고 향유되는 문화의 가치를 경제적 효용성을 기준으로 측정한다는 것은 매우 어려운 일이거나 거의 불가능한 일인지 모른다. 설령 그것이 가능하다고 하더라도 별로 의미 없는 일일 수도 있다. 그러나 문화가 생성·확산·소비·발전되어 가는 과정을 살펴보면 이들이 시장을 통해서 경제적 가치를 만들어내는 경우가 많은 것을 알 수 있다. 그리고 경제가 발전하여 여유가 생기면서, 또 다른 한편으로는 경제발전이 정체되면서 문화나 예술이 가지는 경제적 가치에 대한 관심이 한층 높아지고 있다.

그러면 문화의 경제적 가치는 어느 정도일까? 이러한 질문에 대한 답변은 영화 〈타이타닉〉이나 〈해리포터〉와 같은 출판물 등 여러 가지 문화적 콘텐츠가 벌어들인 수익 규모가 천문학적 수치에 이르고 있다는 사실을 알면 쉽게 나올 것이다.

출판·미술·음악·영화·캐릭터 등 문화 콘텐츠 산업의 세계시장 규모가 조만간 약 2조 달러에 이를 것으로 추정되고 있다. 그리고 콘텐츠산업이 서비스 및 제조업 등 다른 산업에 미치는 전·후방 파급효과 또한 매우 크다. 특히 관광산업에 미치는 효과는 지대하다. 이는 구겐하임 미술관의 도시 빌바오, 모차르트 음악의 도시 잘츠부르크 등과 같이 문화상품을 관광자원화해 피폐해진 경제를 회생시켜 놓은 도시들의 사례에서 잘 나타나고 있다. 나아가 이 콘텐츠를 기반으로 발전시킨 부가산업인 공연산업의 규모 또한 국민 삶의 질과 복지수준을 향상시키고, 이를 통해 여가문화가 중시되면서 빠르게 증대되고 있다.

한류를 통해 문화의 경제적 효과를 보다 구체적으로 알아보자. 우리나라의 문화 아이콘인 한류는 경제적인 측면에서 새로운 하나의 성장동력이 되고 있다. 기업에서 만들어 수출하는 상품 하나하나가 한류의 한 부분을 차지하고 있다. 즉 한류라는 이름 아래 K-POP 음반과 드라마 CD, 스마트폰,

출판, 미술, 음악, 영화, 캐릭터 등 문화콘텐츠 산업의
세계시장 규모가 조만간 약 2조 달러에 이를 것으로
추정되고 있다. 그리고 콘텐츠산업이 서비스 및 제조업 등
다른 산업에 미치는 전·후방 파급효과 또한 매우 크다.

TV 등의 가전제품, 자동차, 의류, 김치와 막걸리 등의 음식까지도 외국으로 수출되고 있다.

관광시장에서도 한류가 커다란 영향력을 발휘하고 있음은 물론이다. K-POP 스타를 보기 위해, 그리고 국내 유명 드라마 촬영지를 돌아보기 위해 한국을 찾는 외국관광객이 늘어나고 있다. 중국, 일본의 관광객뿐만 아니라 푸른 눈의 외국인 수도 갈수록 늘어나고 있다. 의료분야와 화장품산업 역시 한류열풍의 한 주역으로 자리 잡기 시작했다. TV 화면에 비친 한류스타들의 용모가 한류 팬들의 마음을 사로잡았다. 이들을 닮고 싶은 욕망에 우리나라 성형외과에 외국인들이 몰리고 우리나라 화장품이 불티나게 팔리는 현상이 벌어지고 있다.

그리고 한류열풍은 우리나라의 국가브랜드 이미지를 높이고, 한국에 대한 호감도를 높이는 데도 결정적인 역할을 했다. 다시 말해 한국에 대한 인식을 크게 향상시켰다. 이러한 점에서 한류열풍은 수십, 수백 명의 외교관 못지않다는 이야기도 나온다.

얼마 전 SBS의 드라마 〈별에서 온 그대〉가 흥행성공을 뛰어넘어 신드롬을 불러일으키면서 중국 내 한류 열풍에 관심이 이어지고 있다. 특히 중국 정치권에서도 한류에 대한 관심이 뜨겁다. 2014년 3월에 개최된 중국 최대 정치행사인 양회(전국정치협상회의, 전국인민대표대회)에서 드라마 〈별에서 온 그대〉가 뜨거운 화젯거리가 되었다고 한다. 그 자리에서 중국은 왜 한국처럼 좋은 드라마를 만들지 못하는지에 대한 논쟁을 하면서 중국 문화계의 각성을 촉구하는 발언이 쏟아졌다고 한다.

한국 드라마를 보면서 한국에 대해 궁금증을 가지게 되었고, K-POP을 이해하기 위해 한국어를 배우기 시작했다는 외국 사람들이 늘고 있다. 한류의 높은 인기와 함께 그동안 주변부 학문에 머물러 있던 한국학도 중심부 문화로 급성장했다. 한국어가 미국의 국책 외국어로 지정되는가 하면, 저멀리 우리와 교류가 많지 않았던 동구의 불가리아에서도 한국영화·드라마 등이 퍼지면서 '한국문화의 날' 행사가 열리기도 했다.

※ 고궁의 가치

문화유산은 값을 매길 수 없을 만큼 커다란 가치를 지니고 있다. 하지만 사고가 발생했을 경우 보상을 받기 위해 화재보험의 기초자료로 '편의상 가격'을 책정해 두고 있기는 하다.

우리나라 문화재청이 공개한 '2014년 궁·능 건물 화재보험 기초자료'를 보면, 경복궁은 1,189억 5,400만 원으로 궁과 능 건축물 27개 중 가장 비쌌다. 그 다음은 창덕궁(667억 2,200만 원), 덕수궁(350억 6,400만 원), 창경궁(195억 6,100만 원), 종묘(175억 7,800만 원) 등의 순이었다. 경복궁 안에 있는 건축물 가운데는 경회루가 99억 5,700만 원으로 가장 비쌌다. 종묘에서는 정전이 72억 7,300만 원으로 가장 비쌌다.

그러면 이러한 가격 산정은 어떻게 이루어졌을까? 건축물의 '크기'가 결정적이었다. 목조 건축물의 일반 수명인 50년이 지나면 부분적 혹은 전면적인 보수를 해야 하는데, 그 비용 등을 고려해 설정한 가격이다. 즉 문화적 가치나 위치 등은 고려되지 않은 수치이다.

기업과 문화예술은 호혜적 관계이다

현대인은 생활 그 자체를 하나의 문화로 인식하고 있다. 즉 현대사회가 점점 성숙사회로 움직이면서 소비자나 관객은 고도성장시대에 향유해 왔던 물질적인 충족보다는 삶의 질과 자신의 개성, 타인과 차별성을 중시하는 정신적·문화적인 충족을 더 추구하게 되었다.

소비자는 자신의 외로움을 이해하는 기업을 선호한다. 로버트 치알디니라는 심리학자는 이것을 '상호성의 법칙'이라고 표현했다. 이는 내 마음이 가면 상대방도 마음을 준다는 뜻이다. 즉 사람들은 마음이 안정되거나 풍요로울 때는 상품에 기대지 않으며, 마음이 외로울 때 그 공백감을 메우기 위해 쇼핑을 하는 경향이 강하다는 것이다. 이때 특히 브랜드 상품을 고른다고 한다. 다시 말해 소비자는 '사는buying' 사람이 아니라 '사는living' 사람이

라는 점을 이해해야 비즈니스를 잘할 수 있다는 것이다.

이런 관점에서 기업들은 이제 문화에 많은 관심을 갖지 않을 수 없게 되었다. 실제 기업들은 경쟁상대와 비교해 차별성과 우위성을 확보하기 위한 전략적 수단으로서, 문화적 가치를 기업에 투영하는 방안을 활용하고 있다. 이와 함께 기업문화를 다양하고 독창적으로 표현·소통할 수 있는 커뮤니케이션 채널 구축에도 많은 노력을 하고 있다. 즉 최근 들어 기업들은 문화·예술 이벤트를 자신들의 '문화성'을 표현하는 핵심수단 또는 새로운 창구로 활용하고 있다. 이는 누구나 접근하기 쉽고 공감할 수 있는 문화행사를 이용해 고객들과의 소통을 증진시키고, 기업이미지를 높일 수 있기 때문이다.

오늘날 기업활동과 문화예술 부문은 여러 가지 측면에서 서로 밀접하게 연계되어 상호 영향을 미치고 있다. 이를 좀더 구체적으로 살펴보기로 하자. 우선, 기업의 메세나Mecenat 활동을 들 수 있다. 메세나 활동이란 아무런 전제조건 없이 기업이 재정적으로 자립하지 못하는 문화예술단체에 재정지원을 하는 것을 말한다. 이것은 기업이 문화예술에 대한 지원을 사회적 책임의 하나로 인식하고, 아무런 반대급부를 기대하지 않고 순수하게 지원하는 활동이라고 할 수 있다.

역사적으로 메세나의 대표적 예로는 르네상스 시대의 미켈란젤로, 레오나르도 다빈치 등의 대예술가들을 지원한 피렌체의 메디치 가문이 꼽힌다.

현대사회에 와서 메세나는 기업의 공식적인 문화예술 후원사업을 뜻하게 되었는데, 미국의 카네기홀, 록펠러재단 등이 대표적인 메세나 활동으로 꼽힌다. 우리나라에서도 1994년 '한국메세나협의회' 가 결성된 이후 다수의 기업들이 문화예술 활동지원 사업을 펼치고 있다.

2011년 6월 말, 러시아에서 열린 차이코프스키 국제 콩쿠르에서는 성악과 피아노, 바이올린 등에서 한국 출신 학생들이 1·2·3위를 몽땅 휩쓸었다. 당시 수상자들의 공통점은 모두 금호아시아나 문화재단의 '음악영재 지원 프로그램 출신' 이라는 것이었다. 이는 기업 메세나 활동의 결실이라 하겠다.

둘째, 기업이 사회적 이미지 제고 등과 같은 선전효과를 기대하면서 지원하는 경우이다. 이 경우 반대급부를 기대한다는 점에서 순수하게 문화예술을 지원하는 메세나 활동과는 다르며, 이것이 가장 보편적인 기업의 문화예술 지원 활동이다. 이를 통해 기업과 문화예술이 상호 호혜적인 관계를 갖는다고 볼 수 있다.

마지막으로 가장 적극적이고 능동적인 기업의 문화활동으로, 사업전략의 하나로 추진되는 것이다. 이는 기술혁신 및 상표나 디자인 개발 등을 할때 문화예술적 감각과 특성을 상품의 경쟁력 제고와 연계시키는 문화활동이다. 나아가 기업의 경영이념, 조직, 종업원 관리, 마케팅 등 기업경영의 근본적인 전략에 문화예술적인 요소를 적극적이고 능동적으로 반영하기도 한다. 최근에는 기업들이 이처럼 적극적으로 경영전략에 문화예술을 활용하는 경우가 점차 늘어나고 있는 추세이다.

기업의 문화예술 지원은 기업과 문화예술 양자 모두가 이익을 얻는다. 이는 록펠러, 카네기, BMW 등 역사가 긴 기업들의 경우 대부분 문화활동 지원 등 사회적 책임을 적극적으로 수행해 온 기업들이라는 점에서도 잘 알 수 있다. 그리고 문화예술인들도 대중들에게 좀더 가까이 다가가는 기회를 가질 수 있다.

문화와 경제를 접목시켜
성공한 도시 사례

구겐하임 미술관으로 회생한 빌바오

세상에서 가장 유명한 미술관은 어디일까? 아마도 미국의 뉴욕 현대미술관MoMA이나 영국 런던의 테이트 모던 현대미술관Tate Modern Museum, 프랑스 파리의 루브르와 오르세 미술관 등을 꼽지 않을까 싶다. 그러면 세상에서 미술관으로 가장 유명한 도시는 어디일까? 사람마다 평가가 다르겠지만, 미술관만으로 유명해진 도시를 꼽으라면 단연 스페인 바스크 지방의 대표 도시인 빌바오를 꼽을 것이다.

빌바오는 19~20세기에 철강 · 조선 산업으로 발전했는데, 1980년대 이것을 한국과 같은 신흥산업국에 넘겨주면서 실업이 급증하고 급격히 쇠퇴

했다. 그러나 쇠퇴한 도시를 되살리기 위해 훌륭한 미술관을 짓기로 하고 대규모 투자를 함으로써 큰 성공을 거두었다. 마침내 빌바오는 이 세상에서 가장 유명한 미술관 도시가 됐다. 그리고 1997년 문을 연 구겐하임 빌바오 미술관은 뉴욕에 있는 구겐하임 미술관 본관보다도 더 높은 명성을 누리고 있다.

구겐하임 빌바오 미술관Guggenheim Bilbao Museum은 많은 수식어를 가지고 있다. 건축 분야의 노벨상이라 불리는 프리츠커 건축상Pritzker Architectural Prize 에 빛나는 유명한 건축가 프랭크 게리가 디자인한 미술관, 전시 미술품보 다 미술관이 더 유명한 미술관, '빌바오 효과'라는 단어를 만들어낸 미술 관, 파리의 루브르 그리고 런던의 테이트 모던에 이어 유럽에서 세 번째로 연회원이 많은 미술관, 쇠퇴해 가는 스페인 바스크 지방의 공업도시 빌바 오를 한 해 100만 명이 찾는 세계적인 관광도시로 만든 미술관 등등….

이 미술관은 네르비온 강가의 옛 항구 시설 자리에 지어졌다. 빌바오 시 는 미술관 건축비와 작품 구입자금, 구겐하임 재단에 일정한 수수료 등을 지불하고 있으며, 구겐하임 재단은 미술관을 운영하는 업무를 관장하고 있 다. 전시공간은 뉴욕과 베네치아, 베를린 등에 있는 다른 구겐하임 미술관 보다 더 넓다고 한다. 전시실은 모두 19개에 달한다.

전시뿐만 아니라 미술관 자체가 예술작품으로 태어났다. 비틀어지고 굽 어진 외형은 사람들의 호기심을 자극하는 기이한 형태의 아방가르드풍 작

구겐하임 빌바오 미술관

품이다. 그래서 지금 구겐하임 빌바오 미술관은 빌바오 시를 문화·관광도
시로 만드는 시발점이 되었다. 이처럼 구겐하임 빌바오 미술관은 빌바오 시
의 상징물이자 랜드마크로서의 역할과 함께 미술관으로서의 역할도 충실
히 하고 있다.

현대 건축물의 보고, 시카고

바람 많은 도시 시카고는 원래 끝이 보이지 않는 평지였다. 그런데 1871
년 10월 일어난 대화재는 전 도시를 태워버렸다. 300명이 사망하고 10만 명
의 이재민이 발생한 19세기 최악의 재해로 꼽힌다. 그 생채기를 딛고 현대
건축은 꽃을 피웠다. 이제 시카고는 세계최고의 빌딩숲 도시이자 건축도시
가 되었다.

화재 이후 시카고는 대대적인 재건사업을 펼쳤다. 이때 시카고는 건축가
들에겐 새로운 무대가 되었다. 초현대식 건물과 고딕 양식이 절묘하게 조화
를 이루는 100층 빌딩이 즐비한, 세계최대 최고층 빌딩숲이 건설됐던 것이
다. 오대호를 낀 풍경과 엄청난 빌딩숲은 단번에 시카고를 현대 건축의 성
지로 만들어냈다.

개성 넘치는 건물들은 시카고 강변에 병풍처럼 들어섰다. 1969년 존 핸
콕 보험회사의 의뢰로 건축된 높이 344m, 100층인 존 핸콕 센터 John Hancock
Center, 시어스 타워(윌리스 타워) 등은 한때 세계에서 가장 높았던 빌딩들이

Chicago Tribune

Chicago Tribune 시카고 트리뷴

Sears Tower 시어스 타워

John Hancock Center 존 핸콕 센터

Marina City 마리나 시티

다. 옥수수 모양의 쌍둥이 빌딩인 마리나 시티는 시카고를 배경으로 한 영화에 단골로 등장한다. 신문사 시카고 트리뷴의 사옥인 트리뷴타워는 세계적으로 유명한 건축물들의 돌조각들이 외벽에 박혀 있다. 모두들 건축가의 개성이 묻어나는 덩치 큰 작품들이다.

재건사업은 독특했고 강한 인상을 주었다. 폐허 시카고는 100년 만에 인구 300만 명의 미국 3대 도시가 되었고, '건축'을 빼고 설명할 수 없는 도시가 되었다. 이 재건 시기 시카고에 들어와 가장 크게 성공한 건축가가 프랭크 로이드 라이트Frank Lloyd Wright였다.

그는 당시로선 건축가들이 수용할 수 없는 파격적인 계획안을 만들어냈다. 사실 이제는 일상적인 건축의 예가 되어가고 있지만, 당시만 해도 그의 아이디어는 너무나도 비범하고 파격적이어서 거부반응을 불러일으키기도 했다. 이런 그를 시카고는 적절히 활용했고, 마침내 시카고는 '현대 건축물의 보고'라는 찬사를 받게 되었다.

모차르트의 도시, 잘츠부르크

잘츠부르크는 천재 음악가 모차르트가 태어났으며 아직도 〈사운드 오브 뮤직Sound of Music〉 투어가 인기를 끌고 있는 곳이다. 원래 이곳은 인근 소금 광산으로 부를 축적했고, 그 경제력을 자양분 삼아 예술혼을 꽃피웠다.
그러나 이제 잘츠부르크는 한마디로 '모차르트의 도시'이다. 골목 모퉁

이마다 모차르트의 아리아가 흘러나온다. 잘츠부르크 시는 이곳에서 탄생한 위대한 음악가 모차르트를 아주 철저하게 상업화해서 활용하고 있다. 우선 시가지 전역이 모차르트를 상징하는 조형물들로 가득 채워져 있다. 모차르트 광장과 동상 외에도 박물관이 별도로 세워져 있으며 모차르트 초콜릿, 모차르트 향수 등을 만들어 관광객들에게 팔고 있다. 특히 겉포장에 모차르트의 얼굴이 새겨진 '모차르트 쿠겔른Mozart Kugeln' 초콜릿은 100년의 역사를 넘어서 잘츠부르크의 명물이 되었다.

무엇보다 이곳의 백미는 '잘츠부르크 음악제'라 할 것이다. 1920년 첫 막이 오른 이후 매년 여름 모차르트를 기리기 위해 열리는 이 음악제는 유명 음악가들이 대거 참가하는 세계적인 음악제로 명성이 높다. 잘츠부르크 여름 페스티벌은 대략 7월 말에 시작하여 8월 말까지, 보통 5~6주 정도 계속된다. 한곳에서 한 달 정도의 짧은 기간에 수준 높은 공연과 세계적으로 유명한 음악인들을 많이 접할 수 있다는 점은 잘츠부르크 여름 페스티벌만의 자랑이다. 특히 모차르트 탄생 250주년을 맞아 개최된 2006년 음악제는 이 도시를 대중들에게 더 친근하게 만들었다. 지금도 잘츠부르크에는 세계 최고의 음악가들이 모여들고 있다.

세계적인 오페라의 도시, 베로나

이탈리아 북부 레시니 산기슭에 위치한 베로나는 도시 구조와 건축 면에서 이전 시대 최고의 예술적 요소들을 통합하여 2,000년에 걸쳐 꾸준히 발전해 온 도시의 뛰어난 사례이다. 또한 셰익스피어의 명작 〈로미오와 줄리엣〉의 무대가 된 도시이기도 하다.

유구한 역사를 지닌 이 도시는 기원전 1세기에 세워졌다. 15~18세기에는 베네치아 공화국의 주요 군사요새로 명성을 떨쳤다. 그러나 이후 도시는 시대의 변화를 읽지 못해 산업기반이 부족한 채 점차 쇠락해 갔다. 여기에 두 차례의 세계대전을 거치면서 도시는 모든 다리를 포함하여 건물의 약 40%가 파괴되었다. 이후 오랜 기간 재건과 복구가 이어졌으며, 마침내 베로나는 세계적인 문화관광도시로 재탄생하게 되었다.

무엇보다 문화유산을 최대로 활용한 것이 가장 큰 성공요인이었다. 베로나에서 가장 유명한 건축물은 로마시대의 원형경기장인 아레나Arena이다. 이것은 로마 콜로세움과 카푸아Capua에 있는 원형경기장에 이어 세계에서 세 번째 큰 규모로 1세기에 건설된 것이다. 보존상태가 좋아 과거의 모습을 그대로 느낄 수 있다. 그런데 이 원형경기장을 더욱 빛나게 만든 것은 오페라를 비롯한 각종 공연이 펼쳐지는 야외극장으로 활용되고 있다는 점이다.

이 오페라 축제는 3만여 관람객을 수용할 수 있는 고대 원형경기장에서 펼쳐진다는 점에서 독특한 매력을 지닌다. 별빛과 달빛이 비추는 야외무대에서 당대 유명한 성악가들의 생생한 목소리와 수준 높은 공연을 만나기 위해 몰려드는 음악애호가들로 인해 매년 여름 베로나는 웅장한 음악이 울려 퍼지는 음악의 도시가 된다.

축제 기간에는 5~7편의 오페라가 50회 이상 공연되는데, 공연은 전통적으로 밤 9시경에 시작된다. 공연이 시작되기 직전 관객들이 준비해 온 촛불을 들고 지휘자와 공연자에게 경의를 표하는데, 야외공연장에 켜진 이 수많은 촛불은 '아레나 디 베로나Arena di Verona' 오페라 축제를 대표하는 광경이다.

이 '아레나 디 베로나' 오페라 축제는 1913년 8월 10일 베르디 탄생 100주년을 기념해 처음 개최되었다. 처음 무대에 올린 작품도 베르디의 〈아이다Aida〉였다. 이후 매년 7~8월에 열리는 이 야외 오페라 축제는 세계적인 음악축제로서의 명성을 지금까지 이어오고 있다.

철거지에서 관광명소로 새로이 태어난 동피랑 마을

통영항 중앙시장 뒤편 한려수도 앞바다가 한눈에 내려다보이는 언덕배기에 '동피랑'이라는 마을이 있다. 이 마을은 최근 몇 년 사이 통영의 새로운 명소로 떠올랐다. 골목마다 아기자기하고 예쁜 벽화가 그려지면서 수많은 사람들이 찾아들고 있다. 원래 '동피랑'이란 이름은 '동쪽 벼랑'이라는 뜻이다. 이곳은 구불구불한 옛날 골목을 온전하게 간직하고 있다. 거미줄처럼 이어진 전깃줄, 바닷바람에 펄럭이는 빨래, 녹슨 창살…. 그러나 무엇보다도 담벼락마다 그려진 형형색색의 벽화가 눈길을 끈다.

벽화가 그려지기 전 동피랑은 철거 예정지였다. 통영시는 원래 마을을 철거하고 충무공이 설치한 옛 통제영의 동포루를 복원하려고 계획했다. 주변에는 공원을 조성할 예정이었다. 주민들은 약간의 보상비를 받고 마을을 떠나야 할 처지였다.

그러나 2006년 11월 '푸른 통영 21'이라는 시민단체가 "달동네도 가꾸면 아름다워질 수 있다"며 공모전을 연 이후 상황이 바뀌었다. 전국 각지에서 미술학도들이 몰려들었고 골목 곳곳마다 아름다운 벽화를 그렸다. 허름한 달동네는 바닷가의 벽화마을로 새로 태어났다. 독특하고 개성 넘치는 모습이 입소문을 타면서 수많은 사람들이 찾아들기 시작했다.

이에 마을을 보존하자는 여론이 형성되었고, 통영시 또한 동포루 복원에 필요한 마을 꼭대기의 집 3채만 철거하고 나머지는 보존하기로 계획을 변경했다. 철거 대상이었던 동네는 벽화로 인해 관광객들의 발길이 끊이지 않는 통영의 새로운 명소로 변모했다. 예술이 무너져가던 마을과 실핏줄 같은 골목을 살려낸 것이다.

5장 | 문화의 생성과 진화, 문화충돌과 융합

문화란 무엇인가?

경제생활이 조금씩 나아지면서 문화^{culture}에 대한 관심이 점차 높아지고 있다. 그래서 다양한 의미와 종류의 문화개념을 접하며 살아가고 있다. '쓰레기 분리수거 문화' 라든지 '우측보행 문화' 같은 말에서 보는 '문화' 란 생활 속에서의 습관이나 태도를 가리킨다. 또 '문화수준이 높다' 혹은 '문화생활을 향유한다' 라는 말에서 문화는 교양의 척도로 사용되거나, 개인의 여가나 취향으로 간주되기도 한다. 더러는 '문화가 밥 먹여주느냐' 는 표현에서처럼 문화는 눈에 보이지 않는 간접적인 이익으로 쓰이기도 한다.

학문적으로도 문화를 한마디로 정의하기란 쉽지 않다. 문화는 매우 다양한 의미를 갖고 있는 개념이기 때문이다. 가장 넓은 의미에서 문화는 자연에 대립되는 말이라 할 수 있고, 인류가 유인원의 단계를 벗어나 인간으로 진화하면서부터 이루어낸 모든 역사를 담고 있는 의미라 할 수 있다.

문화에는 정치나 경제, 법과 제도, 문학과 예술, 도덕, 종교, 풍속 등 모든 인간의 산물이 포함된다. 따라서 문화는 인간들이 벌이는 권력다툼과도 밀접한 관련이 있다. 권력다툼이란 결국 모든 인간적 산물들의 소유와 배분을 둘러싼 다툼이고, 궁극적으로 문화를 둘러싼 다툼이기 때문이다. 문화의 대표적인 몇 가지 개념을 알아보자.

첫째, 교양으로서의 문화이다. 서구사회에서 '문화' 라는 개념은 오랜 동안 인간사고와 표현의 뛰어난 정수라는 의미로 정의되어 왔다. 여기에는 위대한 문학, 미술, 음악 등에 대한 지식과 실천을 통한 정신적 완성의 추구라는 열망이 담겨 있다. 예컨대 문화인이라는 말은 뛰어나고 수준 높은 교양을 가진 사람을 의미하며 이것이 교양으로서의 문화 개념인 것이다.

이런 문화 개념에 기초하여 오랜 동안 비평가들은 최상의 작품을 찾는데 몰두해 왔고, 문화란 뛰어난 것을 판별하고 감상할 수 있는 능력으로 이해되어 왔다. 로마인들이 자신들을 '문화인civilian' 이라 칭한 반면에 게르만족을 '야만인barbarian' 이라고 부른 것은 바로 이 개념에서 비롯된 것이다.

둘째, 예술 및 정신적 산물로서의 문화이다. 이 경우 문화란 주로 정신적이거나 지적이고 예술적인 산물을 지칭하는 의미로 사용된다. 따라서 문화는 사회와 무관한 순수한 것이며 고유의 배타적인 영역으로 존재한다는 생

각을 가지고 있다. 격식과 전통을 존중하는 순수 문화예술 작품, 고전음악과 발레 작품 등이 이에 해당한다. 따라서 이는 어떤 형식에 구애받지 않는 자유로운 성격과 영리를 목적으로 하는 상업성을 지닌 대중문화와는 구분된다.

셋째, 진보로서의 문화이다. 이는 한 사회의 정신적 · 물질적 발전상태를 의미하는 것으로, 이때의 문화는 문명civilization이란 개념과 혼용되기도 한다. 이는 다윈의 진화론 패러다임을 인간사회에 적용한 사회진화론적 관점과 관련된다. 서구 문화가 아시아 · 아프리카 등의 문화보다 우월하다고 생각하는 서구 제국주의의 문화관이 바로 이것이다.

'문화'와 '문명'의 관계에 대해서도 좀더 구체적으로 알아보자. 우리는 흔히 이 두 단어를 같은 개념으로 쓰기도 하고 구별해 쓰기도 한다. 그런데 통상 문화란 인류가 생활하면서 이루어놓은 모든 것을 뜻한다. 따라서 원시 인류나 현존 미개인들도 나름대로의 문화를 가지고 있다고 볼 수 있다. 이에 비해 문명은 보다 발전된 문화의 단계를 뜻한다. 문명 단계의 징표로는 문자와 청동기 사용, 도시 출현 등이 거론된다.

그러나 이들은 둘 다 인간이 자연상태에서 벗어나 물질적 · 정신적으로 진보한 상태를 뜻하는 공통분모를 가지고 있다. 다만 대체로 '문화'는 종교 · 학문 · 예술 · 도덕 등 정신적인 움직임을 가리키고, '문명'은 보다 더 실용적인 생산 · 공업 · 기술 등 물질적인 방면의 움직임을 가리킨다. '기술문명', '토론 문화' 등과 같은 예를 들 수 있다. 그래서 '문화'를 정신문명,

'문명'을 물질문명으로 구분하기도 한다. 또 문화가 '경작culture'에서, 문명이 '도시civilitas→city'에서 유래했다는 점에서도 이를 알 수 있다. 그러나 이 또한 넓은 의미에서 같은 뜻으로도 사용되고 있다.

넷째, 그 사회의 생활양식이자 상징체계로서의 문화이다. 사회학이나 인류학에서는 흔히 문화를 인간의 상징체계, 혹은 생활양식으로 정의한다. 인간은 상징체계를 통해 사회를 경험하고 인식하며 다른 인간과 상호작용과 의사소통을 한다. 인간이 한 사회의 구성원이 된다는 것은 그 사회에 이미 존재하는 상징체계를 습득하여 사용할 수 있다는 의미이다. 그리고 그 상징체계가 반영하고 있는 사회의 질서와 규범, 즉 생활양식을 따르게 된다는 것을 의미한다. 그러한 양상이 가장 전형적으로 드러나는 것이 인간의 언어생활이다.

이와 같이 문화의 개념이 다양하지만, 문화는 역사의 발전과 함께 변화된다. 언뜻 보기에는 문화가 마치 고정불변하고 이론의 여지가 없는 것, 즉 자연적인 것처럼 표상된다. 그러나 모든 문화는 역사 속에서 인간에 의해 만들어진 것이다. 즉 문화는 결코 자연nature이 아니며 시대에 따라 항상 변한다는 것이다. 따라서 문화가 변화하면 그만큼 사회도 변화하는 것이다. 결국 문화는 사람들을 한 사회의 구성원으로 편입시키고 기존 삶의 양식과 상징체계를 교육함으로써 사회를 재생산하지만, 끊임없이 균열을 일으키며 조금씩 변화되는 것이다.

문화의 생성과 고대문화

오늘날 지구상에는 각기 다른 문화적 전통을 지니는 다양한 민족이 살고 있다. 또 인류의 문화는 다양하게 전개되고 있는데 그 차이가 경제형태·물질문화·사회조직·종교·세계관 등 문화의 모든 부문에 걸쳐 나타나고 있다. 그 중에서도 특히 중요성을 띠는 것은 경제의 차이라고 할 수 있다. 경제가 문화에 끼치는 영향은 막대한 것이어서, 일정한 경제형태는 사회조직의 전개에 기본적인 골격을 제공할 뿐만 아니라 종교나 세계관에도 어떤 방향성을 제시하고 있다.

문화의 차이를 발생시키는 요인으로는 경제형태 외에도 자연환경의 차이, 다른 집단으로부터의 고립, 역사적인 사건 등 여러 가지가 있다. 반대로 문화의 유사성을 가져오게 하는 요인으로는 경제형태, 비슷한 자연환경,

다른 집단과의 밀접한 관계 등을 들 수 있다. 이와 같이 다양한 요인들에 의해 인류의 갖가지 문화유형과 문화영역이 출현한 것이다.

예를 들어보자. 유럽의 문화는 기독교를 바탕으로 하여 발전한 것이어서 전체적으로는 비슷한 모습을 보이고 있기는 하다. 그러나 자연환경에 따라 상당한 차이가 난다. 즉 따뜻한 기후를 지닌 남유럽에서는 집밖에서의 생활이 보편화되어 자유롭게 소리를 지르거나 어디론가 돌아다니는 습성을 지니고 있으며 또 그런 생활에 익숙하다. 그래서 문화예술 작품도 이들의 기질이 반영되어 오페라나 미술작품들이 많이 만들어졌다. 이에 비해 비교적 추운 기후에서 생활해야 하는 북부 독일에서는 실내음악이 크게 발전했던 것이다.

기독교 내에서도 이런 경향이 나타나고 있다. 기독교는 정통 가톨릭과 그리스정교, 그리고 개신교로 나누어져 있다. 이들은 뿌리가 같으며 예수의 복음과 구원이라는 공통점을 가지고 있다. 그러나 세월을 거치면서 이들은 조금씩 다른 교리를 가지게 되었다. 가톨릭은 정통성과 엄숙한 분위기를 존중하나, 개신교는 복음에 대한 가르침을 좀더 중시하는 성향을 보이고 있다. 이에 비해 그리스정교는 다소 신비주의 성향을 나타내고 있다. 그런데 이와 같이 각기 교리가 차별화되는 데에는 이를 믿는 민족과 지역 성향의 차이도 한몫을 했다.

한편, 모든 인류문화에 공통적인 부분도 있다. 그 일련의 보편적 문화요소 중에서도 가장 중요한 것으로 언어가 있으며, 바로 이것은 인류문화의 기본적인 지주가 되고 있다. 또 어떠한 문화에도 인류는 음식물을 섭취하고 생식활동을 하며 살아가고 있다. 다만 그 구체적인 형식은 문화유형에 따라서 차이가 난다. 서양 사람들이 밀로 만든 빵과 육류를 주식으로 하는 데 비해, 동양인들은 쌀로 만든 밥과 채소 그리고 생선을 주로 먹고 산다. 남녀는 때가 되면 결혼을 해 가정을 이루어 사는데, 결혼적령기는 다소 차이가 난다. 또 일부일처제와 근친혼近親婚 금지가 보편적이나 그렇지 않은 민족과 나라들도 있다.

문화는 역사적 산물이다. 오랜 기간의 숙성과정을 거쳐 어떤 형태를 지닌 문화가 만들어진다. 다시 말해 어느 날 갑자기 하루아침에 문화가 만들어지는 게 아니라는 것이다. 만약 문화의 연속성을 도외시하고 매일 새로운 것을 찾아내려고 한다면, 이상하거나 혹은 외관은 아름다울지 모르나 내용이 빈 것들만 만들어지게 될 것이다. 따라서 문화의 내용을 어떻게 형식적인 그릇에 담아 전달할 것이며, 본질은 무엇인지, 어떻게 소통해야 할 것인지에 대한 깊은 고민이 필요하다. 그리고 문화의 역사적 배경과 전개과정에 대해서도 연구와 고찰을 해오고 있다.

인류사회에 문명이 처음으로 발생한 지역은 티그리스 강과 유프라테스 강 사이의 메소포타미아 지역, 이집트의 나일 강 유역, 인도의 인더스 강 유역, 중국의 황하 강 유역 등 네 지역이다. 특히 메소포타미아 지역은 인류 최초의 문명 발상지로, 서구 유럽인들은 이곳을 해가 뜨는 쪽의 땅, 즉 '오리엔트Orient의 세계'라고 불렀다.

이 문명 발상지들의 공통점은 모두 큰 강을 끼고 북반구에 위치하고 있으며, 대부분이 기후가 온화하고 기름진 토지를 지닌 지역들이라는 점이다. 특히 강을 끼고 있어 농사를 짓기에 적합했으며, 교통이 편리하고 다른 지역과의 교류가 활발해 문명 발생의 근거지가 되었다. 기원전 5000년경부터 이들은 강에서 물을 끌어들여 농사를 짓기 시작했다. 그리고 농업이 발달하면서 인구가 늘어났고, 청동기나 철기를 만들면서 농업이 아닌 다른 다양한 직업을 가진 사람들이 모여들어 도시가 형성되어 갔다.

이처럼 도시가 형성되면서 신에게 제사를 지내거나 도시를 적으로부터 보호하는 역할을 맡은 사람들이 지배층으로 군림하게 되었다. 그리고 이들은 다양하고 복잡한 사회를 다스리기 위해 군사조직이나 정치조직을 가진 국가를 만들게 되었다. 이 과정에서 문자도 만들어졌다. 이렇게 도시가 형성되고 문자를 사용하며 다양한 제도와 관습들이 합쳐져서 고대문명이 되었다. 고대문명의 발상지에서 나타난 주요 유물과 유적으로는 우르의 지구라트, 수메르의 설형문자, 이집트의 미라가 보존된 피라미드와 스핑크스, 중국의 갑골문자 등을 들 수 있다.

이 4대문명 이후 나타난 주요 고대문명들로는 수메르인들이 세우고 함무라비법전으로 유명한 바빌로니아 문명, 로마 알파벳 문자를 처음 만들어 낸 지중해 연안의 페니키아 문명, 그리고 오늘날 서양문명의 모태가 되는 그리스의 크레타 문명과 미케네 문명 등이다. 그런데 우리는 이들을 문명이라고 하지 문화라고는 잘 부르지 않는다. 그 이유는 이들이 인간 내면의 숭고한 정신문화는 아직 형성하지 못한 채, 사람이 살아가는 데 필요한 기본적인 물질과 제도, 관습을 만드는 데 치중했기 때문이다.

신과 인간이 공존한 문화,
그리스 · 로마 문화

그리스 · 로마 문명은 미케네 문명이 몰락한 이후 기원전 8세기 중엽부터 발달하기 시작해 AD 4~5세기에 전성기를 이루었던 고전문명을 뜻한다. 고대 그리스인은 기원전 8세기경에 그리스에서 고도의 문명을 이룩했으며, 유럽문화의 원류가 되었다. 이 그리스 문명은 이후 알렉산더에 의해 오리엔트 문명에 융합되어 헬레니즘 문화를 형성해 로마제국을 비롯하여 각지에 전파되었다.

그리스의 폐쇄적인 자연조건은 아테네와 스파르타를 필두로 도시국가인 '폴리스polis'를 형성시켰다. 이 폴리스에서는 상공업이 발달하여 평민의 권력이 크게 신장되면서 민주주의가 발달했다. 이는 다른 고대국가에서는 찾아볼 수 없는 그리스만의 특색이다. 그리고 민주정치는 물론 철학, 문학, 연극, 미술 분야도 발전을 거듭했으며, 아크로폴리스와 파르테논 신전을 비롯한 뛰어난 건축물들이 세워졌다.

건축술은 신전을 건립하는 과정에서 발전했는데, 도리아식, 이오니아식, 코린트식의 3대 건축양식이 발달했다. 이러한 건축술은 로마에 전수되었고, 로마는 이를 더욱 발전시켜 원형 돔과 아치형 구조의 건축물도 만들어내게 되었다. 이와 같이 그리스 문명은 다양한 방면에 걸쳐 발전됨으로써 비로소 고대문명과는 다른 문화의 개념이 정립되기 시작했다.

그리스 문화의 가장 큰 특징은 토론문화이다. 아고라 광장에서는 끊임없이 토론이 이루어졌다. 결국 이는 민주주의를 정착시키는 토대가 되었다. 폴리스의 중심이 되는 도시는 대체로 해안으로부터 멀지 않은 평지에 위치했으며, 도시는 폴리스의 정치, 군사 및 종교의 중심이었다. 도시 안에는 그 도시의 수호신을 모신 신전이 세워진 아크로폴리스Acropolis가 있으며, 그 주변에는 아고라Agora라는 광장이 있다. 이곳은 시장인 동시에 정치를 포함한 모든 공공활동이 이루어지는 장소이자 사교의 장이기도 했다.

그리스 문화의 또 다른 큰 특징은 인간의 내면세계를 탐구하는 철학이 꽃피었다는 점이다. 당시 철학의 탐구대상은 처음에는 세계와 만물의 본질에 대한 것이었으나, 점차 그 대상이 인간과 현실의 삶으로 조금씩 옮겨졌다. 그리고 인간 삶의 본질과 무엇이 행복인지에 대해서 스토아Stoa학파와 에피쿠로스Epicurus학파간의 불꽃 튀는 논쟁이 있었다.

스토아학파는 금욕주의 학파로, 그들은 자연의 법칙, 신의 법칙을 따르는 삶을 강조했다. 그리고 이상적인 삶의 상태로 '아파테이아apatheia'를 주장했는데, 아파테이아란 모든 감정을 억제하여 어떤 것에 의해서도 마음이 흔들리지 않는 부동심不動心의 상태를 뜻한다. 이 스토아학파는 플라톤과 아리스토텔레스의 이성을 중시하는 전통을 계승했고, 로마시대에는 세네카, 황제 마르쿠스 아우렐리우스 등에 의해 더욱 발전하게 되었다.

반면, 에피쿠로스학파는 감각적 경험과 쾌락을 중시했다. 그리고 이상적인 삶의 상태로 '아타락시아ataraxia', 즉 평정심平靜心을 주장했다. 다시 말해 그들은 인간이란 행복하고 즐겁게 살아갈 권리가 있다고 주장한 것이다.

다음은 당시 세계를 정복한 정복사 알렉산더 대왕과 세상을 미천하게 살아가던 철학자 디오게네스의 일화이다. 알렉산더가 세상을 정복한 뒤 소문으로만 듣던 현자 디오게네스를 찾아갔다. 그때 디오게네스는 자신의 오두막에서 햇볕을 쬐며 휴식을 즐기고 있었다.

알렉산더가 말했다.
"난 천하를 정복한 알렉산더 대왕이다. 디오게네스여! 원하는 것이 있으면 무엇이든 말하라, 들어줄 테니까!"

디오게네스는 이렇게 답했다.
"아, 그러신가요! 그러면 저 햇빛을 방해하지 않도록 비켜서 주십시오."

알렉산더는 제국의 대왕답게 이렇게 응수했다.

"만약 내가 정복자가 되지 않았다면 디오게네스와 같은 사람이 되고 싶었을 것이다!"

이후 두 사람은 같은 날 죽었다. 그리고 두 사람은 저승으로 가던 중에 강가에서 마주쳤다. 알렉산더 대왕이 먼저 이렇게 인사했다.

"아, 당신, 다시 만났군! 정복자인 나와 노예인 당신 말이야!"

디오게네스가 대답했다.

"아, 그렇군요. 다시 만났군요! 정복자 디오게네스와 노예 알렉산더가 말입니다. 당신은 정복을 향한 욕망의 노예 알렉산더이고, 난 속세의 모든 열정과 욕망을 정복한 정복자죠."

영원할 것만 같던 그리스 문화의 황금시대도 기원전 431년, 아테네와 스파르타의 펠레폰네소스 전쟁을 계기로 쇠퇴하기 시작했다. 다만, 이후에도 알렉산더 대왕이 정복한 페르시아와 인도에 이르는 광활한 영토에 그리스의 언어와 문화를 전파하면서, 300년 동안의 헬레니즘 문화 시대를 이어가게 되었다.

그런데 헬레니즘 문화는 동쪽으로만 간 것이 아니었다. 기원전 2세기에 로마가 헬레니즘 세계를 정복하기 시작했을 때, 그리스의 문화유산은 서쪽인 로마로 전파되어 로마인들의 물질세계와 정신세계를 장악하기 시작했다. 로마인들은 그리스의 문화와 전통을 잘 보전하고 또 계승해 나갔다.

이처럼 로마인들도 그리스인들이 물려준 인간중심주의, 현실주의적 인생관을 가지게 되었으며, 그리스의 신화와 신에 대한 관념도 받아들였다. 다시 말해 그리스인과 로마인들은 신들의 존재와 인간세계에 대한 그들의 관여를 믿었지만, 신들의 본성이나 모습은 인간들의 연장선상에서 이해했던 것이다.

신 중심의 시대, 암흑기의 중세문화

AD 476년 서로마제국이 멸망한 뒤 문화의 암흑기라고 불리는 중세가 시작된다. 그리고 14세기 르네상스가 개시되기까지 약 1,000년에 걸쳐 지속되었다. 당시는 모든 것이 신 중심적 사고에서 비롯되었으며, 성聖과 속俗을 철저히 구분했다. 즉 내세를 위한 것은 거룩하고, 현세를 위한 것은 속되다는 것이었다. 이런 상황에서 인간사회의 현실을 개선하려는 자연과학은 발전할 수가 없었다.

우리는 흔히 중세를 암흑시대라고들 한다. 이는 신의 절대적 권위 아래서 인간성이 완전히 멸시당했던 시대라고 여기고 있는 데서 비롯된다. 그러나 중세가 말 그대로 문화가 완전히 파괴되고 세상이 암흑천지였던 것은 아니었다. 물론 중세 초기 게르만족의 침입으로 고대로마 문화가 어느 정도

파괴되기는 했다. 그러나 중세문화는 그리스 · 로마의 고전문화, 기독교문화, 게르만 문화의 3대 요소가 융합되어 나름의 독특한 문화를 이루었다.

그중에서도 가장 두드러진 특징은 역시 그리스도교 중심의 문화라 할 것이다. 중세사회는 기독교에 의해 통일된 사회로, 교회는 지방분권적인 봉건사회를 지배하는 정신적 통일기구였고, 기독교는 문화생활의 모든 면을 지배했다. 따라서 인간의 세속적인 욕망과 정신은 철저히 무시되었다. 교회는 비단 중세 유럽인들의 신앙생활만을 지배한 것이 아니라 그들의 사소한 일상생활에까지 침투해 있었다. 교회가 가르치는 규범은 절대적인 권위를 가지고 있었고, 그것에 어긋나서는 안 되었다.

이와 같이 중세는 기독교가 생활의 모든 것을 지배해 왔던 게 사실이지만, 부분적으로는 세속적인 측면도 지니고 있었다. 그러기에 중세의 문학은 종교문학이 주류를 이루었으나 그 틈새에서 기사문학騎士文學이 발전했다. 중세 유럽인들의 생활을 지배한 것은 봉건적 규범이었으며, 이 시대의 근간을 이루었던 봉건기사들은 용맹을 존중하고 명예를 강조했다. 그것을 대표하는 것이 기사도였고, 이를 노래한 것이 기사문학이다. 대표적인 작품으로는 〈롤랑의 노래〉, 〈원탁의 기사〉, 〈아서왕 이야기〉 등이 있다.

그리스 · 로마 시대 때 학문의 왕이었던 철학은 이 시기에 와서는 신학의 시녀로서 신학을 설명하는 처지로 전락했다. 교회는 로마제국 내에서 많은 이교도들에게 자신을 변호하기 위해 교리를 정리할 필요가 있었는데, 이를

정리한 것이 교부철학이다. 교부철학은 플라톤의 이데아론을 중심으로 기독교를 설명하려 했다. 교부철학의 대부인 성 아우구스티누스는 〈고백록〉과 〈신국론〉을 남겼다.

12세기에 이르러서는 그리스의 아리스토텔레스 철학이 이슬람 세계를 거쳐 다시 유럽에 소개되면서 스콜라철학이 성립되었다. 스콜라철학은 기독교의 교리를 이론적으로 증명하려는 신앙과 인간이성의 조화를 목표로 삼았다. 스콜라철학의 대부인 토마스 아퀴나스는 〈신학대전〉을 남겼다.

중세 미술을 대표하는 것은 교회와 수도원의 건축과 그 장식이다. 처음에는 비잔틴 건축을 모방했으나, 차츰 로마식 아치를 갖춘 장중한 로마네스크 양식이 주를 이루었다. 11세기부터 12세기 중엽에 걸쳐 발달한 로마네스크 양식은 장엄함을 보여주는 둥근 돌 천장을 지탱하기 위해 벽을 튼튼히 하고 창문을 적게 해야 했기 때문에 실내가 어두웠다. 이탈리아의 피사 대성당, 영국의 런던 탑 등이 그 대표적 건축물이다.

로마네스크 양식의 단점을 보완하기 위해 12세기 후반에는 고딕 양식의 건축이 나타났다. 그것은 첨형 아치와 늑골로 짜여진 천장, 높이 뻗은 기둥과 부벽 등으로 건물을 높이 올리고, 오색찬란한 유리가 있는 큰 창문을 가진 스테인드글라스가 특징이다. 높이 솟은 뾰족탑은 천국에 가고 싶은 중세인의 염원을 드러낸 것이다. 대표적인 고딕 양식 건물은 노트르담 성당, 쾰른 성당이다.

중세는 모든 문화의 암흑기였지만 특히 음악은 불모지의 상태였다. 당시 음악이란 오로지 교회에서 남성합창단으로 구성된 성가대만이 존재했다. 그중에서도 그레고리오 성가가 유명했다. 그러나 중세 후반에 들어 현악기의 일종인 비에르(비올라와 유사한 현악기)라는 악기를 들고 시가지에 나타난 음유시인들에 의해 세속적인 음악이 등장했다.

이와 같이 서양이 중세 암흑시대를 거치는 동안 페르시아를 계승한 이슬람 세계는 문화의 꽃을 피웠다. 철학과 문학, 수학과 의학, 자연과학에 이르기까지 모든 분야에 걸쳐 고르게 문화가 발전했다. 특히 아바스 왕조의 칼리프 하룬 알 라쉬드Hārūn al-Rashid, 786~809와 알 마문al-M 'amūn 시대에 그 절정을 이루었는데, 당시의 수도 바그다드는 동서 문화의 교류지로 크게 번영했다. 우리에게 〈아라비안나이트〉로 잘 알려진 〈천일야화千一夜話〉도 이때 만들어진 것이다. 다만, 우상숭배를 금지하는 이슬람의 교리 때문에 사람이나 동물을 묘사한 그림이나 조각은 발달하지 못했다. 대신 둥근 돔과 아치, 뾰족탑minaret을 특징으로 하는 모스크(사원) 건축과 여기에 화초 문양을 기하학적으로 표현한 아라베스크가 유행했다.

이후 에스파냐의 코르도바에 터전을 둔 후기 옴미아드 왕조 또한 알함브라 궁전과 메스키타 사원 등과 같은 걸작을 남겼다. 이처럼 국제성과 보편성을 특성으로 한 이슬람 문화는 동서양 여러 곳으로 전파되었으며, 특히 중세 유럽문화에 큰 영향을 주어 이후 르네상스와 근대과학의 진보에 결정적인 기여를 했다.

한편, 당시 동양의 인도는 이슬람의 지배를 받고 있었다. 따라서 인도는 발전된 이슬람제국의 문화를 전수받았는데, 특히 건축 부문에서 이런 경향이 두드러졌다. 인도 건축 기술자들은 페르시아 양식의 건축술을 점차 인도적 모티브로 꾸며나갔다. 예를 들어, 연꽃 문양의 장식은 그 특징적인 양식을 이룬다. 인도와 함께 동양문화를 이끌어가던 중국은 이 무렵 철저한 유교문화에 갇혀 있었다.

인간성 회복, 르네상스 시대 개막

르네상스는 14~16세기에 일어난 문화운동으로, 학문이나 예술의 부활·재생이라는 뜻을 가지고 있다. 신 중심의 사상과 봉건제도로 개인의 창조성을 억압하던 중세에서 벗어나, 고대의 그리스·로마 문화를 이상으로 하여 이들을 부흥시킴으로써 새 문화를 창출해 내려는 운동이다.

그 범위는 사상·문학·미술·건축 등 다방면에 걸친 것이었으며, 문화·예술 분야뿐 아니라 정치·과학 등 사회 전반적인 영역에서 새로운 기법의 시도와 다양한 실험이 이루어졌다. 이에 따라 인쇄술도 발달하여 많은 사람들이 쉽게 책을 접할 수 있게 되고 지식 또한 확산되었다. 이 르네상스는 이탈리아에서 시작되어 독일, 프랑스, 영국을 포함한 유럽 전역의 정치·문화 형성에 큰 영향을 끼쳐 근대 유럽문화 태동의 기반이 되었다. 다만 음악은 이렇다 할 움직임 없이 여전히 잠을 자고 있었다.

이탈리아는 고대 로마시대부터 풍부한 문화가 쌓여 있었으며, 지리적으로 이슬람과 동로마의 문화를 접하기 쉬운 위치여서 이들의 문화를 서유럽과 연결하는 통로 역할을 했다. 14세기에는 이러한 장점을 바탕으로 상업이 활발하게 이루어졌고, 이 강력한 경제력을 기반으로 도시국가들이 형성되었다.

이들 도시국가들이 경제적으로 번영을 이루자, 점차 시민들이 정치에 눈을 뜨고 참여하는 시민문화가 형성되어 갔다. 또한 이 시기에는 회화의 마사초와 보티첼리, 조각의 도나텔로, 건축의 브루넬리스키를 비롯해 레오나르도 다빈치, 미켈란젤로, 라파엘로 등 예술 분야의 거장들이 나타나 문화의 황금시대를 맞이한다. 이러한 역사 · 문화적인 배경으로 인해 르네상스는 이탈리아에서 가장 먼저 꽃필 수 있었다.

르네상스가 시작되면서 이탈리아 사회는 여러 분야에 걸쳐 커다란 변화를 겪는다. 그중에서도 문학과 미술 분야의 변화 움직임이 가장 컸다. 특히 미술 분야는 수많은 천재 예술가들이 나타나 르네상스 시대를 주도해 나갔다. 신의 지배를 받던 중세에는 인간의 육체를 죄악시했다. 당시 미술가들은 그림을 그릴 때 여자의 볼록 나온 가슴은 성욕을 자극시킬 우려가 있다며 이를 숨기거나 억제하려고 했다.

마사초 〈낙원추방〉, 1424~25, 피렌체

그러나 르네상스로 접어들면서는 살아 숨 쉬는 인간의 생명력과 균형 잡힌 아름다움을 조각과 그림으로 표현했다. 다시 말해 예술가들은 인간의 얼굴 표정과 육체의 아름다움을 표현하고 자연을 연구하여 그 모습을 정확히 묘사했다. 당시의 미술가이자 원근법의 창시자인 마사초는 이렇게 말했다. "나는 그렸고 내 그림은 삶과 같았다. 나는 인물들에게 움직임, 열정, 혼을 심었다." 이러한 시도들이 발전함으로써 미술은 르네상스를 가장 활짝 꽃피운 문화예술 분야가 되었다. 수많은 천재 미술가들이 그림과 조각, 건축 분야에서 찬란한 인류 문화유산들을 남겼다. 그 수많은 화가들 중에서도 흔히 레오나르도 다빈치, 미켈란젤로, 그리고 라파엘로를 3대 천재로 꼽고 있다.

이와 같이 르네상스 문화의 근본정신은 인문주의, 즉 휴머니즘Humanism 이다. '휴머니즘'은 그리스·로마의 고전에서 '보다 인간답게 만드는 일'을 뜻하는 '후마니오라humaniora'에서 시작된 말로, 인간이 지니는 가치, 즉 인간의 창조성에서 만들어지는 모든 것들을 존중하는 사상이다. 거의 1,000년에 이르는 기간 동안 이어진 중세는 신 중심의 세계관이 지배했던 사회로, 인간의 개성과 창의성은 자유롭게 표현될 수 없었다. 그러나 단테를 시작으로 페트라르카, 보카치오 등 이탈리아의 문학가들이 그리스·로마의 고전문화에서 휴머니즘을 발견하여, 다시 인간 본연의 개성과 자유를 존중해야 한다고 주장했다.

전술한 바와 같이 르네상스를 활짝 꽃피운 분야는 미술이지만, 정작 르네상스의 문을 처음 연 분야는 미술이 아닌 문학이다. 그리고 미술 분야에서 3대 천재가 있었듯이 문학 분야에서도 3대 천재가 있었다. 그들이 바로 단테와 페트라르카, 그리고 보카치오이다. 흔히들 르네상스의 시발점은 이탈리아의 시인 단테1265~1321와 그의 작품 〈신곡神曲, La Divina Commedia〉이라고들 한다.

그러나 엄밀히 말해 단테는 르네상스를 직접 이끈 인물은 아니다. 그는 관념 면에서는 오히려 중세적이며 기독교적이었다. 다만, 그는 중세의 엄격함에서 벗어나 르네상스로 이끄는 데 영향을 미친 인물이다. 인간의 부드럽고 따뜻한 감정이 넘치는 단테의 〈신곡〉은 신 중심 생각에서 인간 중심으로 넘어오는 가교 역할을 했다. 또 그는 교회 공용어인 라틴어가 아닌 고국故國의 언어, 즉 이탈리아어(토스카나어)로 예술적으로 뛰어난 시문詩文을 창조하려 한 최초의 사람이었다.

실제 르네상스의 막을 연 최초의 인문주의자는 페트라르카Francesco Petrarca, 1304~1374이다. 그는 오랫동안 수도원에서 성경연구에 몰두했으나 어느 날 그는 성경을 덮고 만다. 라우라Laura라는 한 여인을 보고 나서는 인간의 감정이 살아 있고 중요하다는 것을 깨닫게 된다. 그는 중세 천년 동안을 하느님에게만 매달려왔지 인간 자신에 대한 것은 모른 체하고 살아온 암흑의 시대라고 여겼다. 그는 이제 성경 대신 인간에 대한 연구를 시작했다. 그러나 당시는 모든 것이 신에 대한 것만으로 가득 차 있었기 때문에 인간에 대한 것은 찾기가 어려웠다. 대신 그가 발견한 것은 사람이 가장 사람다웠던 시대인 그리스 · 로마 시대의 고전이었다. 그리하여 그리스 · 로마 문화를 들추어내기 시작했다.

페트라르카보다 조금 늦게 태어나 같은 시대에 살았던 보카치오 Giovanni Boccaccio 1313~1375는 최초의 근대 소설가였다. 그는 열흘 동안의 이야기라는 뜻을 지닌 〈데카메론Decameron〉을 썼다. 책 내용은 익살스러운 것, 우스꽝스러운 것, 그리고 비극적인 것과 낭만적인 것 등 다양한 인간 군상들을 그리고 있다. 특히 당시까지 거의 모든 책이 성스러운 언어인 라틴어로 쓰인 데 비해 보카치오는 이탈리아어로 책을 썼다.

이들의 문학세계에는 공통점이 있다. 하나는 주요 작품을 당시의 문화어이던 라틴어가 아닌, 속어인 이탈리아어로 썼다는 점이다. 불세출의 걸작품들인 〈신곡〉과 〈데카메론〉뿐만 아니라 후년 '페트라르카 시풍petrarchismo'이란 이름으로 서유럽 각국의 시인의 규범으로 숭앙된 서정시 〈칸초니에레 Canzoniere〉 또한 이탈리아어로 쓰여졌다. 또 다른 하나는 걸작품들이 인간들의 사랑 이야기가 중심이 되어 탄생된 것이라는 점이다. 세상사 모든 것들이 신의 지배를 받던 당시로서는 인간의 솔직한 감정, 특히 남녀간의 세속적인 사랑 이야기를 다루는 것은 상상조차 하기 어려웠다. 그러나 시대의 선각자였던 이들은 그 금기를 과감히 깼다. 당시 지배적이었던 기독교의 세계관에서 목숨을 걸고 탈출했던 것이다.

단테는 10세 때 처음 만나 사랑에 빠진 베아트리체와의 운명적인 만남이 실패하자, 한평생 가슴속에 안고 살던 그녀를 그의 문학세계의 주제로 삼았다. 페트라르카 또한 시인으로서 성장하는 데 결정적인 영향을 끼친 것은 연애 경험이었다. 1327년 교회에서 라우라라는 여성을 만나 연애시를 쓰기 시작하면서 평생 그녀의 모습을 노래했다. 또 단테에게 베아트리체가 있었듯 보카치오에게도 일생 동안 창작의 영감을 준 마리아(그의 작품에서는 피아메타라고 부른다)가 있었다. 보카치오는 그녀와 사랑하게 되어, 그녀를 위해 소설가가 되었다는 이야기도 전해진다.

한편, 이러한 휴머니즘 사상은 독일과 네덜란드, 영국 및 프랑스로 전파되어 발전했고, 18세기에는 몽테스키외·루소·괴테, 19세기에는 니체·톨스토이 등 많은 철학자와 문학가들에 의해 이어졌다. 오늘날 휴머니즘은 국가나 종교, 인종을 초월하여 모든 사람을 인간 자체로 존중하는 태도로 거듭나 현대사회를 살아가는 소중한 정신으로 자리 잡고 있다.

동양과 서양의 문화에 차이가 발생하게 된 것은 어쩌면 이 르네상스 때문일 수도 있다. 동양에서는 서양의 르네상스와 같이 특별한 계기가 없었다. 따라서 동양문화는 여전히 인간 내면의 세계에 정지한 채 이에 몰두하고 있었다. 반면, 서양문화는 르네상스라는 모멘텀을 통해 그때부터는 신과 인간의 정신세계보다도 인간의 육체, 그리고 보다 동적인 것을 추구하게 된 것이다. 또한 그 열정과 에너지가 바탕이 되어 자연과학을 탐구하고 신세계를 찾아나서는 등 새로운 역사를 써내려갈 수 있었던 것이다.

'왕과 귀족의 문화'에서
'대중문화'의 시대로

　르네상스는 신으로부터 인간성을 회복해 나간 시대이다. 즉 인간 중심의 문화예술 작품이 만들어지기 시작했던 것이다. 그러나 사고와 표현의 지향점이 신으로부터 인간으로 옮겨지기 시작했지만, 모든 인간들에게 옮겨진 것은 아니었다. 르네상스가 태동하던 시대는 십자군전쟁 이후 교황의 위세가 많이 꺾이는 대신 절대왕권이 확립되어 가던 시기였다. 문화적 가치도 절대권력자가 독점하고 대부분의 작품들은 절대자의 요구에 의해 만들어졌다. 문화예술인들은 그의 하수인으로서의 역할에 충실했을 뿐이었다.

　이러한 경향은 르네상스의 전성기가 지난 16~17세기에 절정을 이루었다. 이때 나타난 문화사조가 바로크 문화이다. 이 바로크풍은 르네상스 시대의 특징인 질서와 균형, 조화와 논리성과 달리 불규칙함과 자유분방함,

기괴한 양상 등이 강조된 예술양식이다. 바로크는 대략 16세기 중반 종교개혁과 함께 시작되어 1700년 직후 루이 14세의 죽음과 더불어 끝났다. 바로크 시대를 대표하는 건축물로는 로마의 성 베드로 성당과 프랑스의 베르사유 궁전을 들 수 있으며, 대표적인 화가로는 엘 그레코와 벨라스케스, 렘브란트 등이 있다.

이 바로크 시대에 와서는 그동안 잠만 자고 있던 음악 분야도 드디어 기지개를 펴기 시작한다. 비발디, 헨델, 바흐 등의 음악가들이 활약하면서 음악도 주요한 문화 장르로 등장하게 된다. 그리고 교회음악, 궁정음악, 성악 위주이던 음악세계를 넓혀나갔다. 기악과 오페라가 등장했고 세속음악도 만들어지기 시작했다.

한편, 루이 14세 이후 절대왕권이 쇠퇴하면서 바로크 문화도 쇠퇴하고 대신 귀족들이 자신들의 가치를 내세우며 새로운 문화사조를 창출시키는데, 이것이 로코코 문화이다. 이 로코코는 프랑스의 루이 15세가 즉위한 직후인 1720년 무렵부터 프랑스 대혁명이 일어난 1789년까지 유행했던 유럽의 예술양식으로, 프랑스를 중심으로 독일과 오스트리아에서 성행했다. 특히 루이 15세의 애첩 퐁파두르 부인, 루이 16세의 왕비 마리 앙투아네트가 유행의 중심에 서 있었다. 이와 같이 로코코는 한마디로 귀족들의 우아하고 세련된 실내장식 문화였다. 따라서 이때까지도 대중들의 문화에 대한 접근은 어려웠다.

그러나 프랑스 대혁명 이후 점차 일반대중들의 힘이 강화되어 나갔다. 프랑스 대혁명을 통해 자유·평등·박애정신이 일반대중들 속으로 퍼져 나갔다. 이에 따라 19세기에는 문화사조도 개인의 자유정신을 표현하는 경향이 자리 잡기 시작했다. 다시 말해 이때부터는 점차 대중들이 문화의 주변지대에 나타나기 시작한 것이다. 당시의 문화예술 사조는 고전주의, 낭만주의, 사실주의, 인상주의, 후기 인상주의로 이어졌다.

특히 미술 분야에서는 빛과 색채를 중시하여 사물을 다각도로 관찰·표현한 인상파와 이후의 후기 인상파 예술가들이 미술사의 새 지평을 열어갔다. 이 인상파 기법은 모네·드가·마네·르누아르 등으로 대표되는 전기 인상파를 거쳐, 세잔·고갱·고흐와 같은 후기 인상파 화가들에 의해 발전되었다.

이 시대까지도 문화의 본류는 여전히 미술계가 장악하고 있었다. 중세와 르네상스를 거치는 동안 미술은 언제나 문화의 중심에 위치해 있었다. 이에 비해 음악은 뒷전이었다. 음악의 세계란 소년합창단의 성가 정도에 불과했다. 그러나 바로크 시대를 거치면서 사회지배층의 음악에 대한 관심이 고조되기 시작했고, 음악계도 큰 발전을 이룬다. 그래서 당대의 음악가 바흐는 음악의 아버지, 헨델은 음악의 어머니로 불리고 있다. 그 뒤를 이어 모차르트, 베토벤, 슈베르트의 3대 고전파 음악가들이 활약하면서 최고의 음악 전성기를 맞이한다. 또한 스트라디바리우스, 과르네리 등과 같은 명장이 나타나 바이올린 등 연주에 필요한 악기를 공급했다.

Mass
Media

한편, 19세기 말에는 종말론적 사상과 염세적 사상의 문화사조가 풍미했다. 그리고 20세기로 접어들면서 발발한 두 차례에 걸친 세계대전은 인간들의 내면을 더욱 상세하게 들여다보고 천착하게 하는 계기와 오브제가 되었다. 이러한 과정 속에서 문화세계의 표현방식도 단순한 인간 외적인 면보다는 복잡한 내면세계를 표현하려는 시도가 나타난다.

이 시대에 형성·발전되고 있던 미술계의 문화사조는 야수파Fauvism, 입체파Cubism, 추상주의Abstractionism, 다다이즘Dadaism, 초현실주의Surrealism등이다. 특히 다다이즘이란 1910년대 프랑스, 독일, 스위스의 전위적인 미술가와 작가들이 본능이나 자발성, 불합리성을 강조하면서 기존 체계와 관습적인 예술에 반발한 문화운동을 뜻한다. 그리고 초현실주의는 1920년대 앙드레 브르통에 의해 시작된 문화사조로 프로이트의 정신분석에 바탕을 두고 있으며 사물의 이미지를 중시한다. 이러한 세기말적 사상은 미술뿐만 아니라 클래식 음악에도 영향을 미쳐 비슷한 시기에 말러와 같은 염세적인 작곡가들이 나타났다.

제2차 세계대전 이후 수많은 국가들이 독립하면서 자유정신이 함양되었다. 이때부터는 대중들의 힘이 본격적으로 나타나기 시작했다. 특히 1960년대 베트남 전쟁을 거치면서 반전운동이 심화되었고, 이를 통한 저항정신이 문화사조에 반영되었다. 이 시대의 문화사조는 신체예술과 개념예술, 포스트모더니즘Post Modernism, 팝아트Pop Art 등이다. 특히 20세기 후반에 들어 미국의 현대미술이 강력하게 활기를 띤다. 1960년대 등장한 팝아트는 주로 매스미디어Mass media의 이미지를 그대로 화면에 도입하는 것으로, 가장 미국적인 회화라고 평가되고 있다. 대표적인 화가로는 앤디 워홀, 리히텐슈타인 등이 있다.

한편, 고전낭만파 이후의 음악세계는 독일의 정통 기악음악과 이탈리아의 오페라음악으로 크게 이원화되었다. 다만, 쇼스타코비치, 라흐마니노프, 프로코피에프 같은 러시아 국민음악가들도 공산정권에 저항하면서 현대음악 발전에 기여했다. 또한 20세기 후반에는 카라얀이라는 걸출한 지휘자가 나타나 클래식음악이 대중들에게 좀더 가까이 다가가는 계기를 마련하기도 했다. 여기에 반전운동의 기치를 내걸고 탄생한 밥 딜런, 존 바에즈와 같은 통기타 세대들의 대중음악이 새로운 대중문화시대를 열어나가게 되었다.

20세기에 등장한 영화는 대중문화의 장을 한층 더 본격적으로 열어나갔다. 미국에서는 할리우드의 스튜디오 시스템이 발전하여 많은 영화가 제작·상영되면서 할리우드의 황금기를 누리게 된다. 그 뒤 20세기 말에 이르러 기존의 할리우드 스튜디오들은 거대 미디어그룹으로 성장했고, 이들은 자금력을 바탕으로 블록버스터Blockbuster 시대를 열어갔다. 한편 유럽에서도 예술로서의 영화에 대한 탐구에 눈을 뜨기 시작하면서 평범한 소시민들의 소박한 이야기와 스튜디오가 아닌 현지촬영 등을 특징으로 하는 네오리얼리즘neorealism, 즉흥 연출과 장면의 비약적 전개 그리고 영상의 감각적 표현을 추구하는 누벨바그nouvelle vague 영화 등 다양한 형태의 영화와 영화기법이 나타났다.

　매스미디어의 발달은 대중문화를 한층 더 빠른 속도로 확산시켜 나갔다. 이제 상류층이 아니어도, 또 예술에 대한 특별한 조예가 없더라도 집에서 라디오나 TV를 보면서 문화를 즐기고 문화생활을 향유할 수 있게 된 것이다. 아울러 기존의 전통문화도 상업성을 추구하고, 또 문화의 융합현상이 나타나면서 전통문화와 대중문화가 서로의 벽을 헐고 간극間隙을 좁혀가고 있다.

문화 · 문명의 충돌과 문화전쟁

인간의 오랜 역사 동안 오로지 자신들만의 문화를 고수하며 유지하는 경우란 거의 없었다. 역사 속에서 인간 집단은 끊임없이 이동하며 이질적 집단과 접촉하고 충돌 · 갈등 · 융화해 왔다. 이러한 과정을 통해 문화변동이 이루어지고 다양한 혼종의 문화hybrid culture가 탄생하게 된다.

그런데 이 문화변동은 한순간에 급속도로 일어나는 것이 아니라 장기적이고 지속적으로 이루어진다. 또한 문화변동 과정에서는 기존 문화와 새롭게 출현한 문화 간에 충돌과 갈등이 발생하게 마련이다. 그리고 통상 문화의 판세는 힘의 판세를 반영한다. 인류 역사를 보면 한 문명의 힘이 팽창하면 문화 또한 동시에 융성했고, 그 문명은 막강한 힘으로 자신의 문화, 즉 가치관, 관습, 제도를 전파시켰다.

새뮤얼 헌팅턴의 문명충돌이론 또한 이러한 내용을 담았다. 그는 공산주의 멸망 이후 이데올로기의 충돌은 끝날 수 있었지만 문명충돌의 역사는 끝나지 않았다고 주장했다. 오히려 세계는 7~8개의 문화권으로 다원화될 것이라고 했다. 그리고 국가 사이에 무력충돌(전쟁)이 발생하는 것은 이념의 차이가 아닌, 문화와 종교적인 차이의 갈등, 즉 이슬람 문화권과 비이슬람 문화권, 특히 기독교 문화권의 갈등 때문이라고 주장했다.

또 강대국의 경쟁은 문명충돌로 바뀌며, 탈냉전시대에서의 문화는 분열과 통합으로 위력을 발휘한다고 했다. 나아가 세계 전역에서 불고 있는 종교부흥의 바람은 이런 문화적 차이를 더욱 조장하고 있으며, 문명들 사이에서 나타나는 정치·경제적 발전의 중요한 차이는 상이한 문화에 뿌리를 두고 있다고 주장했다.

새뮤얼 헌팅턴의 주장처럼 문명의 충돌은 민족 분쟁, 종교적 관점에서 주로 이루어지고 있다. 발칸반도는 19세기 말 오스만제국의 세력이 약화되기 시작하면서부터 그동안 오스만의 지배를 받고 있던 여러 민족들이 독립문제에 봉착하면서 세계의 화약고로 떠올랐다. 원래 발칸반도에는 세르비아인, 슬라브족, 알바니아인, 그리고 집시 등 다양한 민족들이 뒤엉켜 살고 있었다.

당연히 이들의 생활관습이 달랐으며 그 뿌리가 되는 문화도 달랐다. 서로 다른 문화적 배경을 가진 여러 민족들이 하나의 통일된 규범과 질서 속에서 살아간다는 것은 어려운 일이었기에 분쟁이 여태껏 지속되고 있는 것이다. 그래서 이들 간에는 걸핏하면 분쟁이 일어났고, 나중에는 이들의 문제가 세계대전으로까지 비화되었다. 이렇게 볼 때 제1차 세계대전이 일어난 근본원인도 결국 문화충돌에서 비롯된 것이라 할 수 있다.

지금도 이 지구상에는 문화적 갈등으로 인해 수많은 민족과 국가 간에 분쟁이 일어나고 있다. 가장 많은 분쟁이 일어나고 있는 지역은 아프리카이다. 수단과 콩고가 이미 남북으로 분리되었으며, 이 시간에도 아프리카에서는 수많은 부족 간의 유혈분쟁이 끊임없이 일어나고 있다. 그리고 한족과 위구르족 간의 갈등에서 비롯되고 있는 중국 신장지역에서의 소요, 수십 년에 걸쳐 지속되고 있는 바스크족의 스페인 분리독립 움직임, 또 영국과 스코틀랜드의 갈등도 결국은 서로 상이한 문화 간의 갈등과 충돌이라 할 것이다.

새로운 세계에서 상이한 문명에 속하는 국가들과 집단들의 관계는 우호적이지 않고 대체로 적대적인 경향을 띤다. 그중에서도 특히 갈등이 첨예하게 드러날 것으로 예상되는 분야는 단연 종교 간의 갈등이다. 종교는 대표적인 문화의 산물로 민족의 뿌리이자 그들의 정체성이 되고 있다. 종교는 다른 문화와 달리 서로 융합되기가 어렵다. 따라서 인류의 역사는 종교 간의 갈등과 전쟁의 역사라 할 수 있다.

기독교와 이슬람교간의 갈등은 2,000년 동안 지속되고 있다. 기독교와

이슬람교간 충돌이 정점을 이룬 것은 1096년부터 1272년까지 근 200년에 걸쳐 지속된 십자군전쟁이었다. 이스라엘이 팔레스타인 지역에 나라를 세운 이후 이슬람세력은 지금도 십자군전쟁이 지속되고 있다고 간주하고 있다. 그래서 그들은 '지하드(성스러운 전쟁)'를 외치며 기독교세력의 확장에 맞서고 있다. 2001년 발생한 미국의 9 · 11테러도 따져보면 이슬람교와 기독교 간의 갈등에서 빚어진 참사이다.

이제는 서로 다른 종교 간의 갈등뿐만 아니라 같은 종교 내부에서 종파 간의 갈등 또한 심각하다. 기독교 내의 구교와 신교간의 반목과 갈등은 30년전쟁(1618~1648)을 유발했으며 아직도 그 후유증이 지속되고 있다. 이슬람교 내의 시아파와 수니파간의 충돌은 좀더 심각하다. 신도 수는 무함마드 사후 신도들의 총의에 따라 선출된 종교지도자들인 정통 칼리프의 후손들이라고 하는 수니파가 이슬람교 창시자 무함마드의 후손이라고 주장하는 시아파에 비해 절대 다수이다. 그러나 시아파 교도들은 이란과 이라크 지역에 집중되어 있어 응집력 면에서는 수니파에 결코 뒤지지 않기 때문에 심각한 대립양상이 빚어지고 있다.

과거 '중동문제'라 하면 단순히 유대교와 이슬람교 간의 반목을 지칭하는 것이었다. 이들 두 종교 간의 갈등과 반목이 워낙 심각했기에 중동이 세계 제3차 세계대전을 야기하는 화약고가 될지도 모른다는 우려를 자아냈다. 그런데 이제는 여기에 시아파와 수니파 간의 갈등까지 덧붙여지면서 우려를 증폭시키고 있다.

한편, 20세기 들어서는 이러한 문명 간의 충돌이 빚어지고 있는 가운데에서도 문명 상호간의 융합 또한 활발히 진행되고 있다. 다시 말해 이제 문명 간의 관계는 한 문명이 나머지 모든 문명들에게 일방적으로 영향을 미치던 단계에서 벗어나 모든 문명들 상호간에 다각적인 교섭이 이루어지는 단계에 접어들었다는 것이다. 이러한 발전의 결과 이제 세계의 문화는 다문화 체제로 확대되어 나가고 있다.

이러한 추세에 발맞추어 얼마 전부터 기존의 문명충돌 후유증을 또 다른 문화예술 활동을 통해 치유하려는 시도가 활발해지고 있다. 대표적인 예가 음악가 다니엘 바렌보임의 활동이다. 그는 1999년부터 이스라엘과 팔레스타인 젊은이들로 구성된 '서동시집 오케스트라West-Eastern Divan Orchestra'를 결성하여 지구촌을 누비고 있다. 언젠가는 이스라엘에서도 콘서트를 가지기를 기대하고 있다. 이들은 종교적 갈등과 충돌을 겪고 있는 두 나라, 나아가 전세계가 예술로 화합하여 평화의 길로 가야 한다는 생각을 실천하는 것이다. 그들은 또 우리나라의 통일을 기원하며 2011년 서울에서 베토벤 교향곡 전곡을, 임진각에서 〈합창〉 교향곡을 연주하기도 했다. 이와 같이 문화와 문명은 상호 충돌과 융합을 통해 발전해 나가고 있다.

동서양 갈등과
종교 갈등으로 인한 문화충돌

동서양 문명의 충돌

흔히들 서양은 물질문명의 나라, 동양은 정신문화의 나라라고 말한다. 동양과 서양은 아주 오래전 인류가 출현할 때부터 각자 독자적인 문화를 가지고 있었다. 물론 내용을 들여다보면 양자가 모두 농경문화라는 점에서 유사한 점이 매우 많았다. 그러나 이들은 이후 그 문화를 승계·발전시켜 나가는 과정에서 각기 다른 길을 걸어감으로써 오늘날 많은 차이점을 보이게 되었다.

서양은 유럽대륙에서 그리스·로마 문화를 승계하고, 여기에 기독교 문화를 배합시켜 문화예술을 발전시켜 나갔다. 반면, 동양은 고대중국과 인도 문화를 중심으로 불교와 유교 문화를 배합시켜 문화예술을 발전시켜 나갔다. 그런데 서양문화는 르네상스를 거치면서 실질적이고 외형적인 것을 중요시하여 건축과 미술, 음악 분야에서 비약적인 발전을 이룩했다. 이에 오늘날 찬란한 인류 문화유산의 대부분은 유럽에 몰려 있다. 실질과 외형을 중시하는 문화는 그들의 일반 생활양식과 관습에도 영향을 미쳐 편리성과 외관상의 멋을 중시했다.

반면, 동양은 철학과 도덕, 훈육 등 인간의 내면세계를 중시한 결과 외형적인 문화발전은 서양에 비해 상대적으로 뒤처졌다. 불교미술 외에는 뚜렷이 내세울 만한 문화예술 작품이 그다지 많지 않은 편이다. 특히 음악과 건축 분야는 더 불모지대이다. 여기에 경제력도 낙후되어 서양에 뒤처졌다. 그래서 문화를 보전하고 발전시켜 나갈 토양을 갖추지 못했다. 결국 동양은 20세기 들어 서양에게 먹잇감이 되어버렸다. 서양은 정치경제뿐만 아니라 문화적으로도 동양세계를 지배하려 들었다. 이 과정에서 많은 문화재가 유실되거나 서양세계에 수탈당했다. 오늘날 대영박물관과 루브르박물관에 동양의 수많은 문화재가 진열되어 있는 이유가 여기에 있다.

의식이나 생활양식 면에서도 동양은 서양의 영향을 받지 않을 수 없었다. 서양이 르네상스를 통해 인간의 욕망을 자연스레 드러낸 데 비해 동양은 여전히 인간의 욕망을 억제하는 유교사상에 물들어 있었다. 그 결과 생활양식이 편리성보다는 예의와 도리를 중시하는 쪽으로 고착되었다. 이는 일상생활과 비즈니스를 수행해 나가는 데 힘들고 불편했다.

이슬람과 기독교 충돌의 상징 성소피아 성당(위)과 블루모스크(아래)

그래서 동양의 나라들은 정치사회적으로 서양의 지배를 받던 시절, 주거와 복식 등 생활문화도 대부분 서양의 것을 자연스레 받아들이고 따르게 되었다. 예를 들면 이제 아파트 생활과 양복차림은 마치 오래전부터 우리의 생활관습인 것처럼 여겨지고 있다. 이는 서양의 생활문화가 더 편했을 뿐만 아니라 외관상 보기에도 좋았기 때문이었다. 여기에 서양의 것은 좀더 우아하고 세련된 것이라는 선입견마저 작용했다. 또 미국 대중문화의 상징인 할리우드 영화는 이런 분위기를 한층 더 고조시켜 나갔다.

그런데 또다시 세상이 바뀌고 있다. 사람들이 경제적으로 어느 정도 안정감을 가지면서 이제 점차 정신적 내면세계의 안정을 찾아나서고 있다. 특히 치열한 삶에 지친 사람들이 정신적인 힐링healing을 필요로 하고 있다. 나아가 동양은 자신의 뿌리를 찾으려 하고, 서양은 동양의 도와 예 의식을 체험하려 할 뿐만 아니라 이를 적극 받아들이려는 경향을 보이고 있다. 바꾸어 말하자면 동양의 정신문화를 서양의 물질문명과 접목시키려는 시도를 해나가고 있는 것이다.

이슬람과 기독교의 충돌

이슬람과 기독교간의 충돌은 이슬람의 탄생부터 시작되었다. 원래 이슬람은 기독교와 유대교에 우호적이었다. 그러나 기독교와 유대교에서 이슬람을 사이비라는 태도로 일관하자 적대하기 시작했다. 이들 상호간의 본격적인 대결구도는 AD 756년, 이슬람세력인 후기 옴미아드 왕조가 기독교 국가이던 이베리아 반도의 에스파냐를 침공하면서부터 시작되었다.

그러나 양 세력 충돌의 클라이맥스는 십자군전쟁이었다. 처음에는 성지 회복이란 명분을 내세웠던 십자군이 점차 이슬람 지역에서 살상과 약탈을 일삼자 기독교에 대한 이슬람의 적개심은 극에 달했다. 이후 이슬람은 오스만터키를 중심으로 세를 규합하여 점차 기독교세력을 압도해 나갔다. 결국 이슬람은 범기독교세력인 비잔틴제국을 멸망시켰다. 당시만 해도 이슬람세력이 기독교세력에 비해 전반적으로 힘의 우위에 있었다. 그러나 이후 오스만제국이 무너지고 기독교 국가들이 산업혁명을 성공시키면서 점차 힘의 균형은 기독교세력으로 옮겨갔다. 이러한 과정에서 양자간의 자존심 대결이 심화되었다.

이후 20세기로 접어들어 이스라엘이 팔레스타인 지역에서 독립을 선언하면서부터 상호간의 반목과 갈등은 한층 더 증폭되었다. 더욱이 유대교에 뿌리를 둔 기독교세력인 서방국가들이 이스라엘의 영토 확장을 옹호하자 이슬람세력은 이를 제2의 십자군전쟁으로 간주하고 있다. 이슬람세력은 성전 회복을 외치며 기독교세력의 확장에 맞서고 있다. 이런 과정에서 일부 이슬람 과격파 세력들이 게릴라전에 더 역점을 두게 되었고, 이러한 행태를 기독교 국가들은 테러리스트로 간주해서 혐오하고 있다.

한편, 이슬람교와 기독교는 자신들의 예배당을 두고도 상호 갈등을 지속해 왔다. 현존하는 이슬람 건축물의 백미는 스페인에 있는 알함브라 궁전과 메스키타 사원, 그리고 터키에 있는 블루모스크이다. 이중 스페인의 코르도바에 있는 메스키타Mezquita는 에스파냐를 점령한 이슬람세력이 바그다드의 이슬람 사원에 뒤지지 않는 규모의 사원을 건설할 목적으로 건립한 것이다.

이후 가톨릭세력의 에스파냐 왕조가 이곳을 탈환했을 때, 메스키타의 일부를 허물고 르네상스 양식의 예배당을 사원 중앙에 지었다. 그러나 기존의 이슬람 사원 대부분은 원형 그대로 보존시켰다. 이는 물론 기존 이슬람 사원이 매우 아름답고 경이로웠다는 이유도 있었을 것이다. 그러나 진짜 속내는 사원의 한복판에 기독교 성전을 둠으로써 기독교가 이슬람교에 비해 상대적으로 더 우월하다는 점을 과시하기 위한 것이었는지도 모른다. 어쨌든 이로 인해 메스키타 사원은 기독교와 이슬람교도가 한곳에 동거하는 사원이 되어 지금까지 내려오고 있다.

역사는 돌고 도는 것일까? 이후 이와 정반대의 현상이 벌어졌다. 이슬람이 세력을 규합하면서부터는 이슬람교가 기독교를 지배하고 문화적으로도 우월하다는 것을 밝히는 역사가 전개되었다. 1453년 오스만터키는 비잔틴제국을 함락하고 수도인 콘스탄티노플에 입성하게 된다. 콘스탄티노플을 그대로 자신들의 수도로도 활용하되 이름은 이슬람식인 이스탄불로 바꾸었다.

또 당시 세계에서 가장 크고 기품 있는 건축물이자 기독교(그리스정교) 성전이던 성소피아 성당을 하루아침에 이슬람 사원으로 바꾸어버린다. 그리고 그 건너편에 있는 성소피아 성당보다 훨씬 장대한 규모의 블루모스크 Blue Mosque를 건립한다. 그런데 이 블루모스크는 겉모습은 성소피아 성당을 그대로 따왔지만, 규모와 내부는 훨씬 더 크고 호화롭게 치장했다. 다시 말해 블루모스크의 기본모델은 성소피아 성당이었던 것이다.

한편, 1923년 오스만제국이 무너지고 터키공화국이 수립되자 그리스를 중심으로 한 유럽 각국은 모스크로 활용되던 성소피아 성당을 다시 성당으로 복원하도록 강력하게 요구했다. 이에 터키 정부는 성소피아 성당을 인류 모두의 공동유산인 박물관으로 지정·개조해 그 안에서 기독교든 이슬람이든 종교적 행위를 일체 금지하고 있다.

문화의 소비기호 차이로 인한 충돌

차 문화와 커피 문화

차와 커피는 세계를 양분하는 음료라 할 수 있다. 둘 다 약간의 각성제 성분을 가지고 있어 기호식품으로, 그리고 사람들과의 교제수단으로도 널리 활용된다는 공통점을 가지고 있다. 그런데 이들은 상당히 다른 물리적인 성격과 효능을 지니고 있다.

우선, 커피콩은 열매라서 물에 넣어 끓일 때 물속에 가라앉아 있다가 물이 끓으면 서서히 떠오르는 데 반해, 찻잎은 물위에 떠 있다 물이 끓으면 서서히 가라앉는다. 이런 물리현상과 비슷하게 커피는 신진대사를 왕성하게 만들어줘 활력을 불어넣어주고, 차는 심신을 차분하게 안정시켜 주는 효과

가 있다.

또 이들이 지닌 문화적인 특성도 차이가 난다. 차는 그 맛이 부드럽고 감칠 듯하며 우아하고 격조 높은 분위기를 연출한다. 이에 비해 커피는 쌉쌀한 그 맛에서 새로운 에너지를 공급받게 되며 강렬한 향을 통해 활력 있는 분위기를 연출한다. 그래서 영어 표현에서도 차이가 난다. 차를 마시는 시간을 'Tea Time'이라고 하는 데 비해, 커피를 마시는 시간은 'Coffee Break'라고 한다. 커피문화권에서는 무엇인가 일의 속도를 올리고 싶을 때 커피를 마시지만, 차문화권에서는 한숨 돌리며 여유를 가지고 싶을 때 차를 마시는 경향을 보인다. 한마디로 차 문화가 정적靜的이라면 커피 문화는 동적動的이다.

우리는 흔히 동양인과 영국인은 차를, 영국을 제외한 다른 유럽인들은 커피를 주로 마시는 것으로 알고 있다. 물론 이런 등식은 대체로 성립한다. 그런데 갈수록 커피인구가 크게 증가하고 있는데, 이는 그만큼 빨라진 삶의 속도와 비즈니스 문화행태를 반영한 것이다.

전통적으로 영국인은 아침에 눈을 뜨면 마시는 모닝티Morning Tea를 시작으로 아침식사 때 마시는 브렉퍼스트 티Breakfast Tea, 오후 시간에 여유를 가지고 마시는 애프터눈 티Afternoon Tea 그리고 저녁에 마시는 나이트 티Night Tea 등 하루에 네다섯 번 정도 티타임을 가진다. 이에 비해 미국인은 특별히 시간을 정하지 않은 채 집중이 필요한 때마다 수시로 커피를 마시는 경향을 보인다.

지금은 대표적인 커피문화권 국가인 미국도 원래는 차문화권 국가였다. 그런데 18세기 후반에 일어난 '보스턴 차 사건Boston Tea Party' 이후 사정이 달라졌다. 영국은 미국에서 더 많은 세금징수를 위한 방책의 하나로 홍차 판매독점권을 동인도회사에 주었다. 이에 반발한 시민들이 보스턴 항구에 정박 중이던 동인도회사의 배를 습격하여 배 안에 있던 차 상자를 바다에 던져버렸다. 이후 미국은 차 대신 커피를 마시게 되었다. 그리고 커피 문화를 비즈니스와 결합시켜 빠르게 세계로 확산시켜 나갔다.

대중문화와 고전문화

문화의 심미적 수준에 따라 고급문화High Culture와 저급문화Low Culture를 구분하기도 한다. 대개 고급문화란 오랜 예술적 전통의 맥락에 있는 문화를 가리키고, 저급문화는 대량생산된 대중문화 산물을 가리키는 경우가 많다. 그러나 고급문화와 저급문화는 고정불변체가 아니고, 시대에 따라 변화하는 유동체일 따름이다.

예전에 문화를 누릴 수 있었던 사람들은 경제적으로 부유하거나 혹은 사회적 지위가 높은 일부 엘리트 계층에 한정되었다. 자연히 문화는 고급화되었다. 그러나 경제발전으로 생활수준이 전반적으로 향상되고 교육 보급도 확대됨에 따라 일반대중들의 문화향수 능력이 점차 향상되었다. 이에 대중문화가 창조 · 발전 · 확산되어 나갔다. 여기에 대중매체 발달은 이런 추세를 가속화시켰던 것이다.

이와 같이 산업사회가 도래하고 대중사회가 형성되자 기존의 문화향유 계층이던 엘리트들은 대중문화와 대립하는 '고급문화High Culture'의 개념을 슬며시 도입했다. 즉 그들은 기존의 엘리트적 문화관을 고수하며 대중문화를 저급한 것으로 치부하는 논리인 이른바 순수문화를 주장했다. 이들의 대중문화에 대한 비판의 요지는 다음과 같다.

첫째, 대중문화란 고급문화와는 달리 영리추구가 목적인 기업이 만든 것이기에 인기에 영합해 동질적이고 규격화된 제품을 만들어내는 경향이 있다. 따라서 창작자의 고유한 가치나 기술적 표현은 포기될 수밖에 없다.

둘째, 대중문화는 고급문화를 모방하여 만들어지거나 혹은 너무 많이 양산되어 문화의 질을 떨어뜨린다.

셋째, 대중을 모방문화에 익숙하게 만들어 폭력과 성性을 강조하는 등 대중을 저속화한다. 그리하여 대중들에게 현실을 왜곡시키고 현실도피로 이끌며 파괴적으로 만든다.

넷째, 대중들의 사고와 행동양식을 획일적으로 만들어 사회를 전체주의 사회로 이끌어갈 위험마저 있다.

이러한 비판에 대한 대중문화의 반론은 다음과 같다.

Beatles
LOVE

대중문화는 현대산업사회의 발전에 따라 생활수준 향상, 교육수준 향상, 여가시간 증가로 일반대중의 문화적 욕구 증가에 대응해서 자연적으로 탄생한 문화이다. 특히 대중매체의 발달로 그동안 일부 소수층만이 즐겼던 문화를 대다수 시민들도 즐길 수 있게 되었다. 한마디로 문화적 민주주의가 이루어졌다는 것이다. 이와 함께 대중문화는 기존의 고전문화에 자극제가 되어 고급문화의 질적 향상을 가져오는 데 기여했다. 또한 대중문화와 고전문화의 융합을 통해 새로운 장르의 문화를 탄생시켰다. 뮤지컬이 대표적인 예이다. 뮤지컬은 고전문화예술인 오페라와 대중문화예술인 영화나 연극이 결합되어 만들어진 새로운 장르의 문화예술이다.

사실 오랜 동안 '대중문화는 저급, 고전문화는 고급'이라는 등식이 일반화되어 있었다. 특히 음악 분야에서 이런 경향이 가장 농후했다. 고전음악은 클래식이라 불리며 부유층과 엘리트들의 음악으로 간주되는 데 비해, 젊은이들의 통기타음악이나 대중가요 같은 대중음악은 수준 낮은 음악으로 치부되어 왔다.

그런데 이런 등식을 한꺼번에 날려버리는 계기가 발생했다. 바로 비틀즈의 등장이었다. 그들은 클래식 이상의 아름다운 선율과 화음을 선보였다. 이후 수많은 걸출한 대중음악가들이 나타나 대중음악의 고급화를 불러왔다. 특히 사이먼&가펑클은 수많은 팝송 팬들은 물론이고 클래식 애호가들로부터도 커다란 찬사와 사랑을 받았다. 그들은 고전음악과 대중음악을 넘나드는 크로스오버cross-over라는 새로운 음악세계를 탄생시키는 결정적 역할을 하기도 했다.

민주산업사회를 살아가는 이 시대는 대중문화가 문화의 아이콘이자 대세가 되어 있다. 처음에는 대중음악이 이를 선도해 나갔다. 여기에 영화산업이 발전하면서 이제는 대중문화가 고전문화를 압도하고 있다. 영화는 우리에게 너무 가까이 그리고 깊숙이 침투해 있다. 영화는 이제 우리의 생활관습뿐만 아니라 사고와 의식까지도 지배하고 있다.

대량생산과 주문생산 문화

제1차 세계대전을 거치면서 자원이 풍부한 미국은 기술혁신에도 박차를 가해나감으로써 그동안 세계사를 쥐락펴락하던 유럽을 제치고 세계경제의 패권을 장악할 수 있었다. 미국은 자동화·기계화를 통해 대량생산체제를 구축했고, 그 결과 제품의 가격인하를 가져왔다. 이에 따라 일반대중들도 그동안 부유층들만이 소유할 수 있었던 값비싼 제품들을 비교적 쉽게 구매할 수 있었다. 나아가 이러한 소비 트렌드는 소위 대중문화를 탄생시키게 된다.

한편, 미국의 대량생산체제로 경쟁력을 잃게 된 유럽국가들은 이를 만회하기 위해 제품의 고급화 전략을 구사해 나갔다. 그리고 미국산 제품 혹은 대량생산품은 저급문화 제품, 유럽산 제품은 고급문화 제품이라는 인식을 심어나갔다. 이 전략은 어느 정도 성공을 거두었다. 부유층은 일반대중과의 차별화를 위해 자신만의 기호와 취향을 살릴 수 있는 고급제품에 탐닉하게 되었다. 그래서 주문생산체제와 고급명품문화가 탄생하게 된다.

몇 가지 예를 들어보자. 우선 시계시장의 경우 대량생산체제를 구축한 일본과 중국, 홍콩이 파격적인 가격인하를 통해 시장을 잠식해 나갔다. 세계 시계 물량공급 면에서는 이들이 90% 이상을 차지하고 있다. 반면 하이엔드high-end 고급제품은 수공업제품으로, 여전히 스위스가 세계시장의 90% 이상을 장악하고 있다. 그런데 이들 시계의 가격을 비교해 보면 대중용 시계는 단돈 몇 천 원에서 몇 만 원에 불과하지만, 명품시계는 수천만 원에서 수억 원에 이르고 있다.

자동차 시장도 미국은 자동차 왕국이란 칭호를 받을 만큼 대량생산체제를 통해 대중들의 수요를 충족시키고 있다. 그러나 고급자동차 시장에서는 유럽의 벽을 넘지 못하고 있다. 여전히 독일의 벤츠, BMW, 아우디는 고급 브랜드 세단이라는 인식이 뿌리를 내리고 있다. 그리고 독일과 이탈리아의 최고급 스포츠카 브랜드인 포르쉐, 페라리와 람보르기니 등은 아직도 주문 생산체제를 유지하고 있다.

식음료 시장 또한 유사한 모습을 보이고 있다. 미국은 맥도널드와 켄터키치킨 등으로 대중의 입맛을 사로잡는 데 성공했다. 그 결과 기존의 유럽식 카페와 레스토랑들이 커다란 타격을 입고 수많은 고급 레스토랑들이 문을 닫았다. 그러나 차츰 이들의 반격이 시작되고 있다. 이들은 특별한 서비스와 고급이미지를 곁들여 시장을 확장해 나가고 있는 중이다.

와인 시장 또한 신대륙이 값싼 와인을 대량으로 공급하면서 와인의 대중화를 성공시켰다. 이에 기존의 유럽와인업계는 고급문화 이미지를 결합시키고 있다. 또 다른 한편으로는 '컬트와인Cult Wine' 이라고 해서 제품의 생산수량을 한정하고, 보다 고급화함으로써 고급와인 마니아들의 소비수요를 자극하고 있다.

치즈 시장에서도 유럽은 신대륙의 대량생산체제를 견제하고 있다. 유럽은 자신들이 생산하는 자연치즈가 신대륙이 대량생산체제를 통해 생산하는 값싼 가공치즈와는 다르다는 점을 부각시키는 노력을 강화하고 있다. 즉 마치 유럽의 자연치즈인 것처럼 오인될 우려가 있는 상품명을 가공치즈에 사용하는 것을 엄격히 제한하려는 움직임을 보이고 있다.

문화예술 공연 시장에서도 이와 유사한 모습을 보이고 있다. 즉 미국은 대중적인 영화와 뮤지컬 시장에서는 강세를 보이고 있지만, 클래식 연주회와 오페라 공연은 유럽의 완전독점체제로 전개되고 있다.

문화의 융합과 다문화

최근 사회 전반에 퓨전fusion 현상이 불고 있다. 문화 분야 또한 예외가 아니다. '퓨전' 이란 어원적으로는 '이질적인 것들의 뒤섞임, 조합, 조화' 를 뜻한다. 그리고 '퓨전 문화' 란 예술의 각 장르들이 자신의 고유함을 해체하고 다른 것과 합쳐지면서 대안을 모색하는 예술의 한 경향이다. 따라서 퓨전 문화에서는 일상의 고정관념이나 틀은 과감히 제거되고 새로운 어울림의 문화가 나타나게 된다.

하지만 퓨전 현상이 기존의 문화 장르를 배격하거나 완전히 해체하자는 의미는 아니다. 오히려 각각의 문화가 조화를 이루면서 발전해 나가는 것을 기본 바탕으로 한다. 개성과 다양성이 존중되고 모방이 아니라 창조가 이루어지는 새로운 영역이 되고 있다. 이에 대중문화의 획일성에 식상해 있는 현대인들의 감성을 자극하여 퓨전 현상은 점차 확산되어 가고 있다.

이제 퓨전은 서로 다른 성질의 것들이 혼합되고, 통합되고, 종합되면서 또 다른 새로운 것을 창조해 내는 문화의 키워드가 되었다. 즉 동서양의 공간적 개념과 과거와 현재라는 시간의 벽을 넘어 퓨전 현상이 광범위하게 나타나고 있다. 또 영역적으로도 예술뿐 아니라 요리 · 패션 · 영화 · 인테리어 등 거의 모든 일상생활에서 퓨전 현상이 일반화되고 있다.

그러면 문화융합의 사례를 들어보자. 우선 간다라 미술이 그 대표적인 예가 될 것이다. 인도의 쿠샨 왕조시대를 전후한 시기에 간다라 지방에서는 불교미술이 헬레니즘의 영향 아래 화려한 꽃을 피웠다. 간다라 지방은 동서양을 잇는 길목으로, BC 4세기에 있었던 알렉산더 대왕의 원정과 문화융합 정책의 영향을 많이 받았다. 따라서 간다라 지역의 불상 모습은 그리스풍의 윗도리인 키톤을 입은 헬레니즘 신상이나 귀족의 초상 조각을 연상시키고, 머리털 또한 곱슬머리 모양을 하고 있다. 고전예술과 대중문화의 융합도 빈번히 이루어지고 있는데, 그 대표적인 예가 바로 뮤지컬이다. 뮤지컬은 오늘날 기존의 연극이나 오페라보다 더 큰 시장을 형성하고 있다.

그런데 이러한 문화의 퓨전 현상은 음식문화에서 가장 두드러지게 나타나고 있다. 동서양의 음식이 혼합되어 새로운 음식들이 속속 등장하고 있다. 우리나라 김치와 치즈의 결합이 그 예가 될 것이다. 이로써 탄생한 김치피자는 치즈의 느끼한 맛은 가려주면서 달콤한 맛은 그대로 느낄 수 있다.

복식문화에도 동서양의 문화융합이 일어나고 있는데, 개량한복이 그 예이다. 이는 우리 전통한복의 우아함과 서양복식의 편리함을 융합시켜 탄생시킨 새로운 복식문화이다.

이제 우리는 전세계가 여과되지 않은 정보를 공유하며, 동서양 지역을 초월하여 같은 시간대에 서로의 만남이 가능해진 인터넷 시대에 살고 있다. '우리'라는 각별한 인식 없이 모두가 혼합된 거대문화 속에 숨 쉬며 살아가는 현대인에게 퓨전 문화는 이제 당연한 문화현상이 되었다. 다시 말해 퓨전 문화는 빛의 속도로 변해가는 디지털시대에 적응해 가는 문화인 셈이다.

이와 같이 '퓨전'이란 동양과 서양이 섞이고, 디지털과 아날로그가 혼합되고, 장르와 장르가 혼합되어 나타나는 것을 가리킨다. 그러나 '퓨전fusion'이 창조적 조화를 얻지 못하면 뒤죽박죽, '혼돈confusion'이 된다. 우리 전통음식과 양식의 각기 가진 맛과 멋을 터득하지 못한 요리사라면 결코 한식과 양식을 매개로 한 퓨전 요리를 성공시킬 수 없다. 우리 문화와 다른 문화에 대한 정확한 지식습득과 판단력으로 만들어낸 혼합이야말로 건전하고 창조적인 퓨전 문화가 될 것이다.

그런데 퓨전 문화란 인류문화사 안에서 어느 날 갑자기 생긴 문화가 아니라 지속적인 인간의 삶과 역사의 산물이라는 사실을 망각해서는 안 된다. 따라서 우리가 이 퓨전 문화의 시대에서 창조적 발전과 경쟁력을 가지려면 과거 그 어느 시대보다도 자기문화의 정체성에 대해 잘 인식하고 있어야 할 것이다.

언뜻 보기에는 이상하게 느껴지는 외국인의 행동이 그들의 문화를 알고 나면 이해되는 경우가 많다. 우리는 흔히 "저 사람은 우리와는 틀려!"라고 말하지만, 그건 틀린 것이 아니라 다를 뿐이다. 서로 다르다는 것을 인정하면 충분히 받아들일 수 있다. 우리나라는 오랫동안 '단일 민족국가'라는 이름으로 살아왔다. 그러나 1990년대 이후, 우리나라는 국제결혼이 성행하고, 외국인 근로자의 유입이 지속적으로 늘면서 다문화가정이 많이 생겨났다. 우리도 점점 다문화사회 multi- cultural society가 되어가고 있는 것이다.

따라서 이제는 우리와 다른 문화 그리고 다른 피부색을 가진 사람들을 좀더 열린 마음으로 받아들이고 함께 어울려 살아갈 수 있어야 한다. 우리와 다르다고 해서 멸시하거나 냉대하는 편협함에서 벗어나야 한다. 이것이 우리 앞에 다가온 다문화시대를 슬기롭게 살아가는 지혜이다.

6장 | 문화는 우리를 어떻게 힐링해 주는가?

인생의 답이 있다, 문학의 세계

우리 인간들이 살아가는 이 세상은 삶과 죽음, 만남과 이별, 사랑과 배신, 전쟁과 평화, 선과 악이라는 대립과 갈등구조를 가지고 있다. 그런데 문학은 이러한 인간과 세상의 내·외면적인 모습을 사실적으로 혹은 은유적으로 그려내고 있다.

이 문학의 기능에 대해 좀더 구체적으로 알아보자. 우선 문학은 독자에게 교훈을 주고 인생의 진실을 보여주어 삶의 의미를 깨닫게 하는 교시적 기능을 가지고 있다. 또한 문학은 독자에게 정신적 즐거움과 미적 쾌감을 주는 동시에, 자신의 삶과는 다른 삶 그리고 자신이 살고 있는 세상과는 다른 세계를 경험할 수 있게 해준다.

아울러 문학은 독자에게 문제해결, 생존, 사랑과 용기 등의 다양한 경험을 제공하는 역할도 한다. 인생의 어려운 문제를 풀어나가는 데는 여러 가지 방법이 있다. 그러나 다른 삶의 스토리에 대한 경험이 없으면 자신만의 경험과 스토리, 자신의 사고방식을 뛰어넘지 못한다. 이때 다른 스토리들은 다른 생존경험과 문제해결 방식을 제공해 준다.

그러면 과연 문학의 위력은 어떤 것이며 어떻게 우리를 힐링해 주는지에 대해 보다 구체적으로 알아보자. 문학계에서 셰익스피어의 영향력은 절대적이다. 모든 세대와 모든 장르의 작가와 예술가들이 그의 영향을 받았다. 셰익스피어의 작품들은 분명 수많은 사람들에게 심미적인 즐거움이고 지적인 자극물이다. 셰익스피어는 영국에서 단순한 문학가로만 대우받고 있는 것이 아니다. 그는 살아 있는 전설로 취급되고 있다.

셰익스피어는 오늘날 영어가 세계의 공용어로 사용되는 데 결정적인 역할을 하기도 했다. 세계적인 문학작품을 통해 상인들의 비즈니스용 언어로만 치부되던 영어의 품격을 높여놓았다. 셰익스피어가 살았던 당시만 해도 영국에서는 공문서나 학술서를 라틴어로 작성했다. 그러나 셰익스피어는 영어로 작품을 썼다. 그리하여 영어의 위상을 높이는 데 크게 기여했다.

셰익스피어와 동시대의 극작가였던 벤 존슨은 "그는 한 시대를 위한 작가가 아니라 온 시대를 위한 작가"라고 격찬했고, 괴테는 자신은 셰익스피어의 소유물이 되었다고 고백했다. 또 빅토르 위고는 "셰익스피어가 곧 연

26 ~ Evolutionary Intelligence:
Say I Am You

EVOLVING

극"이라고 단언했으며, 제임스 조이스는 "무인도에 떨어질 경우에는 단테보다 셰익스피어의 책을 들고 가겠다"고 했다. 토머스 칼라일은 "셰익스피어를 인도와도 바꾸지 않겠다"고 장담했다. 물론 이 말은 인도나 인도인을 폄하하려는 것이 아니라, 영국 식민지인 인도가 가진 경제적 가치보다는 셰익스피어가 가진 정신적 가치가 더 중요하다는 뜻을 강조하려는 것이었다.

셰익스피어의 영향력을 돈의 가치로만 측정하더라도 천문학적인 값이 나올 것이다. 셰익스피어의 작품들은 그동안 이루 헤아릴 수 없을 정도로 많은 책들로 펼쳐지고 있으며, 또 영화와 연극, 뮤지컬로도 만들어졌다. 이와 함께 문학의 내용들이 수많은 미술작품으로 탄생했으며, 음악으로도 나오고 있다. 그리고 이러한 추세는 앞으로도 지속될 것이다.

독일의 문호 괴테 또한 그때까지 짐승의 소리 같다고 힐난을 받아오던 독일어의 품격을 높여놓았다. 〈젊은 베르테르의 슬픔〉이란 책을 통해 그는 세계 젊은이들의 아이콘이 되었다. 수많은 젊은이들이 그의 작품을 읽고서 자신도 작품에 나오는 주인공처럼 행동하기를 원했고, 극단적으로 주인공처럼 자살을 선택하기도 했다. 독일은 지금도 '괴테 인스티튜트Goethe Institut'란 일종의 문화원을 만들어 세계에 독일의 문화를 전파하고 있다.

프랑스의 소설가이자 문화부장관을 지냈던 앙드레 말로는 "이 세상에는 두 종류의 사람이 있다. 하나는 프랑스의 문학작가 마르셀 프루스트의 작품

〈잃어버린 시간을 찾아서〉를 읽은 사람이며, 다른 하나는 읽지 않은 사람이다."라고 말했다. 이는 그만큼 이 〈잃어버린 시간을 찾아서〉란 책의 위대함을 이야기한 것이다.

이제 모티브별로 몇 개의 문학작품을 들여다보자. 문학의 모티브는 인간 삶의 과정에서 일어나는 모든 일들이 될 수 있을 것이다. 그중에서도 사랑은 가장 중요한 모티브가 되고 있다. 특히 이루어질 수 없는 사랑은 더욱 사람의 마음을 깊게 사로잡는다. 여운 또한 오래 남는다.

앙드레 지드의 〈좁은 문〉은 인생을 경건하게 살아가라는 교훈을 주는 대표적인 작품이다. 앙드레 지드는 정교한 절제를 통해 욕망의 절대적이면서도 결말이 없는 본성을 잡아냄으로써 사랑이라는 감정을 탐구했다.

남자주인공 제롬은 매년 여름휴가를 시골의 외삼촌댁에서 보내는데, 그곳엔 외사촌인 두 살 위인 알리사와 한 살 아래인 줄리엣이 있었다. 알리사는 정숙한 반면 줄리엣은 쾌활한 성격을 지녔다. 제롬은 알리사에게 깊은 사랑의 감정을 품게 된다. 한편, 알리사의 동생 줄리엣은 제롬에게 연정을 품지만 언니를 위해 그를 포기하고 마음에도 없는 사람과 결혼한다.

제롬은 모든 괴로움과 슬픔을 넘어 하나님의 길에 이르듯이 노력한다면 알리사와의 사랑에 결실을 이루리라고 믿었다. 제롬은 알리사에게 사랑을 고백하지만, 알리사는 하나님 안에서 하나가 되자고 대답한다. 실의에 빠진 제롬은 군에 입대한다. 거기서 알리사에게 사랑의 편지를 보냈고, 알리사도 답장을 보낸다. 그러나 만나서 결혼을 종용하면, 알리사는 "우리는 행복을 위해서가 아니라 거룩함을 위해서 태어난 것입니다."라고 대답하여 제롬을 실망시켰다.

제롬은 알리사를 단념하고 3년의 세월을 보낸다. 오랜만에 둘이는 다시 만나게 되지만 알리사는 너무나 정결한 존재였다. 그녀는 스스로 지상의 사랑을 버리고 '좁은 문'을 거쳐 행복에 이르는 길을 걸으려 하고 있었다. 제롬은 쓸쓸한 마음으로 알리사의 곁을 떠났다. 그 뒤 제롬은 알리사가 요양원에서 숨진 사실을 줄리엣의 편지를 통해 알게 된다. 알리사의 일기장에는 하나님을 향한 '좁은 문'인 신앙과 제롬을 향한 사랑 사이에서 끝없이 번민한 내용이 기록되어 있었다.

한편, 알퐁스 도데의 〈별〉과 황순원의 〈소나기〉처럼 풋풋하고 청순한 젊은이들의 사랑 이야기를 담은 작품들도 매우 감동적이다. 아래에 소개하는 실화를 바탕으로 쓴 작품의 사랑 이야기도 또한 우리에게 커다란 감동을 안겨준다.

미국 뉴욕 주에 뇌종양에 걸린 채 시한부 인생을 살아가는 젊은 여선생이 있었다. 그녀는 죽기 몇 개월 전부터 열정적으로 시를 쓰고 그림을 그렸다. 그리고 자신이 죽으면 신체의 모든 장기를 필요한 사람에게 주라는 유언을 남겼다. 얼마 후 그녀는 결국 죽고 말았다. 그녀의 안구는 사우스캐롤

라이나 주에 사는 어느 시각장애 젊은이에게 기증되어 그는 빛을 찾게 되었다. 광명을 찾은 청년은 고마움을 표시하고자 자신에게 안구 기증을 한 사람을 찾으러 떠났다. 그는 예고 없이 그녀의 집을 방문했다. 벨을 누르자 그녀의 어머니가 나왔다. 어머니는 청년을 보는 순간 어디서 많이 본 것 같다는 생각을 한다. 마침내 기억을 해내었다. 어머니는 자신의 딸이 마지막으로 그린 그림을 찾으러 딸의 방으로 달려갔다. 그림은 딸이 생각하는 이상적인 남자의 초상화였다. 놀랍게도 그림의 주인공은 안구를 기증받은 청년과 너무나 닮아 있었다. 어머니는 딸이 죽기 직전 마지막으로 쓴 시를 청년에게 읽어주었다.

"밤을 여행하던 두 눈이 사랑에 빠졌어라
서로의 얼굴을 한 번 바라볼 수도 없이…."

전쟁 또한 문학작품의 중요한 모티브가 된다. 전쟁만큼 인간의 발가벗겨진 모습을 적나라하게 보여주는 것이 또 있을까? 사람의 참모습을 연구하는 데 전쟁만큼 좋은 소재는 없을 것이다. 전쟁은 인간을 황폐화시킨다. 전쟁에서 설사 이긴다 하더라도 그 승리의 열매는 쓰디쓸 뿐이고 결국 인류사회에 치유할 수 없는 상처만 남긴다.

그럼에도 불구하고 전쟁은 지금까지 인류 생존의 기본요소가 되어왔고, 또 인간의 천성이 변하지 않는 한 그 양상을 달리하면서 계속 존재한다. 전쟁은 참혹하고 폭력적이며 모든 것을 파괴한다. 전쟁 속에서의 삶은 불안과 고통, 공포뿐이다. 그러기에 인간은 전쟁에서 살아남기 위해 온갖 추악하고 비열한 수단을 동원한다. 이러한 전쟁의 비정한 모습을 가장 잘 고발하고 있는 작품은 〈개선문〉의 작가이기도 한 에리히 마리아 레마르크의 〈서부전선 이상 없다〉일 것이다.

제1차 세계대전 중 전황이 교착상태에 빠지기 시작했을 무렵, 독일에서는 조국의 위급함을 호소하며 국민의 총궐기를 요구하는 소리가 드높아진다. 어느 날 고교생인 주인공 파울 보이머는 다른 학생들과 함께 특별지원병으로 일선에 출전한다. 그러나 전쟁터는 국민을 전쟁터로 몰아넣는 정부와 장군들의 논리나, 혹은 그동안 배워서 알고 있던 세상의 논리와는 판이하게 다른 논리가 지배하는 세계였다. 자신을 포함한 모든 병사들은 이상과 신조를 잃고, 가혹하고 비정하며 부조리한 전쟁터의 암담한 현실에서 오로지 생존하기 위한 지혜만을 터득할 뿐이다. 이런 무의미한 생활 가운데 주변의 전우들은 계속해서 죽어나간다.

1918년 가을의 어느 날, 주인공이 전사하는 것으로 이야기는 끝나는데, 그날의 전황 또한 별다른 변화가 없는 것으로 기록된다. 즉 사령부에 보낸 보고에는 '서부전선 이상 없다'라고 기록되었을 뿐이다. 작가는 머리글에서도 이 책의 의도는 비난도, 고백도 아닌, 생존자를 포함한 전쟁에 의해 파괴당한 세대의 이야기일 뿐이라고 밝혔다.

그러나 이 작품과는 달리 나머지 대부분의 전쟁문학들은 종국에는 선이

악을 이기니 선을 행하고 살아가라는 교훈적인 내용도 담고 있다. 순간적으로는 악이 선을 이기는 것처럼 보이기도 하겠지만, 길게 보면 결국 선이 악을 이긴다는 것이다. 그리고 이러한 파괴적인 전쟁 속에서도 인간의 따뜻한 모습과 사랑이 있을 때 비로소 문학의 위대성은 완성되지 않을까?

〈전쟁과 평화〉는 톨스토이 문학의 최대 걸작이자 예술의 극치를 이루는 서사시적 대하소설이다. 이 작품은 러시아 건국 이래 일대 역사적 사건인 1812년 나폴레옹 전쟁의 과정에서 벌어지는 다양한 삶의 모습을 그리고 있다. 톨스토이는 전쟁이라는 역사의 소용돌이 속에서 주인공들이 사랑하고 증오하면서 삶과 죽음의 의미를 새롭게 깨닫고, 그러는 가운데 새로운 삶을 발견하는 과정을 보여준다. 이런 흐름에 따라 '삶'에 대해 부정적인 결론을 내린 안드레이 공작은 멸망하지만, 긍정적인 결론을 내린 피에르에게는 행복한 새생활이 주어진다.

한편, 시詩는 인간의 마음과 감정을 토로하는 순화되고 정제된 언어의 결정체이다. 자신의 정신생활이나 자연, 사회의 여러 현상에서 느낀 감동 및 생각을 운율을 지닌 간결한 언어로 표현함으로써 독자의 감각이나 감정에 호소하고, 상상력을 자극하여 깊은 감명을 준다.

라이너 마리아 릴케는 19세기와 20세기 전환기의 격동 속에서 실존의 고뇌를 온몸으로 겪으며, 그 치열한 삶을 문학적 형상으로 승화시켜 그의 작품을 '현대의 고전' 반열에 올려놓은 시인이다. 스물두 살의 혈기왕성한 청년 릴케는 열네 살 연상인 루 살로메를 사교모임에서 만나고 첫눈에 사랑에 빠져 그녀 곁을 맴돌았다. 릴케는 세계적인 서정시인으로 후세에 이름을 남겼는데, 평론가들은 릴케가 루 살로메를 만나지 못했더라면 그의 창조성, 예술적 영감, 감성이 완성되지 못했을 것이라고 말한다. 다시 말해 릴케가 서정성 높은 주옥같은 시를 창작할 수 있었던 것은 루 살로메가 그의 숨은 문학적 재능을 알아보고 다방면의 도움을 아끼지 않았기 때문이었다. 한마디로 사랑의 힘이 문학을 완성시킨 것이다.

주여, 때가 되었습니다
여름은 아주 위대했습니다
당신의 그림자를 해시계 위에 놓으시고
벌판에 바람을 놓아주소서

마지막 과일들을 결실토록 명하시고
그것들에게 또한 따뜻한 이틀을 주시옵소서
그것들을 완성으로 몰아가시어
강한 포도주에 마지막 감미를 넣으시옵소서

지금 집 없는 자는 어떤 집도 짓지 않습니다
지금 외로운 자는 오랫동안 외로이 머무를 것입니다
잠 못 이루어 독서하고 긴 편지를 쓸 것입니다
그리고 잎이 지면 가로수 길을

불안스레 이곳저곳 헤맬 것입니다

- 릴케, 〈가을날〉

그렇다면 문학세계의 경제적 측면인 출판시장의 상황을 알아보자. 먼저 신문을 제외한 전세계 출판시장 규모는 2012년 기준 약 2천억 달러 규모였다. 인간의 지식세계를 탐구하는 분야인 만큼 시장규모는 경기상황에 일정 부분 영향을 받겠지만, 앞으로도 꾸준히 증가해 나갈 것으로 예상되고 있다. 다만 시장의 구조 면에서는 얼마 전부터 등장한 전자책 위주로 재편성될 것으로 예견된다. 즉 기존의 오프라인 출판시장의 비중이 크게 줄어들고 대신 전자책이 차지하는 비중이 대폭 늘어날 것이다. 또한 전자책 앱 application과 콘텐츠 서비스가 다양해지면서 콘텐츠 쏠림이나 부족 문제가 해소되고 있다는 점도 전자책 시장의 전망을 밝게 하고 있다.

이 전자책의 등장은 출판문화의 대중화에도 커다란 기여를 할 것으로 예상된다. 기존 출판사로부터 소외되었던 아마추어 작가들의 활동영역을 넓혀주게 될 것이다. 그동안 책을 내고 싶어도 복잡한 절차와 비용으로 어려움을 겪던 작가들에게 다양한 유통망을 제공함으로써 책을 쉽게 출판·판매할 수 있을 것이다.

한편, 우리나라의 출판시장은 매우 어려운 상황에 놓여 있다. 앞으로 우리 출판시장이 정체에서 벗어나려면 대대적으로 혁신하려는 노력이 필요하다. 독서 인구를 늘리고 책 읽는 사회를 만들어 수요를 창출해 나가는 한편, 저자와 출판사는 독자들의 요구를 충족시킬 수 있는 다양하고 참신한 콘텐츠 개발을 위해 힘써야 한다. 베스트셀러를 만들기 위한 사재기를 타파하는 등 유통질서 개선을 위한 노력도 강화해 나가야 할 것이다.

아름다운 선율은 참혹한 전쟁도 멈추게 한다, 음악의 세계

미국의 유명한 바이올린 연주자인 크라이슬러는 "음악은 질병 치료와 기계문명으로 인한 스트레스 해소에 결정적인 영향을 미칠 것이며, 고전 음악을 이해하지 못한 미래의 의사들은 밤새워 음악 공부를 해야 할 날이 올 것이다."라고 말했다.

현대인들은 음악을 감상의 대상뿐만 아니라 삶에 활력소를 불어넣는 신선한 자극으로 받아들이는 경향이 많다. 즉 음악은 생활 주변에서 환경의 일부로 작용하는, 마치 물이나 공기와 같은 것이라는 뜻이다. 특히 오늘날과 같이 기계문명의 발달로 극심한 스트레스를 받으며 살고 있는 우리는 음악에서 자연의 숨소리를 듣는 여유마저 없다면 질식하고 말 것이다.

이 음악의 기능에 대해 보다 구체적으로 알아보자. 우선, 음악은 일상생활의 동반자로서 기능한다. 날이 갈수록 하루도 음악 없이는 살 수 없다는 사람들이 늘어나고 있다. 또한 음악은 머리를 식혀주고 긴장을 해소하며 다시 일에 몰두할 수 있게 하는 활력소가 된다. 레오나르도 다빈치는 작업할 때 누군가가 옆에서 음악을 연주하도록 했다고 한다. 알 듯 모를 듯한 미소로 유명한 모나리자를 그릴 때에도 현악기로 연주하는 음악을 들으면서 작업했다고 한다. 오늘날 직장에서도 음악은 근로자들의 작업능률을 올리는 데 긍정적으로 작용하고 있다.

이와 함께 음악은 인간의 신체적 기능을 촉진시킨다. 이것은 음악요법에서 중요시하는 기능으로, 음악이 듣는 사람의 신체작용에 영향을 미친다는 것이다. 음악이 없는 경우에 비해 음악을 틀어놓았을 때 신체를 움직이기가 쉬워진다는 것이다. 흔히들 모차르트의 음악은 아기들의 정서 및 발육에 매우 긍정적인 기능을 한다고 알려져 있다. 아울러 음악에는 듣는 사람에게 신뢰감을 주는 기능도 있다. 배경음악이 깔려 있는 공간에서 거래가 이루어지는 경우, 그렇지 않은 공간에서 거래가 이루어지는 경우보다 고객신뢰도가 높아진다고 한다.

끝으로 사람들은 필요에 따른 어떤 분위기를 조성하고 싶을 때도 음악을 사용하고 있다. 음악은 사람의 감정을 순화시켜 준다. 또 자신의 감정을 대변해 주기도 하며, 다양한 분위기를 연출해 주기도 한다. 바흐의 음악은 경건함이, 모차르트는 경쾌함이, 베토벤은 장엄함이, 슈베르트는 감미로움이

특징이다. 그리고 우수에 젖어들고 싶을 때면 차이코프스키의 음악을, 자신의 내면 속으로 침잠되고 싶을 땐 말러의 음악을 들어보자. 그런데 항상 클래식만 듣는다면 때로는 지루해질 수도 있을 것이다. 그럴 때면 흘러간 올드팝old pop과 가요, 경음악과 영화음악들을 함께 즐기면 좋을 것이다.

음악의 인간성 순화 기능과 관련된 사례들을 몇 가지 소개하겠다. 제1차 세계대전이 한창이던 1914년 12월 24일, 크리스마스이브인 이날 독일군과 프랑스 · 영국 연합군이 서로 대치하고 있던 전선에서 놀라운 일이 벌어졌다. 서로 총부리를 겨누던 군인들이 잠시 전쟁을 멈추고, 세계 전쟁 역사상 전무후무한 평화와 화해의 시간을 가진 것이다.

당시의 전쟁 상황은 그저 참혹할 따름이었다. 1m 이상 되는 참호 속에 물이 고이고 군화에 물이 가득 찼으며 쥐들이 여기저기 돌아다니고 있었다. 당장이라도 참호 밖으로 뛰쳐나가고 싶었다. 그러나 참호 위로 머리를 내밀었다가는 여지없이 총탄 세례가 쏟아진다. 이런 상황이 지속되면서 양측의 병사들은 왜 우리가 여기서 이러고 있는지, 무엇을 위해 우리가 전쟁터에서 이렇게 목숨을 버려야 하는지에 대한 회의가 생기지 않을 수 없었다. 전쟁터의 병사들은 '그저 하루빨리 전쟁이 끝났으면, 이번 크리스마스 때 고향으로 돌아가 가족을 만날 수 있었으면…' 이런 소박하고 인간적인 생각을 할 뿐이었다.

놀랍게도 이 참담한 전쟁 상황을 잠시라도 멈추게 한 것은 음악이었다.

먼저 독일군 참호 쪽에서 크리스마스캐롤이 울려 퍼졌다. 이에 화답이라도 하듯 반대편 참호에 있던 영국군들은 스코틀랜드 전통악기인 백파이프 반주에 맞추어 〈영원한 고향을 꿈꾸네〉를 노래했다. 전쟁터에서 가장 그리운 것이 바로 고향일 것이다. 비록 적군이 부르는 노래였지만 상대편 병사들의 마음을 적셨던 것이다.

이렇게 노래를 주고받는 동안, 병사들은 오늘만큼은 서로에게 총부리를 겨눌 생각이 없다는 것을 확신한다. 결국 독일군, 프랑스군, 영국군 지휘관이 모여 크리스마스이브 동안 전투를 중단할 것을 결정한다. 그후 세 나라 군인들은 음식과 샴페인을 나누어 먹고, 노래를 부르며 즐거운 시간을 보낸다. 서로 주소를 교환하고 전쟁이 끝나면 한번 만나자고 약속도 한다.

이제 아름다운 음악은 무서운 범죄를 저지른 사람들의 마음까지도 순화시켜 준다는 사례를 보여주는 영화 하나를 소개한다. 〈쇼생크 탈출〉은 감옥에서 벌어지는 비리와 부조리를 고발한 사회성 짙은 영화이다. 영화의 압권은 주인공 앤디가 자유를 찾아 천신만고 끝에 감옥을 탈출하는 장면으로, 여기서 관객들은 짜릿하고 통쾌하며 가슴 후련해지는 감격을 맛본다. 그런데 이 장면 못지않게 영화를 보는 사람들에게 강렬한 인상을 남긴 것은 다름 아닌 영화에 삽입된 음악이다. 모차르트의 아리아 〈저녁 바람이 부드럽게〉가 나오는 장면은 3분 정도에 불과하지만 그 여운은 매우 오래 남는다.

어느 날 우연히 간수의 방에서 모차르트의 〈피가로의 결혼〉이 실린 음반을 발견한 주인공 앤디는 문을 걸어 잠그고 음반을 틀어 교도소 내에 설치된 스피커를 통해 음악이 흘러나오도록 한다. 바로 〈저녁 바람이 부드럽게〉라는 곡이다. 갑자기 스피커에서 음악이 흘러나오자 죄수들은 하던 일을 멈추고 노래를 듣는다. 하늘에서 울려 퍼지는 듯한 아름다운 노래 소리에 죄수들은 마치 최면에 걸린 듯 그 자리에 멈춰 서버린다. 이 시점에서 앤디가 감옥에서 만난 친구인 레드의 독백이 흘러나온다.

　　"나는 지금도 그때 두 이탈리아 여자들이 무엇을 노래했는지 모른다. 사실 알고 싶지도 않았다. 때로는 말하지 않는 것이 최선인 경우도 있는 법이다. 노래가 말로 표현할 수 없을 정도로 아름다웠다. 그래서 가슴이 아팠다. 이렇게 비천한 곳에서는 상상도 할 수 없는 높고 먼 곳으로부터 새 한 마리가 날아와 우리가 갇혀 있는 삭막한 새장의 담벼락을 무너뜨리는 것 같았다. 그 짧은 순간 쇼생크 감옥에 있는 우리 모두는 자유를 느꼈다."

　　이와 같이 생각지 못한 상황이 벌어지자 교도소장은 당황한다. 그는 앤디가 잠가놓은 문을 부술 듯 두드리면서 당장 음악을 끄라고 한다. 그러나 앤디는 오히려 스피커의 볼륨을 높인다. 교도소장은 왜 그렇게 음악에 민감하게 반응했을까? 아마도 죄수들이 음악의 아름다움을 통해 인간의 자유와 존엄성을 깨닫게 되고, 그 결과 그동안 간수들이 자행해 온 폭거에 항거할지도 모른다는 두려움에서 비롯된 것이리라.

음악을 통해 세계평화를 모색하려고 노력한 사례도 있다. 유대인 출신의 지휘자 다니엘 바렌보임이 바로 그 주인공이다. 그는 1999년에 '서동시집 오케스트라West-Eastern Divan Orchestra'를 만들면서, 이 오케스트라를 통해 이스라엘과 중동 지역 사람들이 서로 적대시하지 않고 함께 평화롭게 살아가고, 서로 음악에 대한 열정을 나눌 수 있다는 것을 보여주고 싶다고 말했다. 그리고 2005년 팔레스타인 지역인 라말라에서 공연을 강행했는데, 당시 이스라엘의 극렬 민족주의자들은 그가 조국을 배신하고 모독했다며 맹렬히 비난했다. 그러나 이런 동족의 비난에도 불구하고 음악을 통해 종교적 · 문화적 · 인종적 편견을 극복하고, 평화와 화합의 메시지를 전하려는 바렌보임의 행보는 거침이 없었다.

바렌보임은 음악을 통해 정의롭지 못한 것, 사람과 사람 사이를 가르는 부당한 편견과 폭력에 과감하게 도전한다. 나아가 그는 유대인이면서도 이스라엘이 팔레스타인 영토를 점령하는 것은 옳지 않다고 비판하기도 했다. 그는 한 시상식에서 "음악이 너희를 자유롭게 하리라"는 말을 여러 차례나 강조했다. 기자들이 "음악이 세상을 바꿀 수 있다고 생각하는가?"라는 질문을 던지자 그는 "그렇지는 않다"면서도 "음악이야말로 화해의 시작이다"라고 덧붙였다.

최근 음악치료법music therapy이 확산되고 있다. 음악치료란 치료적인 목적, 즉 정신과 신체 건강을 복원 · 유지하며 향상시키기 위해 음악을 사용하는 것을 말한다. 음악치료사가 치료 대상자의 행동을 바람직한 방향으로 변화시키기 위한 목적으로 음악을 단계적으로 사용하는 것이다.

음악치료의 목적은 장애나 질환을 갖고 있는 사람들의 증상을 조금이라도 완화시키고, 그 사람들이 당하고 있는 고통이나 번민을 경감시켜 주는 것이다. 충분한 사회적 경험이나 훈련이 쌓이지 않은 상태에서 발병한 정신분열증 환자들은 병세가 어느 정도 호전된 뒤에도 자립을 위한 생활기술이나 대인관계의 구체적인 기능을 체득하지 못하는 경우가 많다. 이 경우 생활기술을 체득시키는 것도 음악요법의 중요한 역할이다. 다시 말해 음악치료를 통해 불필요한 걱정이나 불안을 줄일 수 있고, 사회적응이 양호해져 재발도 예방할 수 있다는 것이다.

이제 음악세계를 경제적 관점에서 살펴보기로 하자. 세계 음반시장 규모는 2013년 기준 150억 달러였다. 다만, 이는 음반시장에 한정된 것으로, 공연산업인 콘서트까지를 포함시킨 전체 음악시장의 규모는 무려 400억 달러를 넘는다. 우리나라의 음반시장 규모는 2억 1,100만 달러로 세계시장의 1.4%를 차지한다. 이는 세계시장에서 각각 1위와 2위인 미국의 20분의 1, 일본의 14분의 1 정도이다.

그런데 최근 우리나라를 포함한 세계음반시장에서 주목할 부분은 음원 형태가 기존의 CD, LP 등 물리적 레코드에서 디지털로 급속히 바뀌고 있다는 점이다. 또한 소비 패턴도 기존의 다운로드가 아닌 스트리밍과 액세스 유형으로 변화하고 있다. 날이 갈수록 소유권에 대한 개념이 약해지고 있어서 스트리밍 서비스가 대세인 것은 막을 수 없다. 스트리밍streaming이란 인터넷에서 음성이나 영상, 애니메이션 등을 실시간으로 재생하는 기법이다.

한편, 매년 전세계 곳곳에서는 무수히 많은 콩쿠르가 열리고 있다. 그중에서도 퀸 엘리자베스, 쇼팽, 차이코프스키 콩쿠르를 세계 3대 콩쿠르라고 한다. 가장 많이 열리는 콩쿠르 부문은 역시 피아노이다. 중국에서만 약 5,000만 명이 전문적으로 피아노를 친다고 한다. 피아노 다음으로 많은 부문은 성악이며, 바이올린이 그 뒤를 잇고 있다. 첼로, 플루트, 하프, 오르간 등의 악기들은 콩쿠르 수가 많지 않다.

상상력과 창의력 충전소,
그림과 건축의 세계

누군가는 "그림을 감상하려는 마음이 생길 때는 상상력을 채우고자 하는 욕구가 생길 때"라고 말했다. 또 그림을 그리고 싶은 강렬한 욕구가 생길 때는 어떤 대상에 대한 강렬한 자극이나 감동을 받았을 때라고 했다.

파블로 피카소도 이렇게 말했다. "그림은 애초부터 완벽하게 고안되어 확정되어 있는 것이 아니다. 그림을 그리는 동안 생각이 바뀌는 것처럼 그림도 변화한다. 그림은 완성되고 난 후에도, 이를 관람하는 사람의 기분 상태에 따라 계속 변화한다. 그림은 살아 있는 생물처럼 자신의 삶을 살아가며 우리가 일상에서 겪는 바와 같은 변화를 겪는다. 이는 매우 당연한 것이다. 그림은 이를 관람하는 인간을 통해서만 생명을 이어가기 때문이다."

샤갈, 〈나와 마을〉, 캔버스의 유화, 191x151.5cm, 1911년, 뉴욕 현대 미술관

그림은 상상력을 자아내는 예술이다. 물론 고대 알타미라 동굴 벽화를 보면서 원시인들도 본능적으로 아름다움을 상상하고 추구했다는 사실을 알 수 있다. 그러나 본격적인 회화는 기독교문화가 융성하면서부터라 할 수 있다. 화가들은 하느님의 세계, 즉 천국과 지옥을 상상력을 통해 만들어 냈다. 그리하여 세속의 사람들에게 하느님을 더욱 성실하게 믿도록 하는 상징물을 만들어냈다. 이후 르네상스 시대에는 다양한 사람들의 살아가는 모습을 그리고 조각했다. 그러나 사진술이 발명되면서부터 그림이 도전을 받게 된다. 더 이상 사실적인 화풍은 커다란 의미를 가지지 못하게 된 것이다. 그래서 그 이후부터는 인간의 내면세계를 이끌어내어 그림을 그리기 시작했다.

미술은 대상을 단순히 모방하는 것이 아니라, 나름대로 아름다움을 추구하면서 대상의 궁극적인 본질을 표현하는 것이다. 즉 자연의 원래 모습을 탐구하여 재해석·재창조한다는 정신적 의미가 더 강하다. 그리고 미술가들은 자신이 속해 있는 시대와 사회, 그리고 정치적 상황에 대한 관심을 극대화하고 적극적으로 참여하기도 한다.

이제 미술이 사람들을 어떻게 힐링해 주는지 몇 가지 사례를 통해 알아보자. 혹시 현실의 삶이 너무나 어려워 탈출하고 싶거나 현실의 무게 때문에 잠 못 이루고 있다면 샤갈을 만나보기를 권한다. 꿈꾸듯 펼쳐지는 샤갈의 그림에서 짙게 배어나는 삶을 느낄 수 있기 때문이다. 마르크 샤갈은 현대인들의 정서에 꿈과 환상을 안겨주는 작가로서 삶의 즐거움, 성공, 행복한 꿈을 그려내는 화가로 평가받고 있다.

샤갈은 '눈 내리는 마을'로 우리에게 알려진 〈마을과 나〉라는 그림을 그렸다. '샤갈의 눈 내리는 마을', 무언가 낭만적으로 들리는 이 표현은 많은 상상을 불러일으킨다. 카페와 노래와 시로 널리 알려진 이 표현의 매력은 샤갈이라는 화가가 갖고 있는 환상적인 그림의 특징 때문일 것이다. 어디선가 마주쳤을 샤갈의 그림은 강한 이미지로 우리의 뇌리에 깊숙이 박혀 있다. 세상을 거꾸로 보는 곡예사들, 어릿광대의 바이올린, 하늘에서 내리는 눈, 모두 황홀한 꿈속의 세상이다. 샤갈의 눈 내리는 마을은 따뜻하다. 꿈과 사랑 그리고 환희가 가득하다. 시인의 감성이 눈송이처럼 점점이 묻어난다.

샤갈은 1958년 시카고 강연에서 "나는 그림을 선택했다. 나에게 그림은 빵과 마찬가지로 살아가는 데 없어서는 안 된다. 나에게 그림은 창문이다. 나는 그것을 통해 다른 세계로 날아간다. 인생에서나 예술에서나 모든 것이 변할 수 있다. 우리가 아무 스스럼없이 사랑이라는 말을 입 밖에 낼 때, 모든 것은 변하게 된다. 진정한 예술은 사랑 안에서 존재한다. 그것이 나의 기교이고 나의 종교이다."라고 말했다.

기억하는 것은 아름답다. 그래서 샤갈에게 '눈 내리는 마을'은 그가 떠나온 고향이자 아득한 희망이었으며 끝내 갖지 못한 낭만이었다. 샤갈이 기억하는 그의 마을은 시詩가 되고, 우리는 그 시를 기억하며 샤갈의 잊혀진 그 마을을 막연히 동경해 본다.

> 샤갈의 마을에는 삼월에 눈이 온다
> 봄을 바라고 섰는 사나이의 관자놀이에
> 새로 돋는 정맥이 바르르 떤다
> 바르르 떠는 사나이의 관자놀이에
> 새로 돋는 정맥을 어루만지며
> 눈은 수천 수만의 날개를 달고
> 하늘에서 내려와 샤갈의 마을의
> 지붕과 굴뚝을 덮는다
> 삼월에 눈이 오면
> 샤갈의 마을의 쥐똥만한 겨울 열매들은
> 다시 올리브빛으로 물이 들고
> 밤에 아낙네들은
> 그해의 제일 아름다운 불을
> 아궁이에 지핀다
>
> - 김춘수, 〈샤갈의 마을에 내리는 눈〉

살아생전에 행복한 삶을 살았던 샤갈과 달리 고흐는 지독히 불행한 삶을 살았다. 지금은 온 세계가 그의 작품을 높이 평가하지만, 그의 정열적인 작품이 생전에는 끝내 인정받지 못했다. 그러나 그는 예술을 통해 인류에게 위안을 주는 것이 자신의 소명이라고 생각했고, 자신의 창조력을 깨달으면서 자신감을 되찾았다. 불과 10년이라는 짧은 기간 동안 제작된 그의 작품들은 강렬한 색채, 거친 붓놀림, 뚜렷한 윤곽을 지닌 형태를 통해 그를 자살까지 몰고 간 정신병의 고통을 인상 깊게 전달하고 있다.

고흐의 그림에서는 모든 것이 살아 꿈틀거리는 것처럼 보인다. 그의 대표작 중 하나로 꼽히는 〈별이 빛나는 밤The Starry Night〉은 그가 고갱과 다툰 뒤 자신의 귀를 자른 사건 이후 프랑스 생레미의 요양원에 있을 때 그린 것이다. 그가 그린 밤하늘에는 구름과 대기, 별빛과 달빛이 폭발하고 있다. 하늘은 굽이치는 두꺼운 붓놀림으로 불꽃 같은 사이프러스와 연결되고, 그 아래의 마을은 대조적으로 평온하고 고요하다. 이 작품이 사람들에게 주는 이미지가 너무 강렬했기에 결국 노래로도 만들어졌다.

Now I understand

What you tried to say to me

How you suffered for your sanity

How you tried to set them free

They would not listen they did not know how

Perhaps they'll listen now

Stary, Stary night

이젠 깨달았어요

당신이 나에게 뭘 말하려고 했는지

얼마나 영혼이 아팠는지

얼마나 그들로부터 자유를 갈망했는지

그들은 어떻게 듣는지도 모른 채, 들으려 하지 않았죠

지금은 아마 귀를 기울일 거예요

별들이 빛나는 밤에

- 돈 맥클레인의 〈stary stary night〉

그러나 미술사에서 최고의 걸작품은 O·헨리의 소설에서 노화가 버먼이 그린 '마지막 잎새The Last Leaf'가 아닐까? 그는 그림을 통해 어린 한 소녀에게 생명에 대한 희망을 줌으로써 죽어가고 있던 목숨을 구해냈다. 이는 물론 소설 속의 한 장면이지만 너무 감동적인 화가와 그림의 이야기다.

뉴욕 그리니치 빌리지의 한 아파트 꼭대기 방에 수와 존시라는 젊은 소녀화가들이 공동화실을 마련했다. 그 시기는 한여름인 6월이었다. 그런데 찬바람이 부는 11월의 어느 날, 느닷없이 가난한 화가 존시는 폐렴에 걸려 병석에 누워 사경을 헤매게 된다. 그녀는 삶에 대한 희망을 잃고 친구의 격려도 아랑곳없이 창문 너머로 보이는 담쟁이덩굴 잎이 다 떨어질 때 자기의 생명도 끝난다고 생각한다.

수는 존시에게 바보처럼 굴지 말라며 삶의 의욕을 갖도록 위로하나, 존시는 수의 충고를 듣지 않는다. 수는 같은 아파트에 살고 있는 무명의 늙은 예술가인 버먼을 만나게 된다. 그 노인은 항상 걸작을 그리겠다고 큰소리를 치지만 사실은 전혀 그러하지 못했다. 약간의 돈을 벌 뿐이고 그 돈마저도 술을 사 마시는 데 탕진했다. 수에게서 존시의 이야기를 들은 버먼은 눈물을 흘리며 존시의 어리석은 생각을 안타까워한다.

그날 밤은 비가 몹시도 많이 내렸다. 그런데 이제는 마지막 잎새밖에 남지 않았다. 다음날 아침이었다. 존시가 커튼을 걷어 달라기에 수는 마음을 졸이며 커튼을 올렸다. 그런데 암록색 담쟁이가 그대로 꼭 붙어 있었다. 그렇게 죽음을 준비하던 존시는 그 잎새가 떨어지지 않은 것을 보고는 삶에 대한 의욕을 되찾는다. 존시는 점점 회복되고 마침내 완전히 회복된다. 그날 수는 존시한테 버먼이 오늘 병원에서 죽었다는 말을 한다. 비가 몹시 내렸던 그날 밤, 버먼은 마지막 잎새가 떨어진 것을 보고 그 자리에 똑같이 생긴 잎새를 그려놓았다. 그러다가 병을 얻은 것이다. 결국 버먼은 사람의 생명을 살린 걸작품을 남기고 세상을 떠났다.

한편, 현대회화는 기존회화와는 달리 예술의 영역을 넘어 상업적인 요소를 많이 지니고 있다. 이와 같이 미술의 상업화를 가속화시킨 가장 큰 요인 중 하나는 경매시장이라 할 것이다. 미술품 경매시장은 다양한 스토리를 지닌 미술품이 새로운 주인을 만나기 위해 기다리는 장이다. 훌륭한 작가의 예술혼과 높은 안목을 지닌 컬렉터, 비즈니스 감각을 갖춘 아트딜러의 만남의 장이기도 하다. 경매현장에서는 새로운 세계기록이 생성되기도 한다.

이 과정에서 미술품 가격이 천정부지로 뛰기도 한다. 이렇게 되자 예술품이 본연의 가치를 잃고 한낱 상품으로 전락해 버렸다거나, 경매시장은 투자를 빙자한 투기의 장이 되었다는 비판을 받고 있기도 하다. '미술 시장 Art Market' 이 아니라 '시장 미술Market Art' 이라는 것이다.

미술작품이 이처럼 천문학적인 가격에 거래되는 이유는 미술에 대한 사랑, 투자수익에 대한 기대감, 그리고 부를 과시하고자 하는 욕망 때문이라고 한다. 예술에 가격을 매기는 것이 과연 온당한 행위인가 하는 논란은 차치하더라도, 최고가 갱신 소식도 납득하기 어려운 점이 없지 않다.

세계 미술경매시장의 규모는 약 120억 달러 정도다. 이 세계 경매시장을 양분하고 있는 경매장은 크리스티와 소더비이다. 2013년 크리스티는 매출액 35억 5,000만 달러를 기록, 247년 역사상 최고의 실적을 달성했다. 소더비 역시 31억 달러의 높은 매출을 올렸다. 경매사상 최고가의 미술품은 1억 4,240만 달러에 낙찰된 영국 표현주의 화가 프랜시스 베이컨의 세 폭짜리 유화 〈루치안 프로이트에 대한 세 개의 습작〉이다. 이전 최고 기록을 가진 작품은 2012년 소더비 경매에서 1억 1,992만 달러에 팔린 에드바르 뭉크의 1895년 작품 〈절규〉였다. 참고로, 우리나라에서는 2007년 5월 서울옥션에서 박수근의 작품 〈빨래터〉가 45억 2,000만 원에 낙찰된 것이 최고가 경매로 기록된다.

이러한 현대미술의 상업화 경향을 가장 잘 표현해 내고 있는 인기작가는 단연 미국의 팝아티스트인 앤디 워홀이다. 그는 자신의 뉴욕 작업실을 '공장Factory' 이라고 부르며 작품을 찍어내듯 양산했으며, 폴라로이드로 찍은 사진에 사인을 하여 판매하는 상업적인 작가였다. 또한 마릴린 먼로 등 세계적인 은막 스타, 엘비스 프레슬리 등 팝송의 대가, 마오쩌둥 등 정치지도자 등을 작품에 끌어들여 미술의 대중성을 확산시킨 작가이다.

앤디 워홀은 "돈을 버는 것은 예술이다. 작업을 하는 것도 예술이다. 그리고 이익이 남는 비즈니스는 최고의 예술이다."라고 말하며, '나는 상업적인 작가로 시작했지만 비즈니스 작가로 마무리하고 싶다."라고 한마디 덧붙였다.

인간의 문화정신은 건축물로도 표현되어 왔다. 그리고 그 건축물들은 소중한 인류의 문화유산으로 남아 있다. 고대 성경에 나오는 바벨탑, 이집트의 피라미드와 스핑크스, 그리스의 파르테논 신전, 신바빌로니아의 공중정원, 인도의 타지마할, 캄보디아의 앙코르와트, 고대 로마시대의 콜로세움, 중세시대의 성소피아 성당과 노트르담 대성당, 르네상스 시대 이탈리아 귀족들의 별장 팔라초Palazzo와 피렌체 대성당, 바로크 시대의 베르사유 궁전, 그리고 현대의 에펠탑 등으로 이어진다. 이들은 대부분 유네스코 문화유산으로 지정되어 보존되고 있다.

통상 건축이란 다음의 세 가지 요소가 결합된 것으로 정의되고 있다. 첫째, 예술적 감흥을 목표로 하는 공간형태空間形態, 둘째, 진실하고도 건실한 구조기술構造技術, 셋째, 편리성과 유용성으로서의 기능이다. 이런 관점에서 건축과 건물은 구분된다. '건물'은 단순히 물품, 기계 등을 이용하여 지어진 것이지만, '건축'은 견실한 구조와 편리함과 유용성을 갖추고 있으면서 예술적 아름다움을 갖고 있어야 한다는 것이다.

특히 현대사회에서는 건축의 예술적 기능이 더욱 강조되고 있는데, 이는 이제 건축이 도시미학의 한 부분을 담당하고 있다는 것을 뜻한다. 이러한 건축가의 공로를 인정하기 위해 건축 분야의 노벨상이라고 불리는 '프리츠커 건축상Pritzker Architecture Prize'이 1979년 제정되어 매년 수상되고 있다.

미국의 시사주간지 〈타임TIME〉은 2007년 '가장 경이로운 현대 건축물The 10 Best Architectural Marvels' 10개를 선정, 각 건축물의 특징과 건축가를 상세히 소개했다. '베스트 10'은 최근에 완공된 현대 건축물들로서, 최신 기술과 수준 높은 예술적 감각으로 만들어진 초대형 건물들이다.

이중 미국의 캔자스시티에 위치한 '브로시 빌딩Bloch Building'은 신고전주의풍 예술 박물관 중 하나로, 건물 외벽에 설치된 유리가 하나의 빛 덩어리와 같은 느낌을 주는 것이 특징이다. 샌프란시스코의 '연방정부 건물Federal Building'은 튼튼한 그물망처럼 짜여진 강철 버팀대가 특징이다. 시애틀의 '올림픽 조각 공원Olympic Sculpture Park'은 지그재그형의 복잡한 도로 모양이 주위의 자연풍경과 조화를 잘 이루어 예술적인 분위기가 돋보인다. 뉴욕 맨해튼에 위치한 InterActive Corp 본사IAC 건물은 물결치는 파도를 연상시키는 유리 벽면이 이색적인데, 구겐하임 빌바오 미술관을 설계한 건축가 프랭크 게리Frank Gehry의 작품이다.

이 밖에도 영국 런던의 '히드로 파이브Heathrow Five', 스페인 마드리드에 위치한 '카자 마드리드 타워Caja Madrid Tower' 등이 선정되었으며, 중국의 '베이징 올림픽 경기장Beijing Olympic Stadium', 피사의 사탑처럼 기울어진 모습을 한 'CCTV' 본사, '링크트 하이브리드Linked Hybrid 빌딩' 등 중국 베이징에 있는 건물이 3개나 '베스트 10'에 뽑혔다.

잔잔한 미소와 눈물의 샘, 스크린 속의 세계

우리는 영화를 감상하면서 이따금 입가에 잔잔한 미소를 머금거나 혹은 눈물을 흘리기도 한다. 그만큼 진한 감동을 받을 때가 더러 있다. 인간의 웃음과 눈물은 인간을 동물과 구분하는 하나의 중요한 잣대이다. 흔히 웃음은 만병통치약이라고 하는데, 이는 웃음이 인간의 감정을 순화시켜 주고 혈액순환에도 도움이 되기 때문이다.

눈물은 슬플 때만 나오는 게 아니라 감정이 북받쳐 오를 때도 나온다. 이는 기쁨과 슬픔, 고통과 절망, 사랑과 감사, 후회와 반성 등 인간이 느끼는 다양한 감정이 눈물로 표현되기 때문이다. 특히 아이들은 자주 눈물을 흘린다. 그만큼 감정이 풍부하며 순수하다는 뜻이다. 아이들은 자기감정을 감추지 않고 솔직하게 표현하는 것이다.

영화는 모든 인간사와 다양한 문화현상을 폭넓게 반영하고 있다는 점에서 문학과도 긴밀한 관계를 맺고 있다. 삶의 여러 양태들과 다양한 등장인물들의 유형을 보여줌으로써 어떻게 살아야 하는가를 시사하는 것이 문학이라면, 영화 또한 그러한 역할을 해내고 있다. 이처럼 영화는 당대의 사회상과 문화, 그 나라의 전통과 가치관, 민족의 절망과 좌절 그리고 꿈과 희망을 반영하는 문화적 거울이다.

또 영화와 문학은 모두 다양한 인생의 모습에 대한 스토리텔링의 기능을 가지고 있다. 어떤 면에서는 영화가 문학보다 메시지 전달의 강도가 더 강하고 빠르다고 할 수도 있다. 이는 영화가 관객들에게 내용을 보다 생생하게 전달하는 데 기법을 활용할 수 있으며, 또 반전과 역전의 짜릿함을 더 효과적으로 표현할 수 있기 때문이다. 여기에 음향과 조명 효과 등이 가세되면서 현실감을 높이고, 원작인 문학작품보다 훨씬 더 큰 감흥을 불러일으키기도 한다. 그래서 여운이 더 길고 오래가기도 한다.

예를 들어 〈닥터 지바고Dr. Zhivago〉는 노벨문학상에 빛나는 러시아 작가 파스테르나크의 작품을 영화화한 것이다. 그러나 사실 이를 책으로 본 사람은 그리 많지 않다. 이후 영화로 만들어지면서 수많은 사람들이 작품의 내용에 심취하게 되었다. 또한 불후의 고전명작인 〈햄릿〉이나 〈고도를 기다리며〉라는 작품들은 책으로 읽을 때보다 연극이나 영화로 보면 내용을 좀 더 이해하기 쉽다고 말하는 사람들도 많다.

영화사에서 빛나는 걸작품들을 꼽아보면 이루 헤아릴 수 없을 정도로 많지만, 그중에서도 특히 〈사운드 오브 뮤직〉, 〈벤허〉, 〈바람과 함께 사라지다〉, 〈닥터 지바고〉, 〈타이타닉〉 등은 가장 뛰어난 작품들이라 할 수 있다.

이제 영화를 통한 힐링 기능 사례를 살펴보자. 영화에서 명대사는 빼놓을 수 없는 중요한 요소이다. 주인공들의 대사는 짧고 명료하지만, 영화 내용 중 중요한 순간에 등장하여 관객들에게 깊은 인상으로 각인시켜 주고 있다.

"사랑이란 결코 미안하다는 말을 해서는 안 되는 거예요.

(Love means never having to say you're sorry.)" - 〈러브스토리〉

"알다시피, 인간이 한 직업에 종사하다 보면 그 직업이 그의 모습이 되는 거야. (A man takes a job, you know. And that job becomes what he is.)"

- 〈택시 드라이버〉

"타라, 오 내 고향, 타라에 가자. 거기에 가면 그이를 되찾을 방법이 생각날 거야. 결국 내일은 내일의 태양이 떠오를 테니깐.

(After All Tomorrow Is Another Day.)" - 〈바람과 함께 사라지다〉

"애들아. 사랑하는 너의 엄마를 병실에 혼자 둘 수는 없어. 여기가 집이야. 네 엄마가 나의 집이야.

(This is my home now. Your mother is my home.)" - 〈노트북〉

"인생이란 초콜릿 상자와 같은 거야. 네가 무엇을 얻을지 결코 알 수 없거든.(Life is a box of chocolates. You never know what you are going to get.)"

- 〈포레스트 검프〉

영화 속의 명장면 또한 오랜 여운을 남긴다. 〈벤허〉의 전차경주 장면은 손에 땀을 쥐게 하는 명장면이다. 15분여에 달하는 전차경주 장면은 배경음악 없이 관중의 함성과 말발굽 소리만으로 경기의 긴장감과 박진감을 표현한 영화사의 명장면이다. 컴퓨터그래픽, 특수효과를 사용하지 않은 100% 수작업 장면으로 대부분 배우들이 직접 연기를 했다. 영화를 만든 윌리엄 와일러 감독 자신도 그 장면에 감동하여 아카데미 시상식에서 "오, 신이시여, 과연 이게 제가 만든 작품입니까?"라고 탄성을 자아내어 화제가되었다.

영화 〈암흑가의 두 사람〉의 마지막 장면, 알랭 드롱의 처연한 눈빛 연기는 압권이다. 사형이 집행되기 전, 그는 분노와 우수에 찬 눈망울로 뒤로 돌아 쏘아본다. 그것은 우리 사회를 향해 던지는 강력한 항의 메시지였다. 영화는 당시의 프랑스 사회체제를 고발하고 있다. 잘못된 관습과 제도, 편견 등으로 인해 단 한 번의 실수로 범죄에 빠져든 사람이 다시 건강하게 살아나가기가 얼마나 힘든지, 아울러 길로틴이라는 사형제도가 얼마나 잔인한지를 적나라하게 보여주었다. 이 영화가 만들어진 지 4년 후인 1977년부터는 프랑스에서 더 이상 길로틴이 사용되지 않았으며, 1981년에는 사형제도마저 폐지되었다. 이것이 바로 영화의 위력이라 하겠다.

영화 〈타이타닉Titanic〉의 선상에서 여주인공이 하늘을 나는 듯한 포즈를 취하고 남자주인공이 그녀를 뒤에서 백허그back hug하는 장면은 젊은 연인들의 로망이 되었다. 그리고 빙산에 부딪쳐 침몰해 가는 타이타닉호에서 끝까지 자신의 할 일인 음악을 연주하는 오케스트라 팀, 침몰하는 배와 함께 운명을 같이하겠다며 문을 걸어 잠그는 선장의 모습 등은 매우 감동적이다. 이는 노블레스 오블리주Noblesse oblige의 실천을 담은 것이다.

영화 〈졸업〉의 마지막 장면 또한 가슴을 후련하게 한다. 사랑하는 연인을 다른 사람에게 보낼 수 없었기에 결혼식장에서 그녀를 납치하여 같이 버스를 타고 도망하는 장면이다. 이는 젊은이들의 순수한 연애감정을 극적으로 연출한 것이다. 또 젊은 세대를 여전히 자신들의 울타리 속에 가둬두려는 기성세대의 권위에서 벗어나려는 젊은 세대의 몸부림을 함축하는 장면이기도 하다.

영화는 우리의 육안으로는 제대로 보기 어려운 세상을 뛰어난 영상기술을 통해 파노라마와 스펙터클의 감동으로 보여주기도 한다. 또한, 현실적으로는 체험하기가 거의 불가능한 일들에 대한 대리만족을 안겨주기도 한다.

〈아라비아의 로렌스Lawrence of Arabia〉와 〈잉글리시 페이션트The English Patient〉는 사막의 아름다움을 서정적으로 표현했으며, 〈아웃 오브 아프리카Out of Africa〉에서는 아프리카의 대자연을 감동적으로 스크린에 담아냈다.

METRO·GOLDWYN·MAYER
Presenta
UNA HISTORIA
DE LOS TIEMPOS DE CRISTO

LA OBRA MAESTRA DE
WILLIAM WYLER
con

CHARLTON HESTON · JACK HAWKINS
HAYA HARAREET · STEPHEN BOYD

HUGH GRIFFITH · MARTHA SCOTT · CATHY O'DONNELL · SAM JAFFE

ADAPTADA A LA PANTALLA POR   PRODUCTOR
KARL TUNBERG · SAM ZIMBALIST

TECHNICOLOR   DISTRIBUIDA POR: Cinema International Corporation

또한 시간여행이나 우주여행을 경험하게도 한다. 〈백 투더 퓨처Back to the Future〉, 〈어바웃 타임About Time〉, 〈벤자민 버튼의 시간은 거꾸로 간다The Curious Case of Benjamin Button〉 등은 미래와 현재를 넘나들며 공상의 세계로 우리를 인도해 주었고, 아울러 시간의 중요성에 대해서도 일깨워주고 있다. 〈인터스텔라Interstella〉, 〈그래비티Gravity〉는 광활하고 신비하면서도 아름다운 우주의 세계로 우리를 안내 해주는 동시에 휴머니즘까지 일깨워주고 있다.

영화는 또 음악으로도 관객을 힐링해 준다. 어떤 경우 영화 내용보다도 음악이 더 오랫동안 여운이 남고 감동 또한 더 진하다. 〈사운드 오브 뮤직Sound of Music〉은 영화이자 음악이다. 그래서 영화와 음악의 고전이자 바이블이 되었다. 영화 〈졸업The Graduate〉에 삽입된 사이먼 앤 가펑클Simon & Garfunkel 의 '사운드 오브 사일런스The Sound of Silence'와 '스카보로의 추억 Scarborough Fair'은 오늘날 거의 고전음악 같은 대우를 받고 있다.

독특한 색채와 촬영기법으로 인기를 모았던 프랑스 영화 〈남과 여Un Homme Et Une Femme〉는 삽입된 음악 또한 유명한데, 이는 영화음악의 거장 프란시스 레이가 만들었다. 엔니오 모리코네의 음악 또한 영화를 한층 더 매력적으로 만들었다. 그의 서정적인 음악은 마카로니 웨스턴으로 알려진 〈황야의 무법자〉, 〈미션The Mission〉의 주제곡, 〈원스 어폰 어 타임 인 아메리카Once upon a Time in America〉 등에 삽입되었다. 영화 이상으로 그의 영화음악은 수많은 사람들을 매료시켜 아직도 불후의 명곡으로 남아 있다.

이제 영화산업에 대해서도 간략하게 알아보자. 전세계 영화시장 규모는 2012년 345억 달러에 이르고, 이중 미국시장이 전체의 약 3분의 1인 108억 달러(캐나다 포함)에 달해 세계에서 가장 큰 영화시장이다. 우리나라 영화시장은 13억 달러 규모로 세계 7~8위 정도에 해당한다. 그런데 아직 스크린쿼터screen quota를 통해 일정한 날짜만큼 한국영화를 상영하도록 규정해 두고 있다. 우리 영화시장은 1990년대 말부터 대규모 흥행 등을 통해 성장했고, 멀티플렉스Multiplex 등의 결합으로 취미생활에 영화를 끌어들임으로써 급속도로 성장했다.

흔히 베니스 영화제, 칸 영화제, 그리고 베를린 영화제를 세계 3대 영화제라고 부른다. 이중 칸 영화제는 일단 국제영화제의 메카라고 불리는 만큼 거대한 필름마켓을 자랑하며, 영화의 예술성을 중시면서도 동시에 상업성도 추구한다. 영화제 최고상으로 황금종려상을 수여한다. 이에 비해 베를린 영화제는 다소 영화비평가와 감독 위주의 성향을 보이고 있다. 또 유럽영화, 아동영화제, 유럽영화 회고전 등 별도의 섹션을 운영하는 등 유럽의 영화에 좀더 무게를 두고 있다. 최고상으로 황금곰상이 수여된다. 베니스 영화제는 최초의 국제영화제이자 칸 영화제와 쌍벽을 이룬다. 칸 영화제에 비해 영화의 예술성에 좀더 주목하는 편이다. 최고상으로 황금사자상이 수여된다.

그런데 이 3대 국제영화제보다 더 주목받는 영화제가 있다. 바로 미국 할리우드에서 개최되는 아카데미 시상식이다. 아카데미상Academy Award은 미국 최대의 영화상으로 오스카Oscar상이라고도 한다. 이는 전년도 한해동안 로스앤젤레스 지역의 극장에서 일주일 이상 연속 상영된 70밀리 및 35밀리 의 미국 및 외국의 장편·단편 영화들을 대상으로 시상한다. 아무리 칸 영화제나 베를린 영화제에서 이름을 날리더라도 로스엔젤레스에서 상영이 안 됐다면 후보군에도 이름을 올릴 수 없다. 따라서 엄격히 말해 '국제영화제' 라 할 수는 없다. 시상식은 매년 3월 말에서 4월 초에 열리는데, 미국 영화계뿐만 아니라 전세계적인 관심과 흥미의 대상이 되는 큰 행사라서 시상식 장면이 전세계에 생중계되고 있다.

오감으로 즐기는 문화, 음식과 기호품의 세계

인간은 다양한 양태의 문화를 즐기고 누린다. 그중에서 가장 많은 사람들이 함께 쉽게 공유하고 전파할 수 있는 것은 아마도 음식문화일 것이다. 일반적으로 사람들은 사교모임을 가지거나 비즈니스 회합이 있을 때면 식사를 하면서 이야기를 나눈다. 가족들 간에도 이런저런 이야기를 하거나, 집안문제에 대한 이야기를 나눌 때에도 음식을 먹거나 음료를 마시며 시간을 갖는다. 또 특별한 행사가 있거나 귀한 손님을 접대하고자 할 때는 특별한 음식을 장만하거나 분위기 있는 음식점으로 초대한다. 그만큼 음식문화는 우리의 일상생활과 밀접한 관계를 가진다.

한때 세계사의 패권을 장악했던 국가들 중에는 음식문화가 발달된 나라가 많다. 로마 시대의 이탈리아, 나폴레옹 시대의 프랑스, 4,000년 역사의 중국이 대표적인 예다. 또한 영국과 미국이 세계무대에서 크게 부상한 배경에는 식량무역의 지배와 식량의 대량생산화가 있었다. 프랑스는 그동안 자국의 높은 문화브랜드를 십분 활용해 음식 또한 세계최고급이라는 인식을 심는 데 성공했다. 프랑스어인 '레스토랑Restaurant'이 '음식점'이라는 보통명사가 되어 세계적으로 통용된다. 또한 '프렌치 레스토랑'은 값비싼 고급음식점이라는 데 별 이견이 없다. 이에 반해 경제적·문화적으로 최고의 브랜드 획득에 실패한 이탈리아와 중국의 음식점은 음식 맛으로는 프랑스에 결코 뒤지지 않지만, 통상 대중음식점으로 평가받고 있다.

이제 프랑스는 세계의 요리를 평가하여 등급을 매기는 제왕적 권위까지 보유하고 있다. 다름 아닌 〈미슐랭 가이드〉에 대한 이야기이다. 이 〈미슐랭 가이드〉가 창간된 것은 1900년이다. 당시 미슐랭 형제가 다이어 구매고객들에게 자동차여행에 필요한 식당과 숙소정보를 담은 〈레드 가이드red guide〉란 제목의 책을 무료로 배포했는데, 이것이 〈미슐랭 가이드〉의 시작이었다. 호텔이나 식당과는 전혀 이해관계가 없는 프랑스 타이어 회사를 운영하던 미슐랭Michelin이 순전히 정보를 제공하는 차원에서 가이드북 발간을 시작했던 것이다.

〈미슐랭 가이드〉가 지금처럼 레스토랑에 별점을 매기기 시작한 것은 1926년부터였다. 이후 평가대상을 호텔 레스토랑에서 일반식당까지 확대하고, 평가방법도 꾸준히 개선해 왔다. 물론 평가결과에 대해서는 논란이 없지 않다. 평가를 할 때는 맛뿐 아니라 식재료의 질, 요리의 개성, 요리법과

양념의 완성도, 요리의 일관성, 가격과 요리의 균형을 모두 따진다. 여기에 분위기와 서비스, 청결상태까지도 평가항목에 포함된다.

평가결과는 별점으로 표시된다. 별점 하나는 '요리가 카테고리에서 특별히 훌륭한 식당' 이라는 뜻이고, 별점 두 개는 '해당지역을 방문하면 가볼 만한 식당' 을 뜻한다. 만점인 별 세 개는 '요리를 맛보기 위해 여행을 떠나도 아깝지 않은 집' 이라는 최상의 평가다. 별 세 개 만점을 받은 레스토랑은 평가대상 1만 7,000여 레스토랑 중 0.3%밖에 되지 않는 64개에 불과하다.

최근 들어서는 일본도 외식산업 육성에 나서고 있다. 그들은 음식을 단순히 '맛' 으로 파는 개념이 아니라 식기, 술, 다도, 꽃꽂이, 가부키 등 일본 문화를 곁들여 '문화의 옷을 입힌 음식 전략' 으로 세계시장에 접근하고 있다. 그 결과 국가적 이미지 제고와 함께 '일식 = 고급 음식' 으로 차별화할 수 있었다. 오늘날 서구인들이 '일식' 하면 비싼 음식으로 인식하는 것도 그 때문이다. 이에 비해 우리나라의 한식은 아직도 세계시장에서 제대로 된 평가를 받지 못하고 있는 실정이다. 물론 한류열풍에 편승하여 한식의 세계화에 적지 않은 노력을 기울여왔지만 아직은 성과가 크지 않다. 따라서 한식에 스토리텔링을 가미하는 등 문화적 요소를 결합하고 식단을 고급화하는 데 더 많은 정책적 지원과 노력이 필요하다.

이와 같이 음식은 이제 고유의 기능인 맛에 '문화' 가 덧칠되면서 갈수록 중요성이 커지고 있다. 예를 들면 우리가 커피전문점에 들르는 것은 단순히 커피만 마시러 가는 게 아니다. 그곳에서는 마치 미국이나 서구사회에 와 있는 듯한 이국적인 분위기와 느낌을 가질 수 있다. 그리고 그곳에는 자유로움과 여유가 있다. 고객들은 이를 즐기러 가는 것이다.

음식은 힐링하는 기능도 지니고 있다. 사랑을 담은 음식은 사람에게 행복감을 준다. 우리 사회에 종교단체를 중심으로 노숙자와 불우이웃들에게 따뜻한 밥을 대접하는 행사가 연이어지고 있다. 그들은 음식만을 제공하는 것이 아니다. 사랑과 행복도 같이 나누고 있는 것이다.

〈바베트의 만찬Babette's Feast〉이라는 책과 같은 이름으로 만들어진 영화에서는 음식이 얼어붙은 사람의 마음을 녹이고 행복하게 만들어주는 마법 같은 이야기를 그리고 있다. 주인공 바베트는 자신이 살고 있는 마을의 사람들이 서로 반목과 갈등에 휩싸여 있다는 사실을 안타깝게 여기면서 어떻게 이들을 화해시킬 수 있을 것인지 고민한다. 그러던 어느 날 그녀는 복권 당첨으로 큰돈이 생기는데, 이를 몽땅 마을 사람들을 위해 쓰기로 마음먹는다. 그래서 마을 사람들을 만찬에 초대하는 계획을 세운다. 그들에게 평생 잊지 못할 멋진 식사를 대접함으로써 강퍅해진 그들의 마음을 누그러뜨려보려는 생각에서였다.

마침내 만찬행사가 진행되었다. 드디어 놀라운 일이 벌어졌다. 마을 사람들이 음식을 먹는 동안 그들 사이에는 따뜻한 사랑의 온기가 퍼져나갔다. 정성이 담긴 맛있고 풍족한 식사는 굳게 얼어 있던 그들의 마음을 녹아내리게 하고 오랜 동안 잊고 있던 사랑과 배려의 감정을 되살려준다. 서로를 축복하는 말도 건넨다.

"마치 수많은 작은 후광이 하나로 합쳐져 거룩한 광채를 내기라도 한 듯천상의 빛이 만찬장소를 가득 메웠다. 말수가 적은 노인들은 말문이 트였고, 수년간 거의 듣지 못했던 귀가 열렸다. 시간은 영원 속으로 녹아들었다."

이제 세계 3대 기호품이자 문화식품이라고 불리는 커피와 와인 그리고치즈에 대해 살펴보기로 하자. 커피는 세계에서 가장 많이 소비되는 음료중의 하나이다. 한 해 동안 세계적으로 약 6,000억 잔이 소비된다. 최대 소비국가인 미국의 경우 한 해 13억 3,428만kg의 커피를 소비한다. 성인 1인당한 해 557잔을 마신 셈이다. 독일도 5억 2,980만kg으로 커피 다소비국가이고, 일본 또한 4억 2,786만kg 정도를 한 해에 소비했다. 우리나라의 1년 커피 소비량은 1억kg 정도로, 성인 1인당 한 해 평균 298잔을 마시는 셈이다.이렇게 소비가 많다보니 커피는 세계교역 면에서도 석유 다음으로 물동량이 많은 품목이다.

이 커피를 두고 프랑스의 정치가였던 탈레랑은 "악마같이 검고 지옥처럼 뜨거우며 천사같이 순수하고 사랑처럼 달콤하다."며 천국과 지옥을 넘나들 정도의 매력적인 기호품으로 예찬했다. 역사 속에서 특히 예술가들 중에는 커피 마니아들이 많았다. 프랑스의 소설가 발자크는 작품을 쓸 때 잠을 쫓기 위해 하루에 50잔의 커피를 마셨다고 전해진다. 그가 평생 마신 커피는 5만 잔에 이르러 결국 카페인 중독과 과로로 숨졌다. 베토벤은 커피 추출기를 직접 만들어 마실 만큼 커피를 사랑했고, 바흐는 〈커피 칸타타〉를 작곡할 정도로 커피 마니아였다. 빈센트 반 고흐가 즐겨 마셨던 '예멘 모카 마타리'는 자메이카 블루마운틴, 하와이안 코나와 함께 세계 3대 커피로 꼽힌다.

와인은 인류 최초의 음료이다. 그리스·로마 신화와 구약성경에도 와인이 등장한다. 와인은 햇볕과 비를 내려주는 하늘과 포도품종을 품고 길러내는 땅, 그리고 거두어들인 포도로 풍미 있는 와인을 만들어내는 인간의 합작품天地人이라고 한다. 그래서 와인은 그 종류가 매우 다양하고 가격도 천차만별이다.

와인은 오감으로 즐기는 기호식품이다. 눈으로 색을 즐기고 코로 향을 즐기며, 혀로 맛을 즐기고 목구멍으로 넘어가는 감촉과 무게감을 즐기며, 귀를 통해 포도주 잔을 마주칠 때 생기는 소리를 즐긴다는 것이다. 또한 와인은 다양한 이야기 소재를 담고 있기도 하다. 그래서 와인은 단순한 식음료품이 아닌 문화상품으로 대접받고 있으며, 갈수록 일반 음주문화는 웰빙 추세로 인해 시들해지는 데 비해 와인만큼은 예외로 여전히 많은 사람들의 사랑을 받고 있다.

얼마 전부터 세계 와인시장의 판도가 점차 변화하고 있다. 무엇보다 글로벌 와인 전쟁에서 신대륙 와인이 값싸고 품질 좋은 제품으로 전 세계 중저가 시장을 빠르게 장악하며 구대륙 와인을 눌렀다. 이에 프랑스, 이탈리아 등 구대륙 국가들은 위기감을 느끼고 있다. 더욱이 이들 국가 내부에서의 소비량 또한 정체되거나 오히려 줄어드는 양상을 보이고 있다.

이 같은 위기를 타개하기 위해 구대륙에서는 여러 가지 노력을 기울이고 있다. 특히 프랑스 보르도에서는 미국의 캘리포니아처럼 와인과 관광을 결합시킨 마케팅 방식을 도입해 운영하고 있다. 포도주 양조장 방문자들이 쉽게 와인에 대해 이해할 수 있도록 설명과 함께 개인의 와인 취향을 분석해 주는 등의 서비스를 제공하고 있다. 또한 젊은이들을 유인하기 위해 포도주 가격을 대폭 인하하거나 병 색깔을 바꾸고 화사한 라벨을 붙이는 등 많은 노력을 기울이고 있다. 또 피카소, 달리, 샤갈, 앤디 워홀 등 유명한 화가들의 작품을 와인 라벨의 디자인으로 도입함으로써 예술과 와인의 만남을 시도하기도 한다.

"치즈 없는 식탁은 한 눈 없는 미녀와 같다." 프랑스에서 전해지는 말이다. 그만큼 치즈는 유럽의 식탁에서 빼놓을 수 없는 식품이다. 세계적으로 자연치즈는 2,000여 가지에 이른다고 알려져 있다. 연간 1인당 소비량이 24.4kg에 달해 세계최대의 치즈 소비국가로 알려진 프랑스에서만 350여 종에 이르는 다양한 종류의 치즈가 생산된다.

이렇게 다양한 종류의 치즈는 유산균 종류, 수분 함유량, 숙성방법의 차이, 원산지 등에 따라 분류되고 이름도 제조 지역이나 장소 이름, 유산균 이름, 생김새 등에 따라 다르게 짓는다. 특히 지역의 이름을 딴 상품은 상표권으로 인정되어 엄격히 보호되고 있다. 주요국별 치즈 종류를 보면 프랑스의 카망베르Camembert, 콩테compté, 브리Brie, 로크포르Roquefort 등이 있고, 이탈리아의 고르곤졸라Gorgonzola, 모짜렐라Mozzarella, 파르메산Parmesan, 영국의 체다cheddar cheese, 스위스의 에멘탈Emmental, 네덜란드의 고다Gouda와 에담Edam 등이 있다.

이와 같이 치즈 소비가 급격히 늘어남에 따라 유럽과 미국은 치즈 전쟁을 벌이는 상황에 돌입했다. 먼저 불을 지핀 쪽은 유럽이다. 유럽은 미국에서 만든 치즈에 파르메산Parmesan, 페타feta, 고르곤졸라Gorgonzola 등 유럽산 치즈로 오인할 수 있는 명칭을 사용하지 말라고 요구했다. 또 고유명사인 특정 유명상품의 명칭을 사용하는 것은 엄청난 무임승차 혜택을 누리는 것일 뿐 아니라, 유럽 치즈의 고유성을 저해한다고 주장하고 있다. 그러나 미국은 이에 강력히 반발하고 있다. 이러한 치즈 이름은 미국에서 오랜 시간동안 일반적으로 사용돼 왔다는 것이다. 이들의 치즈 전쟁이 어떻게 끝날지 궁금하다.

호기심도 채우고 힐링도 한다,
세계로 떠나는 여행길

여행이란 미지의 세계를 향해 홀쩍 떠났다가는 자신이 살던 곳이 그리워질 때 다시 찾아드는 과정의 모든 연속이다. 여행은 피곤하면서도 즐겁다. 또 많은 것을 실제의 경험을 통해 보고 듣고 배우게 된다. 그래서 여행을 통해 만들어진 경험은 책이나 이야기를 통해 만들어진 간접경험에 비해 훨씬 더 오랜 동안 뇌리에 남는다. 세월이 지난 뒤에도 여행의 기억은 아름답고 소중한 추억으로 남게 되는 것이다.

여행을 떠나는 사람의 가슴속에는 새로운 것들에 대한 호기심, 모험심과 개척정신 같은 것이 담겨 있다. 여행을 통해 얻는 새로운 에너지는 우리 삶의 활력소가 된다. 그동안 일상에서 쌓였던 스트레스를 해소하고 새로운 마음으로 다시 시작할 수 있다. 다시 말해 힐링이 가능해진다는 뜻이다. 그러

므로 여행은 낭비가 아닌 새로운 창조의 과정인 것이다.

터키의 시인 나짐 히크메트는 〈진정한 여행〉이라는 시에서 여행을 다음과 같이 노래했다.

가장 훌륭한 시는 아직 쓰여지지 않았다.
가장 아름다운 노래는 아직 불러지지 않았다.
최고의 날들은 아직 살지 않은 날들.
가장 넓은 바다는 아직 항해되지 않았고,
가장 먼 여행은 아직 끝나지 않았다.

불멸의 춤은 아직 추어지지 않았으며,
가장 빛나는 별은 아직 발견되지 않은 별.
무엇을 해야 할지 더 이상 알 수 없을 때
그때 비로소 진정한 무엇인가를 할 수 있다.
어느 길로 가야 할지 더 이상 알 수 없을 때
그때가 비로소 진정한 여행의 시작이다.

그러면 이제 세계여행을 떠나보자. 세계 유수의 관광경쟁력을 갖춘 국가들은 대부분 자국의 자연자원과 문화자원을 주요 관광상품으로 활용하거나 발굴하고 있다. 그래서 여행을 떠나는 사람들의 여행 목적은 크게 문화기행과 자연기행으로 구분될 수 있다. 일반적으로 문화기행은 유럽이 제격이고 자연기행은 아메리카 대륙이 제격이다.

먼저 유럽으로의 문화기행을 떠나보자. 유럽은 세계 어느 지역보다 다양한 문화를 지니고 있는 곳이다. 언어부터 매우 다양하다. 영어 · 프랑스어 · 독일어 · 스페인어 · 이탈리아어 · 러시아어뿐만 아니라 나머지 국가들도 거의 대부분이 자기들의 고유한 언어를 가지고 있다. 그래서인지 사람들의 기질이 나라와 인종에 따라 차이가 있고 음식과 풍습도 제각기 다르다. 이는 미국이 여러 부류의 인종들이 뒤섞여 살고 있지만, 영어라는 공용어가 통용되고, '아메리카 문화' 라는 단일문화 아래 정체성을 지키면서 국가통합을 이루고 있는 것과 비교될 수 있다.

유럽인은 역사와 전통을 존중하고 이를 잘 보전하기 위한 노력을 아끼지 않는다. 이는 과거 유럽인들이 일구어낸 문화적 업적을 감안할 때 당연하다. 그들은 인간의 능력도 무한히 확장될 수 있음을 보여줌으로써 인간의 가치와 존엄성에 대한 자긍심을 우리 인간들에게 심어주었다.

그들은 도시를 설계할 때, 외형은 옛 모습을 그대로 유지하고 내부 장식만 현대화한다든지, 혹은 아예 내부 장식마저도 옛 모습을 그대로 보존한다. 그래서 아직도 중세의 모습을 그대로 간직한 도시들이 많으며, 이러한 모습을 보기 위해 수많은 관광객들이 몰려들고 있다. 유럽에는 어디를 가더라도 항상 도심에는 신新시가지와는 별개의 구舊시가지가 남아 있다. 구시가지에는 성당과 왕궁 등 과거부터 내려오는 선조들의 문화유산이 잘 보전되어 있다. 일반적으로 구시가지의 한복판에는 성당이 있다. 그리고 성당은 가장 고도가 높은 곳에 있다. 그래서 구시가지는 물론이고 신시가지의 어떤 건축물도 이 성당보다 높이 올라갈 수 없도록 고도제한을 받고, 색상도 규제를 받는다. 이들 문화유산은 귀한 관광자원이 되어 후손들에게 막대한 관광수입을 가져다주고 있다.

유럽 문화기행의 꽃은 이탈리아와 프랑스일 것이다. 이탈리아는 중세 로마 시대와 이후 르네상스 문화의 꽃을 피웠다. 프랑스는 르네상스 문화를 전수하여 이를 더욱 발전시켜 나갔다. 이곳들을 거닐다 보면 거리 자체가 박물관이고 미술관이며 문화재이다. 여기에 위치한 박물관과 미술관에는 인류의 찬란한 문화유산들이 빼곡히 전시되어 있다.

이 박물관은 넓은 의미에서 미술관이나 과학관, 도서관과 기록보존소까지를 포괄하며, 인류의 정신문화와 물질문명의 정수를 수집하고 기록하고 보존해 놓은 곳이다. 주요 세계 박물관으로는 프랑스의 루브르와 오르세, 영국의 대영박물관, 이탈리아의 우피치와 바티칸 박물관, 러시아의 에르미타주 박물관, 스페인의 프라도 미술관, 대만의 고궁 박물관, 미국의 스미소니언 박물관 등을 꼽을 수 있다.

한편, 비유럽권의 주요 문화기행 지역으로는 크메르제국의 흥망성쇠를 엿볼 수 있는 앙코르와트 사원, 잉카문명의 유적지인 페루 마추픽추, 아즈텍문명의 흔적이 남아 있는 멕시코시티, 인도문명과 이슬람문명이 혼재된 타지마할 등을 꼽을 수 있다.

마추픽추는 남미 페루의 안데스 산맥에 위치한 잉카문명 유적지이다. '태양의 도시', '공중 도시', '잃어버린 도시' 등으로 불리고 있는 이곳은 잉카제국의 슬픔과 인디오 문명의 전설을 남긴 채 우리의 뇌리 속에 영원한 수수께끼로 잠들어 있다. 장구한 세월 동안 세상과 격리되어 유유자적함을 고이 간직한 곳, 그래서 더욱 신비하고 풀리지 않는 영원의 수수께끼가 가슴마저 벅차게 하는 곳이다.

스페인은 유럽에 위치하지만 약간 색다른 문화를 가지고 있다. 특히 오랜 기간 이슬람 세력의 중심지 역할을 해오던 코르도바에는 이슬람과 기독교 문화가 공존해 있다. 아랍인들은 스페인에서 완전히 축출되기까지 약 700여 년 동안 이 땅을 지배했다. 그사이 아랍인들은 수도 코르도바에 이슬람 문화를 찬란하게 꽃피워 놓았다. 물론 그동안 이곳을 탈환하기 위한 가톨릭세력의 반격 또한 만만치 않아 이들 두 세력간의 공방이 무수히 일어났다. 결국 1492년 가톨릭세력이 이곳을 완전 장악했는데, 이후 가톨릭세력은 자신들이 더 우월하다는 것을 과시하기 위해 기존의 이슬람 사원보다도 좀더 높고 화려한 성당을 바로 곁에 세워놓았다. 그래도 이슬람 사원을 완전히 훼손시키지는 않았다. 이것이 바로 메스키타^{Mezquita} 성당 겸 이슬람 사원이다.

이제 아메리카 대륙으로 자연기행을 떠나보자. 미국의 그랜드캐년과 캐나다 로키산맥 그리고 브라질의 이과수폭포 등은 대자연이 빚어낸 걸작품들이다. 광활한 아메리카 대륙을 다니다 보면 변화무쌍한 자연의 모습에 탄성을 자아내게 된다. 오랜 세월을 두고 땅덩어리가 침식되고 융기되거나 혹은 풍화되면서 자연이 기기묘묘한 모습으로 변화한 것이다. 행여 산짐승이라도 나타나지 않을까 싶을 정도로 울창한 숲을 지나면 얼마 있지 않아 가도가도 끝이 보이지 않는 모래밭의 사막이 이어진다.

미국은 이 대자연을 체계적으로 보호하기 위해 국립공원National Park 제도를 마련·운용하고 있는데, 1872년 옐로스톤을 국립공원 제1호로 지정한 이후 국립공원 지정을 꾸준히 확대하고 있는 중이다. 그랜드캐년은 도도한 콜로라도 강의 물결이 수많은 세월에 걸쳐 대지를 침식하여 만든 대자연의 걸작품이다. 말할 수 없이 웅장한 규모와 태고의 빛이 감도는 듯한 신비한 자태를 간직하고 있다. 한마디로 자연에 대한 경외심이 절로 우러나온다.

캐나다 로키산맥에는 끝없이 구비구비진 골짜기 사이로 마치 우유를 쏟아 부어놓은 것 같은 빙하가 뒤덮인 거대한 산봉우리들이 우뚝 서 있다. 그 곁에는 오염되지 않은 순백의 빙하가 녹은 호수의 물이 햇빛에 반사되어 에메랄드빛을 발하고 있다. 마치 그 골짜기 속으로 빨려들어 갈 듯한 느낌을 받는다. 여기에 사슴, 산양, 곰 등의 야생동물들이 마중을 나와 여행의 풍미를 한껏 더해준다.

여행의 목적은 어느 한곳에 머무르면서 몸과 마음을 쉬게 하는 여행인 힐링을 위한 여행, 그리고 세상 이곳저곳을 다니면서 색다른 문물을 접하고 구경하는 여행으로도 나눌 수 있다. 날이 갈수록 여행의 힐링 기능이 더 중시되는 경향을 보이고 있다. 여행객들은 처음에는 대도시를 중심으로 몰려다니다 점차 중소도시로 발길을 돌려 세상의 구석구석을 찾아다닌다. 거기서는 사람들이 덜 붐비기에 그만큼 더 많은 자유를 즐길 수 있다. 또 한곳에 오랫동안 머무르기에 시간적으로 여유가 있고, 오감으로 즐기는 여행이 가능해진다. 박물관이나 미술관을 찾아나서거나 여러 가지 공연이나 이벤트를 즐기며, 그 고장의 명물요리를 맛볼 수 있는 등 현지 사람들의 살아가는 모습을 보고 느낄 수 있다.

최근에는 명상관광이 인기를 끌고 있다. 대표적인 상품으로 '산티아고 순례길Camino de Santiago' 이 있다. 천년의 세월 동안 무수한 사람들이 배낭에 순례의 상징인 조개껍질을 매달고 지팡이를 짚으며 걸어온 길이다. 예수의 열두 제자 중 하나였던 야고보의 무덤이 있는 스페인 북서쪽의 도시, 산티아고 데 콤포스텔라Santiago de Compostella로 가는 길이다. 그 길에는 진한 역사의 향기가 배어 있으며, 중세에 지어진 오래된 교회와 고색창연한 건물들, 그리고 로마 시대의 돌길까지 아름다운 풍광과 상상력을 자극하는 옛 자취로 가득하다.

치열한 경쟁에서 벗어나 느리게 숨 쉬고 싶을 때, 길 위의 자유가 그리워질 때, 평범한 삶에서의 작은 일탈을 원할 때, 신에게 더 가까이 다가가고 싶을 때 많은 사람들이 찾고 있는 이 길은 명상과 구도의 길이 되었다. 지금도

800km 여정의 길을 매년 약 600만 명 이상의 사람들이 걸어가고 있다.

이제 여행의 경제적 개념인 관광산업에 대해서도 살펴보자. 관광시장의 규모는 경제발전에 따른 소득증대, 보다 즐거운 삶을 누리려는 욕구 증대 등으로 인해 앞으로 경제성장 속도를 훨씬 상회하며 빠르게 커질 것으로 예견되고 있다. 세계관광기구 UN WTO, World Tourism Organization의 예측에 따르면 세계 관광시장 규모는 향후 매년 약 7%씩 증가하여 2010년 5조 7천억 달러에서 2020년에는 11조 달러를 상회할 것으로 전망되고 있다.

관광객 수도 같은 기간 9억 4천만 명에서 16억 명으로 약 1.7배 늘어날 것으로 예측하고 있다. 2012년 기준으로 외국인 관광객 유치 순위를 보면, 세계에서 가장 많은 관광객을 유치하는 나라는 프랑스이며, 2위는 미국, 3위 중국, 4위 스페인, 5위 이탈리아 순이다. 우리나라는 23~25위 수준인 것으로 추정되고 있다.

앞으로 우리나라는 관광경쟁력을 높이기 위해 2017년까지 15위권으로 진입시키고, 국내관광 소비액 30조 원을 달성한다는 목표를 가지고 있다. 이는 관광 인프라의 선진화와 다양한 문화 콘텐츠 개발, 최대고객인 중국 관광객에 대한 맞춤형 프로그램 개발, 관광상품의 고급화 등이 이루어질 때 가능할 것이다.

삶에 대한 희망의 메시지, 종교의 세계

종교는 문화와 매우 밀접한 관계를 갖는다. 문화는 기본적으로 종교를 기반으로 형성되어 있다. 서구사회 특히 유럽문화는 기독교문화라 해도 과언이 아니다. 또 우리가 동양문화와 서양문화를 구분할 때 통상 서양은 기독교문화권, 동양은 불교문화권과 이슬람문화권으로 간주하고 있다. 이는 그만큼 종교란 문화를 형성하는 데 중요한 요소임을 뜻한다.

그러면 과연 종교란 무엇일까? 종교宗敎의 한자 의미는 '으뜸 되는 가르침', '근본적인 교훈' 이라고 풀이된다. 사람으로서 마땅히 알아야 할 근본적인 문제, 즉 종교는 현실 이상의 영원한 문제를 가르쳐주는 것이다. 이에 비해 종교Religion의 영어 어원은 '다시 묶는다' 는 데서 비롯된다. 즉 하느님과 사람을 다시 묶는다는 것이다. 다시 말해 원래 묶여 있다가 끊어진 하느님과의 관계를 다시 묶어주는 것이 종교라는 것이다.

동서고금을 통해 사람이 사는 곳에는 언제나 종교가 있었다. 프랑스의 한 심리학자는 "사람은 종교적 동물이다"라고 말했다. 사람은 식욕과 번식욕 등 자연적·생리적인 욕구와 함께 절대자에 대한 믿음을 본능적으로 가지고 있다. 제아무리 무신론을 주장하는 사람이라도 위급한 상황에 놓이면 자연히 절대자의 도움을 구하게 된다.

무엇보다 인간은 죽음에 대한 두려움을 가지고 있다. 과연 사후세계가 존재할까? 있다면 어떤 것일까? 나는 죽으면 어디로 가게 될 것인가? 등등 나이가 들수록 이러한 문제에 대해 더 심각하게 고민을 하게 된다. 인간이 사후세계를 인정하면 삶이 변화된다. 즉 보다 진지하게 내 삶을 들여다보고 신의 가르침을 따르려고 노력하게 되는 것이다. 이것이 종교의 본래 목적인 것이다.

"죽음이란 무엇일까?" 이 거창한 질문에 대해 슈바이처는 "더 이상 모차르트의 음악을 들을 수 없는 것"이라고 대답했다. 상당히 낭만적인 답변이다. 인간사가 시작된 이후 줄곧 이 질문에 대한 해답을 구하려고 노력해 왔으나, 아직껏 그 누구도 이에 대한 명확한 답을 내놓지 못하고 있다. 사람들은 영생을 위해 미라를 만들어보기도 했고 불로장생의 약을 구하려고 발버둥을 쳐보기도 했다. 의학이 발달하면서 여러 질병을 치료하는 약이 발명되었으나 죽음의 시기를 조금 늦추는 것은 가능해졌을지언정 영생을 얻기란

그리스 메테오라 수도원

불가능하다는 것을 깨닫게 되었다.

해답 찾기를 단념한 인간은 이제 종교에 귀의하게 된다. 그리고 죽은 뒤 천국으로 가는 희망을 간직한 채 살아가고 있다. 천국은 아무런 걱정 없이 행복하게 지낼 수 있는 미래세상이라고 한다. 그러나 그 천국이 아무리 좋다고 해도 지금 당장 천국으로 가겠느냐는 질문에는 아무도 그렇다고 답변할 사람이 없을 것이다. 그만큼 죽음에 대한 두려움이 크다는 것이다.

불빛 하나 없는 칠흑 같은 어둠 속에서 홀로 길을 가는 나그네가 있다. 목이 타고 외롭고 두려운 가운데 더듬더듬 발걸음을 옮기지만 목적지가 어디인지도 모른다. 우리 인생길 역시 알 수 없는 운명을 향해 암흑 속을 더듬어 걸어가고 있는 것과 다를 바가 없지 않을까? 그러다가 돌부리에 걸려 넘어지기도 하고 혹은 구렁텅이에 빠지기도 하면서 실망하고 고통스러워하며 번민하기도 한다. 아무리 물을 마셔도 갈증이 나기는 마찬가지다. 그러기에 그러한 일을 당하지 않도록 우리의 앞길을 환하게 비추어주는 등불을 가지고 걸어가는 것이 현명하다. 그러면 그 등불이란 무엇인가? 그것이 바로 종교이다.

사람들이 종교를 가지게 되는 계기는 다양하다. 모태신앙인 경우도 있을 것이고 혹은 어떤 특별한 계기로 인해 종교에 귀의하는 경우도 있을 것이다. 주변을 보면 대체적으로 가족의 종교를 따라 신앙생활을 시작하는 경우가 많은 것 같다. 특히 나이가 들어 직장에서 은퇴한 남자들이 종교를 찾는 경우가 늘어나고 있다. 시간적 여유가 많아진 것도 하나의 이유가 되겠지만, '늙음'이나 '죽음'에 대한 자각이 그들로 하여금 자연스럽게 신앙을 찾는 원인으로 보인다.

어떤 이유로 종교생활을 시작했든 그들은 신앙을 통해 세상에 대한 분노나 죽음에 대한 두려움 같은 것들을 삭이는 평정심을 얻을 수 있었다고 말한다. 그것이야말로 돈으로는 절대 살 수 없는 종교가 가진 힘이 아닐까? 이처럼 종교는 죽음의 공포에서 인간을 해방시켜 번민과 고뇌에서 벗어나게 해줄 뿐만 아니라 현실의 삶에서도 이웃을 사랑하고 세상을 선하게 살아가도록 이끈다.

불교는 명상과 수행을 통해 진리를 체득하여 미혹迷惑과 집착을 끊고 일체의 속박에서 벗어나면 열반涅槃의 경지에 이를 수 있다고 설파한다. 계율을 지키고, 불도를 실천하고, 명상으로 정신을 깨우고, 깨달음을 완성하면, 스스로 부처가 되고 죽어서는 극락으로 간다고 한다. 이러한 관점에서 보면 명상은 불교에서의 중요한 종교행위이겠지만, 사실 명상은 불교신도가 아닌 사람들에게도 마음을 편안하게 해주는 힐링 수단이 되고 있다.

또한 불교에서의 주요 가르침은 자비와 관용이다. 자비는 무한이며 무상無償의 애정이라 할 수 있어, 증오나 원한을 전혀 가지지 않는다. 이에 비해 관용은 사랑과 용서, 평등을 실천하는 행위이다. 그런 까닭에 불교는 현실을 직시하게 하고, 매사 각자의 위치에서 조용히 차분히 깊게 생각하여 일상생활을 해나가도록 가르치고 있다. 따라서 불교는 각자의 실제적인 삶에서도 매우 현실적인 도움을 주고 있다고 하겠다.

한편, 기독교에서의 기본교리는 믿음, 소망, 사랑이다. '믿음'이란 무엇인가? 믿음의 의미를 사전에서 찾아보면 어떤 사실이나 사람에 대한 신뢰라고 나와 있다. 종교생활에서의 믿음이란 절대자를 숭배하고 순종하는 것을 뜻한다. 성경에는 "믿음이란 바라는 것들의 실상이요 보이지 않는 것들의 증거"라고 기록되어 있다. 또 '소망'은 천국을 향한 희망을 의미한다. 성경은 하나님께 소망을 두는 자가 복이 있다고 기록하고 있는데, 이 복을 구하기 위해 열심히 믿음생활을 하라는 것이다.

'사랑'은 믿음과 소망의 종결자로서의 역할을 하는 행위이다. 성경에는 "사랑은 오래 참고 사랑은 온유하며 시기하지 아니하며, 사랑은 자랑하지 아니하며 교만하지 아니하며, 무례히 행하지 아니하며 자기의 유익을 구하지 아니하며, 성내지 아니하며 악한 것을 생각하지 아니하며, 불의를 기뻐하지 아니하며 진리와 함께 기뻐하고, 모든 것을 참으며 모든 것을 믿으며, 모든 것을 바라며 모든 것을 견디느니라."라고 기록되어 있다.

성경은 이어 믿음, 소망, 사랑, 이 세 가지 중 제일은 사랑이라고 강조한다. 기독교 교리의 가장 중요한 중심사상인 이 '사랑'은 현실세계에서도 세상을 따뜻하고 아름답게 하는 가장 중요한 행위이다.

7장 | 행복경제와 풍요로운 문화생활을 위하여

행복이란 무엇일까?

'행복'이란 무엇일까? 사전에는 '생활에서 기쁨과 만족감을 느껴 흐뭇한 상태'라고 나와 있다. 이러한 상태에 도달하기 위해서는 물질적 풍요, 정신적 안정감, 가족들과의 사랑, 원만한 대인관계 등의 요소들이 만족할 만큼 충족되어야 할 것이다. 그러나 현실에서의 정답은 없다. 만족의 크기는 너무나 주관적이기 때문이다.

세상의 모든 사람은 어쩌면 서로가 서로를 부러워하며 살아가고 있는지도 모른다. 자신이 가지지 못한 것을 가진 상대를 부러워하지만 결국 자신이 가진 것이 가장 가치 있는 것임을 모르는 채 말이다. 삶이 불행한 것은 부러움이나 욕심 때문이다. 상대방의 지위와 부, 권력을 부러워하면서 늘 자신을 자책하기에 불행하다고 생각한다. 가난한 자는 부자를, 부자는 권력자를, 권력자는 가난하지만 건강하고 화목한 사람을 부러워한다.

이렇게 볼 때 행복이란 우리의 마음먹기에 달려 있다. 그리고 이러한 행복을 추구하기 위해 노력하는 과정이 중요하다. 이처럼 행복은 개념이 모호하고 주관적이기에 행복이 무엇인가에 대해 쉽게 정의를 내리기 어렵다. 그렇지만 행복은 인류 역사의 시작과 함께 사람들에게 최고의 관심사였고 최고의 가치였기에 사람들은 행복의 본질을 찾고자 많은 노력을 기울여왔다.

고대 그리스 철학의 본류인 스토아학파Stoicism는 '마음의 동요를 완전히 제거해 어떤 간섭과 고통을 받지 않는 무정념의 상태apatheia' 를 행복이라고 정의했고, 공리주의자 벤담은 사회적 공리共利를 중요시하면서 '최대다수 최대행복' 을 역설했다. 동양에서는 행복을 '비움' 으로 풀이했다. 노자는 행복하려면 있는 그대로 모양을 짓는 물처럼 인위적으로 몸부림치지 말고 완벽을 추구하지 말 것을 강조했다. 이렇듯 동서양의 철학은 공통적으로 물질적 풍요보다는 내적인 평안에서 이상적인 행복의 개념을 찾고 있음을 알 수 있다.

그러나 현실은 물질적 풍요를 가장 중요한 요소로 생각하고 있는 것 같다. 특히 국민소득이 낮은 나라일수록 이런 경향이 더욱 강한 편이다. 한 설문조사에 따르면 우리나라 사람들이 생각하는 중산층의 요건 혹은 행복해지기 위한 조건은 첫째도, 둘째도, 셋째도, 그리고 넷째도 모두가 경제력에 관한 것으로 나타났다. 즉 35평 이상의 아파트와 2,000cc급 승용차를 소유하고 있어야 하며, 은행잔고가 수억 원에 달하고 또 1년에 최소한 한 번 이상 해외여행을 할 수 있어야 한다는 것이다. 이에 반해 서구 선진국 사람들이 중산층의 요건으로 꼽는 것은 페어플레이fair play 정신을 갖고 살아가고, 정기적으로 토론과 대화를 나눌 수 있는 모임을 가지고 있으며, 최소한 자신이 좋아하는 악기 하나는 다룰 줄 알거나 요리를 잘하는 음식이 있을 것 등이었다.

또 어떤 사람이 "돈을 얼마나 가지고 있으면 행복할까?"라는 질문을 던졌더니 '다다익선多多益善', 즉 많으면 많을수록 좋다는 답변이 가장 많았다고 한다. 그러나 개중에는 돈이란 자기가 살아가는 데 커다란 불편이 없을 정도만 있으면 이상적이며, 여기에 주변을 도와줄 수 있을 정도의 여유자금을 지니면 '금상첨화錦上添花'일 것이라는 답변을 내놓은 사람도 적지 않았다. 이들의 행복관은 주변에 선善한 영향력을 많이 떨치는 것이다. 이러한 다양한 의견들을 종합해 보면 돈이란 많이 모으려고 억지로 애쓸 필요는 없겠지만, 그래도 부족한 것보다는 풍족한 것이 더 낫다는 결론에 이른다.

그런데 최근 들어서는 자녀들에게 너무 많은 재산을 물려주는 것이 결코 자녀들에게도 바람직하지 않다는 생각이 힘을 얻고 있다. 이는 그들이 삶의 여정이라는 건축물을 차곡차곡 쌓아가는 데 너무 많은 재산은 어쩌면 걸림돌이 될 수 있기 때문이다. 물려받은 재산이 없다면 최선의 노력을 다해 스스로 삶의 길을 개척해 나갈 터인데, 물려받은 재산이 있기에 그냥 그 재산을 가지고 편안히 살 궁리를 하기 쉽다. 이 경우 인생의 참맛을 모르게 된다.

무언가 이루어나간다는 성취감을 느끼지 못한다는 것이다.

사실 행복의 요소들은 우리 생활 주변 지천에 널려 있다. 그러나 우리는 이를 잘 인식하지 못하거나 대수롭지 않게 여기며 살아가고 있다. 그 하나하나는 매우 작아 보이기 때문이다. 아니 그보다도 우리의 욕심이 지나치게 크기 때문이다. 우리는 작은 행복 대신 커다란 행운을 찾아 헤매고 있다. 그래서 우리는 자칫하면 찰나의 행운을 잡기 위해 수많은 행복을 짓밟고 만다. 많은 사람들이 이미 행복이 넘쳐나는데도 그것을 알지 못한 채, 지금보다 나은 삶을 찾는다면서 있을지도 없을지도 모르는 행운을 뒤쫓으며 살아가고 있는 건 아닐까?

풀밭이나 들판에 나가보면 사람들은 네잎클로버를 찾으려고 노력하지만, 지천에 널려 있는 세잎클로버는 별로 소중하게 여기지 않는다. 그런데 이렇게 지천에 널려 있어 흔하게 볼 수 있는 세잎클로버의 꽃말이 '행복'이라고 한다. 반면, 우리가 수많은 세잎클로버를 짓밟으면서 찾아 헤매는 네잎클로버의 꽃말은 '행운'이다. 바꾸어 말하면 우리는 행운 하나를 찾겠다고 주변의 수많은 행복들을 마구 짓밟고 있는 것이다.

행복을 측정하는 지표에는
어떤 것들이 있는가?

오랫동안 한 국가의 경제규모를 파악할 때 대표적인 경제지표로 GDP Gross Domestic Product를 활용해 왔다. 그러나 이 대표적인 총량지표인 GDP에 대한 비판 또한 끊임없이 제기되어 오고 있다.

비판의 핵심 내용은 국민소득을 통해 한 나라의 '경제력'은 측정할 수 있지만, '국민 생활의 질'이나 '행복' 등 보다 근원적인 부분에 대해서는 제대로 파악할 수 없다는 것이다. 그리고 모든 경제활동을 유효한 것으로 간주하기 때문에 국민들의 생활수준을 실제로 향상시키는 경제활동과 그렇지 않은 경제활동을 구분하지 못한다는 점도 비판의 대상이다.

다시 말해 실업과 빈곤퇴치를 위한 정부지출의 증가뿐만 아니라 무기 구입비용, 비만·흡연·마약 등으로 인한 의료비가 늘어나도 GDP는 증가한다. 반면 소득불평등, 여가시간, 문화생활 향유, 환경오염, 자원고갈 등과 같은 문제는 국민들 삶의 질에 큰 영향을 미치는 요소이지만, GDP에서는 산정대상이 아니다. 이러한 비판이 설득력 있다는 인식 아래 국제사회에서는 고용·보건·교육·환경 등을 포괄하는 새로운 '행복지수'를 개발하기 위한 논의가 한창 진행 중이다.

'국내총생산GDP' 이 한 나라의 경제적 가치를 측정하는 지표라면, '국민행복지수' 는 경제적 가치뿐만 아니라 삶의 만족도나 미래에 대한 기대, 자부심 등 인간의 행복과 삶의 질을 포함시켜 총체적으로 평가하는 지표이다. 우리나라는 각종 조사에서 행복지수가 낮게 나타나고 있다. 이는 결국 우리나라가 경제적으로는 여유가 있으나 경제 외적인 면에서 국민들이 행복감을 느끼지 못하고 있다는 것을 의미한다.

우리가 경제성장에 목을 매는 것은 성장이 일자리를 창출하고 생활수준을 향상시키기 때문이다. 그러나 최근에는 '고용 없는 성장' 추세가 나타나고 있고, 성장의 과실이 모든 사람에게 골고루 나누어지지 못하고 있을 뿐만 아니라 성장에 부수되는 생태환경 파괴라는 문제점까지 부각되면서 기존의 경제성장에 대한 한계가 드러나고 있다. 다시 말해 경제성장을 나타내는 지표인 국내총생산의 증가가 결코 국민후생과 복지증진을 의미하지 않는다는 점에 대한 인식이 확산되고 있는 것이다.

그동안 국제사회에서 개발했거나 논의가 진행 중인 주요 행복지수들은 다음과 같다.

첫째, 부탄의 '국민행복지수Gross National Happiness : GNH' 이다. 1972년 부탄의 제4대 국왕인 지그메 싱기에 왕추크는 처음으로 GDP가 아닌 국민들의 행복지수를 기준으로 나라를 통치하겠다고 발표했다. 그는 GDP(국내총생산) 대신 GNH(국민행복지수)를 높이는 것을 국정목표로 삼고 웰빙과 건강, 생태계 보호 등 국민의 행복을 증진시키는 방법을 찾았다. 예를 들면, "삼림 면적은 영구히 국토의 60%를 밑돌지 않도록 해야 한다."는 조항을 헌법에 규정해 놓았고, 물이 부족한 인도가 수력발전에 필요한 댐을 만들어주겠다고 해도 거절했으며, 외국관광객의 입국도 제한하고 있다. 이런 조치들은 당연히 자연이 훼손되는 것을 막기 위해서이다.

이러한 정책방향은 지금까지 지속되고 있으며, 건강·시간 활용 방법·생활수준·공동체·심리적 행복·문화·교육·환경·올바른 정치 등 9개 분야의 지표를 토대로 GNH를 산출하고 있다. 그 결과 부탄 국민의 97%가 스스로 행복하다고 느끼며 살고 있다. 이후 2012년 4월 개최된 제66차 UN총회에서 지그메 틴리 부탄 총리는 복지와 행복에 대한 회의를 주재하면서, 국가발전 정도를 GDP나 GNI(국민총소득, Gross National Income)가 아닌 GNH에 의해 측정할 것을 주장했다.

둘째, UN의 '인간개발지수Human Development Index : HDI' 이다. 이는 1990년

에 국제연합개발계획UNDP이 인간다운 생활수준을 가늠하기 위해 각국의 평균수명과 교육수준, 1인당 국민소득 등 모두 206개의 지표를 토대로 작성되었다. 이에는 PPP(구매력 평가) 기준 1인당 GDP, 소득불평등을 나타내는 지니계수, 이밖에도 교육수준, 문맹률, 기대수명, 의료수준 등이 포함되어 있다. 우리나라는 2011년 명목 GDP 국가순위와 HDI 순위가 동일하게 187개 국가 중 15위를 기록했다.

또 유엔은 전세계 156개 국가를 대상으로 매년 '세계행복보고서World Happiness Report'도 발표하고 있다. 유엔이 미국 컬럼비아대 지구연구소에 의뢰해 발표하는 이 보고서는 여론조사 전문기관인 갤럽의 세계여론조사와 유엔인권지수 등의 자료를 기초로 작성한다. '2013 세계행복보고서'에 따르면 우리나라는 41위를 기록했다. 가장 행복한 나라는 2년 연속 1위를 차지한 덴마크였고, 노르웨이·스위스·네덜란드·스웨덴 등 북유럽 국가들이 차례로 상위 5개국 자리를 차지했다. 반면, 가장 불행한 나라 순위는 르완다, 부룬디, 중앙아프리카공화국, 베냉, 토고 등 모두 아프리카 국가였다. 전세계 국내총생산GDP 1위인 미국은 상위권인 17위에 올랐다.

셋째, OECD의 '행복지수Better life Initiative: BLI'이다. OECD가 창설 50주년을 맞아 2011년 시작한 이 행복지수BLI는 GDP만으로는 측정할 수 없는 인간의 가치에 주목하여 만들어졌다. 조사대상 영역은 주거환경·소득·일자리·공동체 생활·교육·환경·정치참여·건강·삶의 만족도·치안·일과 삶의 균형 등 11개 항목으로, 각국의 점수는 경제지표 혹은 여론

조사 등의 자료에 근거해 측정된다.

또 한 항목당 10점 만점으로 평가를 진행하며, OECD 회원 34개국과 브라질, 러시아 등 총 36개국을 대상으로 삶의 질 순위를 발표한다. 2013년 5월에 발표된 행복지수 순위를 보면 삶의 질이 가장 높은 국가는 호주였다. 호주는 이 조사를 처음 시작한 이래로 3년째 1위를 차지하고 있다. 호주에 이어 스웨덴, 캐나다, 노르웨이, 스위스, 미국, 덴마크, 네덜란드, 아이슬란드, 영국이 뒤를 이었다. 일본은 21위였고 멕시코와 터키가 각기 35위, 36위였으며, 우리나라는 36개국 중 27번째이다. 우리나라는 안전과 교육 영역에서는 높은 점수를 받았으나, 일과 생활의 균형·건강·삶의 만족도 등 대부분의 항목에서 하위권을 차지하며 27위를 기록했다.

넷째, 노드하우스Nordhaus와 토빈Tobin교수가 제시한 '경제후생지표 MEW: Measure of Economic Welfare'이다. 이는 GDP에 추가적인 복지 요소들을 포함시켜 국내총생산에 내재된 약점을 보완하고자 시도한 것으로, 국민소득에 가사 서비스나 여가 등의 효용가치를 더하고, 공해 등 비후생적 요소들은 비용으로 공제해 산출한다. 그러나 이 또한 GDP와 같이 생산물에 대한 질적 차이와 소득분배구조를 나타내지 못하며 객관적인 수량화에 어려움이 존재한다.

이외에도 GDP를 보완하는 여러 가지 지표들이 만들어졌다. 그중에서도 가장 괄목할 부분은 '포괄적 부IWI: Inclusive Wealth Index'와 관련된 지표이다.

이는 2012년 6월 브라질 리우에서 열린 유엔 지속가능 발전 정상회의에서 새로운 부富의 지표로 제안되었다. 즉 이 회담에서 노벨경제학상 수상자인 조셉 스티글리츠Joseph E. Stiglitz는 GDP와 같은 경제적 수치보다 삶의 질과 지속가능성에 대한 평가에 더 주목해야 한다며, GDP를 대체할 새로운 경제지표를 제정할 것을 주장했다.

'포괄적 부'란 물적자본·인적자본·자연자본·지식·인구 등 한 나라의 경제가 보유한 모든 자본자산capital asset의 잠재가치shadow price의 합이며, 이를 2000년도 달러 가치를 기준으로 지수화한 것이다. 즉 '포괄적 부'는 국가의 경제적인 부뿐만 아니라 자연환경 및 자원의 고갈 문제를 고려하여 장기적인 관점에서 지속가능한 성장을 예측하는 것이다. 실제 1990년 ~2008년 동안 주요 국가의 성장률을 보면 국내총생산과 인간개발지수가 성장한 것으로 나타나는 국가 중 25%는 '포괄적 부'가 감소했는데, 그 원인은 자연자본의 감소에 따른 것이다. 특히 러시아, 사우디아라비아 등 전체 자본의 성장에 비해 화석연료 등의 자연자본 고갈이 심한 국가들은 마이너스 성장을 기록했다. 2008년 기준 미국의 '포괄적 부'는 117조 8천억 달러로 1위를 차지했는데, 이는 인적자본의 가치가 높았기 때문이다.

이 새로운 부의 지표는 각국의 이해관계 불일치로 합의는 이루어내지 못했다. 그러나 한 국가의 부는 지속가능한 성장과 삶의 질이 동시에 고려되고 측정되어야 한다는 점에서 광범위한 공감대가 형성되어 있다. 따라서 향후 이와 관련된 보다 활발한 국제적 논의가 계속될 것으로 예상된다.

한편, 우리나라도 독자적인 행복지수를 개발할 계획을 가지고 있다. 그러나 행복지수가 꼭 필요하다면 정부가 자체적으로 행복지수를 개발하는 것보다 국제기구에 적극 참여함으로써 공동으로 개발하는 것이 바람직하다고 전문가들은 조언하고 있다. 국제기구가 우리보다 행복지수와 관련해 더 많은 연구경험을 축적하고 있기 때문에 정부가 정확한 사회·경제 자료를 국제기구에 제공하면 좀더 객관성이 담보된 행복지수를 얻을 수 있다는 것이다.

※ 고통지수

국민들이 피부로 느끼는 경제적 삶의 질을 계량화해서 수치로 나타낸 것이다. 미국 브루킹스 연구소의 경제학자 아서 오쿤(Arthur Okun)이 고안한 경제지표로서, 미국 기상대가 개발한 기상용어인 불쾌지수를 경제학에서 빌려 이름 붙인 것이다. 각종 경제지표로 삶의 질을 측정하기보다는 실제 피부로 체감하는 삶의 질이 중시되면서 그 사용이 느는 추세이다.

고통지수는 일반적으로 특정한 기간 동안 물가상승률과 실업률을 합한 수치이다. 물가상승률과 실업률을 합한 다음 소득증가율을 빼기도 한다. 수치가 높을수록 실업자는 늘고 물가가 비싸 한 나라 국민들이 체감하는 삶의 고통은 커지며, 반대로 수치가 낮을수록 국민들 삶의 고통이 줄어드는 것을 뜻한다.

국내에서는 LG경제연구원이 경제고통지수(Economic Misery Index)라는 이름으로 작성해 발표하고 있다. 이는 물가상승률과 실업률 외에 어음부도율과 산업생산증가율 등 네 가지 지표로 이루어져 있다. 물가·실업률·어음부도율이 높을수록, 또한 산업생산증가율이 낮을수록 경제 고통의 정도가 커진다.

대한민국은 얼마나 행복한가?

2013년 통계청의 사회조사에 따르면 우리 국민들이 직업 선택 시 가장 중요하게 고려하는 요인은 수입, 안정성, 적성·흥미 등의 순으로 나타났다. 반면, 발전성·장래성, 보람·자아성취, 명예·명성은 덜 중시하는 것으로 나타났다.

또한 삼성경제연구소가 근로관에 대한 국가별 답변을 비교분석한 결과, 우리나라는 '생계수단형'이었다. "왜 일을 하는가?"라는 질문에 대해, 미국인은 '자아실현', 프랑스인은 '일의 재미와 발전 가능성', 일본인은 '사람들과의 관계', 한국인과 스페인 사람들은 '먹고살기 위해서'라는 답변 비율이 가장 높았다.

우리나라는 지난 반세기 동안 경제성장을 최우선 목표로 삼고 이에 진력해 왔다. 따라서 우리는 가장 빠르게, 성공적으로 경제성장을 일궈낸 국가로 기록되었다. 그러나 그 안에서 우리가 실제로 느끼는 행복감은 매우 낮은 수준이다. 이는 국제사회에서 조사하는 각종 행복지수에서도 잘 나타나고 있다.

우리나라의 행복지수가 이렇게 낮게 나타나는 이유로는 치열한 경쟁 속에서 감내해야 하는 각종 스트레스, 갈수록 벌어지는 빈부격차에서 느끼는 상대적 박탈감, 높아만 가는 청년실업률, 고령화사회로 접어들면서 겪는 노후불안 등 얽히고설킨 문제들이 우리 주변에 널려 있기 때문이다.

어느 한 연구조사 결과에 따르면 한국인의 70% 이상이 조급증에 시달리고 있다고 한다. 그런데 이런 증상은 가정이나 학교, 그리고 직장에서 항상 잘해야 한다는 생각에 사로잡혀 자신을 잠시도 쉬지 못하게 하는 심리적 압박에 시달리는 정신적 결함증세라고 한다.

우리나라는 한 해 자살률이 인구 10만 명당 33.3명으로 OECD 평균 12명의 3배에 달하고, 특히 노인의 경우 자살률이 10만 명당 80.3명으로 세계최고에 달하고 있다고 한다. 또 청소년의 사망원인 중 첫 번째가 자살이라고 한다. 그리고 우리나라 여성 1명이 가임기간 동안 낳을 것으로 기대되는 신생아 수는 1.23명으로 OECD 평균 1.74명에 크게 밑돌고 있는 실정이다. 산업재해로 사망하는 근로자의 수도 인구 10만 명당 20.99명으로, OECD 국가중 1위다.

또 근로시간도 세계최고 수준이다. 2013년 기준 우리나라 사람들은 하루
평균 10시간 30분, 1년간 총 2,090시간을 일했는데, 이는 OECD 평균치인
1,776시간을 크게 웃도는 수준이다. 그리고 OECD 회원국 가운데 정년퇴직
후에도 가장 오래 일하는 사회이다. 남성의 경우 유효 은퇴연령은 평균 71.1
세였는데, 이는 멕시코(72.3세)에 이어 2위에 해당한 것이다. 여성의 경우도
평균 69.8세로, 이는 칠레(70.4세)에 이어 2위로 나타났다.

즉 복지, 안전, 행복 등에 직접적으로 관련된 항목에서 우리는 여전히 최
하위국 수준에 머물러 있다. 따라서 우리의 현실적 행복지수는 낮을 수밖에
없다. 실제로 우리 국민 상당수는 소득의 양극화, 불균형적인 여가시간, 불
완전고용 등으로 인해 고통을 경험하고 있다.

예를 들면 우리 사회에서 생산가능한 인구의 취업률은 전체의 64%에 불
과하며, 여가활용 역시 일부 잘사는 계층의 몫이 되었다. 또 6개월 미만의
단기취업자 비중이 24%에 달하고 있는데, 이는 OECD 국가(10%)의 2배에
이르는 수치이다. 또 상위 20%가 하위 20%의 평균소득의 5.7배에 달해서
우리 사회의 상당수는 상대적 박탈감을 갖고 있다고 한다.

특히 지금 이 시대를 살아가는 우리 젊은이들은 많이 아파하고 힘들어한
다. 불투명한 미래를 불안해하며 방황하고 있다. 대학진학과 취업에 아름

다운 청춘의 열정을 탕진하고서 기진맥진해 하고 있다. 이들은 유년기 시절부터 학습열병에 시달리며 살아왔다. 천신만고 끝에 대학에 들어가도 그 기쁨은 잠시, 비싼 등록금에 허리가 휜다. 아르바이트를 해보지만 그래도 여의치 않아 카드빚을 내고 심지어 대부업체의 문도 두드려본다. 그러다가 덜컥 신용불량자로 전락하기도 한다.

이런 힘든 고비를 넘기고 졸업을 해도 고난은 끝이 없다. 취업은 대학진학보다 더 어렵다. 그야말로 하늘의 별따기다. 우리 주변에는 어딜 가나 취업재수생이 넘쳐난다. 백수로 몇 년을 지내다 보면 비정규직도 고맙게 여겨진다. 그러나 비정규직은 파리 목숨이라 늘 불안하기만 하다. 요행히 정규직을 꿰어 찬 젊은이도 불안하기는 마찬가지다. 치열한 경쟁에서 살아남기 위해 밤샘근무를 밥 먹듯이 한다. 빠듯한 월급으로는 저축은커녕 하루하루 살아가기에 급급하다. 천정부지로 뛰어오른 집값에 내 집 마련은커녕 전셋집을 얻기도 힘들다. 그래서 결혼은 꿈꾸기도 어려운 과제가 돼버렸고, 어느 사이 노총각 노처녀가 되어간다.

이들은 결국 시중에서 말하는 연애 · 결혼 · 출산을 포기한 '3포 세대'가 되거나, 혹은 저임금에 시달리는 비정규직 생활조차 감내해야 하는 '88만 원 세대'가 되어갔다. 더욱이 갈수록 수명은 길어지는데 노후생활에 대한 보장은 막막하다. 청년자살률이 세계최고 수준이라고 한다. 이것이 오늘을 살아가고 있는 많은 젊은이들의 서글픈 현실이다.

이러한 부끄러운 통계수치들은 우리나라 사람들이 과거에 비해 경제적인 면에서는 그런 대로 여유가 있지만, 다른 나라 사람들에 비해 전반적으로 매우 힘들고 불안한 삶을 살아가고 있다는 것을 뒷받침하고 있다. 경제적인 풍요로움 뒤에 숨어 있는 사회적 불평등, 계층 간의 빈부격차, 빈약한 사회안전망 등이 우리의 삶을 불안하게 만들고 있는 주범이라고 하지 않을 수 없다.

국민 모두가 행복한 나라를 만들기 위해서는 무엇보다도 먼저 인간성 회복이 중요하다. 이를 위해서는 인간의 과도한 탐욕을 절제하는 시스템 개발, 문화와 정서의 고양을 위한 교육·훈련이 필요하다. 그리하여 인명경시 풍조나 물질만능 세태를 확 바꾸어나가야 한다. 문화적 가치를 함양하고 이를 실생활에 일상화시켜 나가는 것도 하나의 바람직한 방편이 될 수 있다. 그리고 친환경적이고 지속가능한 발전 모델을 개발·운용해 나가야 한다. 그래야만 다 같이 잘사는 사회건설과 행복한 지구촌 만들기가 가능할 것이다.

창의성과 신뢰 인프라는
교육혁신으로부터

정의롭고 따뜻하며 행복한 우리 경제사회를 만들기 위해서는 사회구성원들이 불필요한 갈등 없이 친밀하고 협동적인 인간관계를 형성해 나가야 한다. 이를 위해서는 어릴 때부터 인간존중의 정신을 배양시켜 주는 것이 최우선 과제라 할 것이다. 그리고 이 과제를 실현하기 위해서는 무엇보다 교육의 본질을 바로 세우고 인성교육을 강화해 나가야 한다. 자신만이 부귀영화를 누리며 잘 먹고 잘살기 위한 스펙 쌓기를 부추길 것이 아니라 도덕적이고 건전한 인격과 사고를 함양하는 인성교육에 역점을 두어야 한다는 것이다.

우리의 삶이 좀더 자유롭고 풍요로워지기 위해서는 창의력과 문화적 감수성을 키워주는 방향으로 교육의 내용과 방법을 바꾸어나가야 한다. 이는

창조경제를 실현하기 위해서라도 그러하다. 그동안 우리 교육은 단순암기 위주의 주입식 교육방법에 치중함으로써 창의력과 상상력을 키우는 데는 소홀했다. 그러다 보니 우리 젊은이들의 학습능력은 세계최고 수준이라고들 하나 아직도 전문 분야의 노벨상 수상자는 단 한 명도 없다.

창조국가를 성공적으로 이끌어 세계의 관심을 모으고 있는 이스라엘은 '창조교육'이 그 기반이 되었음은 잘 알려진 사실이다. 이 창조교육의 핵심 요소로는 참여하는 교육, 토론하는 문화, 국민들의 창의력을 길러주는 시스템 등 세 가지를 들고 있다. 우리 또한 창조경제와 창조국가를 지향하고 있지만, 우리 교육현실은 이들 세 가지 모두와 거리가 멀다. 그러기에 우리 역시 창조경제를 실현하기 위해서는 한시바삐 이스라엘과 같은 창조교육 정신을 교육현장에 접목시킬 필요가 있다.

이와 함께 우리나라가 한시바삐 참다운 선진국이 되려면 우리 경제사회에 신뢰 인프라를 확고히 구축해 나가야 한다. 신뢰의 중요성에 대한 역사적 사례를 들어보자. 프랑스 대혁명 당시의 일이다. 프랑스의 왕 루이 16세와 왕비 마리 앙투아네트가 시민혁명군에 포위되었을 때 궁전을 마지막까지 지킨 것은 프랑스군이 아닌 스위스 용병이었다. 시민혁명군이 퇴각할 수 있는 기회를 주었지만, 스위스 용병은 끝까지 왕과의 계약을 지키기 위해 싸우다가 장렬하게 전사했다.

당시 한 용병이 가족에게 보내려 했던 편지에는 이렇게 적혀 있었다. "우리가 신용을 잃으면 후손들이 영원히 용병을 할 수 없기 때문에 우리는 죽음으로 계약을 지키기로 했다." 이것이 오늘날까지 스위스 용병이 로마교황청의 경비를 담당하는 전통의 배경이다. 이 스위스 용병의 신화는 스위스은행의 신화로 다시 이어졌다. 용병들이 피흘려 번 돈을 관리하는 스위스은행의 금고는 그야말로 목숨을 걸고 지켜야 되는 것으로 여겨졌다. 그 결과 오늘날 스위스은행은 안전과 신용의 대명사가 되었다.

미국의 프랜시스 후쿠야마 교수도 그의 유명한 저서 〈신뢰Trust〉를 통해 국가발전에서 신뢰의 중요성을 역설했다. 그는 우리나라를 신뢰도가 낮은 국가로 분류했다. 사실 우리는 이미 선진국을 능가하는 수준의 IT 인프라를 보유하고 있다는 평가를 받고 있다. 그러나 신뢰 인프라가 아직 제대로 구축되어 있지 못한 탓에 우리의 국가경쟁력은 여전히 선진국 수준에 미치지 못하고 있는 것이다.

현대 경제사회에서 국가경쟁력을 좌우하는 핵심적 투입요소는 지식과 기술이다. 그러나 이보다 더 중요한 기본적인 요소는 '사회적 신뢰'이다. 이 사회적 신뢰 수준이 낮은 국가는 경제사회 문제를 효율적으로 해결할 수 없다. 고속도로나 통신망 등과 같은 물질적 인프라가 경제사회 활동의 효율성을 높이는 것과 마찬가지로 사회적 신뢰는 사회구성원 간의 협력을 가능케 해 경제사회 문제해결의 효율성을 높이는 역할을 한다. 이러한 의미에서 사회적 신뢰는 '사회적 자본social capital'이라고 불린다.

사회적 자본이 부족한 사회는 기초가 부실한 건물과 같다. 신뢰 부족으로 사회구성원들은 서로의 선의를 믿지 못하기 때문에 사회적 갈등을 증폭시키기만 할 뿐 해결의 실마리를 찾지 못하는 것이다. 이와 같이 신뢰 부족은 사회적 갈등을 증폭시켜 국가적으로 엄청난 비용을 지불하고 있다. 정부가 국민의 신뢰를 얻지 못하면 사람들은 정부 발표나 전문가의 이야기보다도 인터넷에 떠도는 소문이나 근거 없는 주장에 더 귀를 기울이게 된다. 이로 인해 결국 경제를 포함한 국가 전체의 효율성과 경쟁력이 떨어지는 것이다.

특히 금융은 신뢰를 기본으로 하는 비즈니스이다. 우리는 얼마 전부터 금융전산망 마비, 부정대출 사건 등으로 고객정보가 유출되거나 금융거래가 중단되는 등 금융 신뢰가 흔들리는 사실을 적지 않게 경험했다. 그런데 신뢰를 기반으로 하는 금융산업이 신뢰를 잃으면 금융거래 및 서비스가 축소되기 때문에 경제 전반에 부정적인 영향을 미치게 된다. 나아가 경제 전체가 마비될 수도 있다. 우리는 금융에 문제가 생기면 경제 전체가 어려워진다는 사실을, 이미 두 차례의 글로벌 금융위기라는 비싼 비용을 치르면서 교육받았다.

사회적 갈등을 극복하기 위해서는 서로 이해관계가 다를 수 있다는 점을 인정하고 자신과 이해관계를 달리하는 사회구성원을 존중하는 자세, 그리고 사회 전체의 이익을 위해 조금씩 양보하는 자세가 필요하다. 이와 함께 사회구성원 간의 신뢰 구축이 필요하다. 사회적 신뢰는 사회문제를 '나만의 문제'가 아닌 '우리의 문제'로 인식시킴으로써 복잡한 사회적 갈등을 원만하게 해결할 수 있도록 하기 때문이다.

한편, 사회적 신뢰를 손상시키는 행위에 대해서는 반드시 사회적 제재가 가해져야 한다. 예컨대 허위공시, 허위보고, 허위보도, 위증에 대한 처벌이 강화되어야 한다. 그리고 언론의 잘못된 보도, 속칭 찌라시와 인터넷상의 유언비어 등 '아니면 말고' 식의 풍토도 바로잡아야 한다.

중산층이 탄탄해야 경제도 살고 문화도 산다

중산층이란 중위소득의 50~150%에 해당하는 계층을 의미한다. 그리고 이 중산층은 국민의 허리에 해당하는데, 이는 중산층의 비중이 국민 전체의 약 65%에 달하고 있기 때문이다. 따라서 중산층이 부실할 경우 국민 전체가 부실해진다. 만약 사회계층이 중간을 중심으로 안정적으로 분포되지 않고 심하게 양극화 현상을 보이면 사회적 갈등이 심화될 것이다. 이는 중재하고 의견을 조율해 줄 중간입장이 줄어들기 때문이다. 그 결과 사회의 중심적 가치와 문화도 제대로 정립되지 못한다.

이들 중산층은 또한 국가경제의 원동력이자 조세납부의 중추이다. 중산층의 삶이 팍팍해져 소비가 위축된다면 전체 경기가 부진해지고 조세수입도 줄어들어 재정의 건전성도 부실해지는 악순환에 빠지고 만다. 따라서 경제의 안정적이고 지속가능한 발전을 위해서는 두터운 중산층 확보가 필수적이다.

　그러면 이들 중산층 육성을 위한 방안은 무엇인가? 우선, 무엇보다도 일자리를 늘려나가야 한다. 이를 위해서는 매년 경제성장률을 최소한 4%는 유지해 나가야 한다. 그리고 서민들의 체감경기가 살아날 수 있도록 해야 한다. 특히 실효성 있는 소상공인 보호시책의 마련·추진은 중산층 육성을 위한 중요한 방안이된다. 소상공인은 전체 사업체의 87.6%(283만 개), 종사자의 38.2%(555만 명)를 차지하는 서민경제의 근간이기 때문이다. 그런데 이들 소상공인의 경영환경은 매우 열악한 상황이다.

　다음으로는 물가안정을 기해야 한다. 물가안정은 서민생활에서 가장 중요한 전제요건이 된다. 이는 소득이 일정한 상황에서 물가가 오르면 그만큼 실질소득이 줄어들어 가계수지에 주름살이 생기게 되기 때문이다. 특히 서민들의 생필품 가격안정에 더 많은 노력을 기울여야 한다.

　이와 함께 서민들의 주거안정을 위한 노력도 강화해 나가야 한다. 그동안 우리 정부는 부동산을 갖고 있거나 구입할 능력이 있는 사람들을 위한 주택공급 정책에 치중해 왔다. 이에 따라 서민주택이라 할 수 있는 공공임대주택의 공급은 부족해, 이에 거주하는 가구비율이 2011년 기준 4%에 불과하다. 또한 이 수치는 경제협력개발기구OECD 평균인 12%에 크게 미달한다. 최근 우리 사회를 강타하고 있는 전세대란도 공공임대주택 공급축소와

급진적인 도시재생정책이 야기한 결과이다. 이에 더해 주택 및 상가건물 임대차 제도가 부실하여 서민들의 주거안정성과 자영업자들의 영업안정성을 위협하고 있는 실정이다.

앞으로 이러한 문제들을 해소하기 위해서는 공공임대주택을 확대 공급하는 한편 거주 여건도 개선해 나가야 한다. 그리고 실효성 있는 전월세 대책을 마련·추진하면서 아울러 주택 및 상가 임차인 보호제도도 정비해 나가야 한다.

끝으로 서민금융도 활성화해 나가야 한다. 우선 무엇보다도 서민우대 금융지원 규모를 대폭 확충하는 것은 기본이다. 또 서민들이 보다 쉽게 필요 자금을 공급받을 수 있도록 접근성을 높여나가야 한다. 이를 위해서는 7등급 이하 저신용 서민에 대한 신용대출을 확대하고, 이를 뒷받침할 수 있는 신용평가 인프라를 강화해야 한다. 이를 통해 개인별 상환능력 차이를 고려한 차별화된 신용상품 공급이 가능해질 것이다. 또 금융기관들의 약관과 정보제공 기능을 소비자가 보다 알기 쉽게 개선하는 한편 신용관리교육도 강화해야 한다.

그리고 금융제도와 관행을 개선하여 서민들의 자금조달 비용을 지속적으로 줄여나가야 한다. 역진적인 금융수수료 체계, 꺾기 등 서민 금융소비자에게 불리한 금융관행을 시정하고, 중소상공인에 대한 카드수수료도 지속적으로 낮춰나가야 한다.

이와 함께 저축은행 사태의 후유증에서도 나타난 바와 같이, 서민금융 전담기관이 부실화되지 않도록 하기 위해서는 이들에 대한 정책적 지원과 규제방안도 고려해야 한다. 그 예로써 과도한 외형확장보다 경영내실화와 리스크 관리강화에 힘쓰도록 유도하고, 사금고화 폐해 방지를 위해 소유집중 및 지배구조를 개선하는 일 등이 있을 것이다.

끝으로, 서민대출에 따른 도덕적 해이Moral Hazard를 경계해야 한다. 저소득층에 대한 금융지원은 무상복지가 아니라, 이들의 자활능력을 도와주기 위한 일종의 종자돈 역할을 할 뿐이라는 점을 인식시켜야 한다.

따뜻한 사회와 영속기업을 담보하는 기부문화

꽤 오래전부터 세계 거부들의 사회기부 활동이 이어지면서, 더러는 자신이 죽은 뒤 전재산을 헌납하겠다는 사람도 나타나고 있다. 이런 분위기를 전세계에 확산시키는 데 빌 게이츠와 워렌 버핏이 중심역할을 하고 있다.

워렌 버핏은 사회기부 활동과 관련하여 가진 한 행사에서 다음과 같이 설파했다. "그동안 저를 포함한 제 가족들은 이 사회에서 특별한 대우를 받고 살아왔습니다. 한마디로 행운아들이죠! 제가 만약 다른 시대에 태어났더라면 맹수의 점심거리가 되었을지도 모를 일입니다. 또 제가 만약 미국이 아닌 다른 먼 곳에, 다른 먼 장소에 떨어졌더라면 그야말로 하찮은 존재로 살아왔을지도 모를 일입니다. 제가 이 자리에 서게 된 것은 저를 둘러싸고 있는 이 위대한 사회 덕분이며, 그 속의 한 부분에 제가 잘 적응했기 때문입니다." 그는 이와 같이 자신의 성공 이유를 전적으로 사회시스템에 돌리고 있다. 그러기에 그는 자신의 재산 대부분을 사회에 돌려주는 것을 당연시한다.

미국에서 일반인은 연소득의 약 2%를, 부자들은 연소득의 약 6%를 매년 기부하고 있다고 한다. 즉 부자들이 일반인에 비해 훨씬 더 많은 기부를 하고 있다는 것이다. 이에 비해 우리는 어떠한가? 아직까지도 우리의 기부활동은 부자들보다도 오히려 못 배우고 가난한 사람들이 더 적극적으로 많이하며, 부자들이란 그저 생색내기식의 기부활동을 할 뿐이라고 생각하고 있는 사람들이 많은 것 같다.

우리나라의 기부문화는 그동안 많은 변화를 보여왔다. 1980년대까지만 해도 비자발적이고 준조세 성격이 짙었다. 그러다가 1990년대 이후 정부주도였던 모금활동이 민간기구로 이양되면서 민간의 자발적인 기부문화가 확산되는 모습을 보이기 시작했다. 특히 2000년대에 들어서서 기업의 사회공헌 활동이 확대되었으며, 개인의 기부문화가 활성화되면서 기부방식도 다양화되고 기부정보 채널도 확대되는 등 기부환경이 많이 바뀌었다.

또 기부문화 활성화를 위한 관련 제도의 개선도 따랐다. 한 예로 2011년에는 사회와 국가를 위해 전재산을 기부한 사람들이 노후에 생활이 어려워질 경우, 정부가 돌보아준다는 내용을 골자로 하는 '명예기부자 법', 이른바 '김장훈 법'이 발의되기도 했다. 다만 더 많은 세금공제 혜택을 제공하기 위한 '소득세법' 개정 문제와 관련해서는 아직까지도 논란이 이어지고 있다. 즉 정부는 공평과세원칙의 일환으로 2013년부터 기부금에 대한 세금 감면 방식을 기존의 소득공제 방식에서 세액공제 방식으로 전환하고 공제 한도 또한 많이 줄여놓았다. 이에 대해 기부금 관련 단체들은 이제 막 꽃피려고 하는 기부문화를 활성화하기 위해서는 기부금에 대한 세금혜택을 늘리는 방향으로, 종전처럼 소득금액의 30% 방식으로 전환해야 한다고 주장하고 있다.

기부금 공제방식의 변화

구분	2012년	2013년	2014년
공제방식	소득공제	소득공제	세액공제
공제한도	소득금액의 30%	소득금액의 30%	기부금액의 30%
내용	소득금액의 30%	의료비 등 특별공제 8개 항목과 합산해 2,500만 원 한도로 소득공제	기부금액 3,000만 원 이하 : 15% 3,000만 원 초과 : 30%

자료 : 기획재정부

물론 기부문화 활성화를 위해서는 기부금을 세금에서 공제해준다거나 고액기부자를 명예의 전당에 올려주는 등의 제도적 장치를 마련하는 것이 의미 없는 일은 아닐 것이다. 그러나 보다 진실된 기부행위는 이와 같은 제도적인 장치 마련에서 나오는 것은 아니라고 본다. 보다 중요한 것은 더불어 살아가겠다는 나눔과 배려의 정신, 그리고 따뜻한 마음일 것이다.

몇 년 전 불의의 교통사고로 숨진 중국집 배달원 고故 김우수 씨의 사연은 우리들 가슴을 뭉클하게 만들었다. 그는 중국집 배달원 생활을 하며 강남의 한 고시원에서 혼자서 어렵게 살았다. 그러면서도 70만 원 안팎의 월급을 쪼개 매달 5만~10만 원을 형편이 어려운 어린이들을 후원해 온 것으로 알려졌다. 그가 살아 있을 때 "나눔 앞에서 가난은 결코 장애가 되지 않았다. 삶에서 어느 한순간 빛이라고 할 만한 시간은 없었다. 그러나 매달 70만 원 월급을 쪼개 아이들을 도울 때만큼은 내 삶에서 가장 빛나고 행복한 순간이었다."라고 말해 모두를 숙연케 했다.

기부는 남을 위해서 베풀 수 있는 최고의 사랑이며, 조건 없는 사랑의 표현이다. 아무리 적은 돈의 기부금이라도 값지게 쓰인다. 지금까지 국가나 사회에 기부금을 낸 분들을 보면 돈이 많아서 기부한 것이 아니다. 경제적으로 어려운 가운데서도 푼푼이 모은 돈이거나 여유가 있더라도 검소한 생활을 통해 절약한 돈을 기증하는 경우가 대부분이다.

때문에 기부는 어떠한 원칙에 따른 일률적인 강요가 아니라 자발적이어야 한다. 많이 벌어야만 나눌 수 있다고 생각한다면 어쩌면 우리는 평생 나누지 못할지도 모른다. 꼭 돈으로만 나눌 수 있는 것도 아니다. 자신의 지식, 경험이나 재능을 나눌 수도 있다. 나아가 시간을 나눌 수도 있고, 시선을 나눌 수도 있고, 생각을 나눌 수도 있고, 마음을 나눌 수도 있는 것이다.

한편, 기업의 문화지원 사업인 메세나 활동도 적극 육성 · 장려해 나가야 한다. 갈수록 우리 기업들의 메세나 활동들이 진화되고 있다. 이전에는 단순히 제품이나 행사에 관한 후원·협찬 등이 주를 이루었다면, 최근에는 전통장인 후원과 신진작가 발굴은 물론 지속적인 전시회 개최를 통해 하나의 문화 프로그램으로 발전시키는 등 그 수준이 한층 높아지고 있다. 이를 통해 기업의 이미지 제고는 물론이고 보다 많은 사람들에게 새로운 문화적 가치를 체험할 기회를 제공하고 있다. 이와 같이 기업과 소비자 모두에게 도움이 되는 기업 메세나 활동을 육성·장려하기 위해서는 이에 대한 세제 지원 강화 등 정책상의 인센티브 강화 방안이 적극 강구되어야 할 것이다.

문화 콘텐츠와 공연산업의 재발견

우리나라는 명실공히 IT 강국이다. 기술적 측면에서 비약적인 발전을 거두어왔고, 디지털 인프라는 세계 어느 나라와 비교해도 뒤지지 않을 정도이다. 반면, 창조성이나 문화의 가치에 대한 인식은 상대적으로 부족한 실정이다. 그러나 국민의 행복감을 증진시키는 한편 우리 경제사회의 지속적인 발전을 추구해 나가기 위해서는 반드시 문화의 발전이 병행되어야 한다.

이러한 인식을 바탕으로 2013년에 들어선 박근혜 정부는 '문화융성'의 시대를 열어나가겠다는 뜻을 밝힌 바 있다. 이는 문화의 가치를 사회 전반에 확산시켜 정치·경제 등 모든 분야의 기본원리로 작동하고 국가발전의 토대를 이루며, 국민 개개인의 행복수준을 높이는 것을 뜻한다. 이를 위해 문화의 가치 개념을 다음과 같이 다양하게 설정하고 있다. 국가발전을 통해

'국민의 행복을 만드는 문화', 창조경제의 핵심인 상상력과 창의성·감성을 길러내는 원천으로서 '경제를 살리는 문화', 타인과의 소통과 나눔을 통해 문화 다양성을 증진시키는 '마음을 여는 문화', 세계인과 교류하는 문화 선진국의 위상을 확보하는 '국격을 높이는 문화' 등이다.

그러면 정부가 문화융성을 국정의 중요한 키워드로 내세우는 이유는 무엇일까? 우선 무엇보다 국민의 행복한 삶을 보장하기 위해서일 것이다. 그동안 우리는 경제적 성과는 어느 정도 이루었는지 모르지만 행복지수는 아직도 매우 낮은 편이다. 그 근저에는 경제발전을 이루는 과정에서 피폐해진 인간성과 문화적 후진성이 자리하고 있다. 그런데 문화적 가치나 문화적 감수성은 인간의 삶을 풍성하고 행복하게 해줄 뿐만 아니라 사회갈등을 완화함으로써 사회발전과 통합을 가능케 하는 기반이 된다. 여기에 우리가 문화융성을 필요로 하는 근본적인 이유가 있다.

두 번째 이유는 국내외 경제환경 변화에 적극 대응해 나가기 위해서이다. 앞으로 문화적 기반 없이는 기술발전이나 경제성장을 기대하기 어렵다. 창조적 경제사회에서는 창조적 아이디어가 중요한 자원이자 생산요소가 되기 때문이다. 특히 성장이 정체되어 있는 우리로서는 새로운 성장동인이 될 문화융성이 매우 절실하다. 산업과 문화를 융합해서 부가가치와 일자리를 창출해 내는 일은 고용 없는 저성장 시대에 새로운 성장동력이 될 수 있다. 또한 정치·경제적 위상에 비해 평가절하되어 있는 우리의 국가 브랜드 가치와 이미지를 문화융성을 통해 제고하는 효과도 기대할 수 있다.

그러면 문화가 산업으로서 역할을 할 때 그 핵심이 되는 콘텐츠산업과 공연산업에 대해서 알아보자. 우선, 콘텐츠산업이란 영화·음반·게임 등과 같은 콘텐츠의 기획·제작·유통·소비 등과 이와 관련된 서비스를 행하는 산업을 뜻한다. 미국의 Entertainment Industry, 영국의 Creative Industry, 일본의 Content Industry가 이에 해당한다.

콘텐츠산업의 경제적 효과는 매우 크다. 먼저, 콘텐츠산업은 노동집약적 산업으로 고용흡수력이 큰 편이다. 세계 1위의 콘텐츠시장을 가지고 있는 미국의 예를 들어보자. 2010년 미국의 영화 및 TV시장은 1,819억 달러를 기록했는데 이중 인건비가 80%를 상회하는 1,430억 달러를 기록했다. 콘텐츠 제작사, 방송사, 아티스트, 프리랜서, 비디오 판매점, 테마파크 등 콘텐츠 관련 산업의 전체 고용은 210만 명에 달했다. 그리고 영화/TV 산업에서 제작·마케팅·배급 등 핵심분야 종사자들이 받는 연봉은 일반 근로자들의 평균치보다 74%나 높았다. 또한 2010년 미국 영화/TV 산업은 미국 전역에 9만 5천 개의 비즈니스 기업을 창출하고 있으며, 이로 인한 세금납부 규모가 156억 달러에 달했다고 한다.

또한 콘텐츠산업은 고부가가치 산업이다. 예를 들면 2007년 기준 자동차를 생산하는 일본 토요타의 영업이익률이 7%인 데 비해, 종합 엔터테인먼트사인 미국 월트디즈니의 영업이익률은 무려 22%에 달했다. 또한 같은 IT산업에 종사하는 기업이라도 콘텐츠가 강한 애플사의 영업이익률은 삼성전자보다 상대적으로 높은 편이다.

그리고 콘텐츠산업은 서비스 및 제조업 등 다른 산업에 미치는 전·후방 파급효과가 매우 크다. 콘텐츠를 만들기 위한 제조업체의 시설투자가 늘어나며, 이를 무대에 올리는 공연산업도 확장된다. 또 콘텐츠 내용물을 직접 구경하려는 관광객이 몰려들어 관광업도 동반성장하는 효과를 거둘 수가 있다. 이와 함께 콘텐츠 상품이 가진 문화적 가치는 국가 이미지와 인지도 향상에도 크게 기여하고 있다.

　예를 들어보자. 영화 〈타이타닉〉의 흥행수익이 현대자동차가 소나타 40만 대를 수출하는 금액과 같았는데, 이는 문화 콘텐츠가 가지는 경제적 가치가 얼마나 큰지를 보여주는 단적인 사례다. 또 〈해리포터〉 시리즈는 1997년 영국에서 소설로 첫 출간된 이후 67개국 언어로 번역되어 총 4억 권 이상 판매되었다. 그리고 영화와 게임, 캐릭터 상품들이 줄줄이 만들어지고, 테마파크까지 조성되면서 수익금이 수백조 원에 달한다.

　우리나라의 인기 TV 사극 〈대장금〉은 아시아를 넘어 중동과 아프리카에까지 수출되면서 1천만 달러 이상의 외화를 벌어들였다. 또한 우리나라에 대한 이미지를 제고시켜 관광객 유치에 도움이 되었을 뿐만 아니라, 이란 등 중동국가들과의 외교관계 증진에도 도움이 되었다.

　한편, 공연公演이란 음악, 무용, 연극 등의 콘텐츠를 공연장과 무대에 올려 관객들과 상호 소통하고 서비스를 제공하는 것을 뜻한다. 공연은 이제 산업이다. 콘텐츠산업이 1차적인 기본산업이라면, 공연산업은 이를 기초로 탄생한 2차적인 부가산업이다. 때로는 부가산업인 이 공연산업의 규모가 기본사업인 콘텐츠산업을 능가하기도 한다. 예를 들면 2013년 음반산업의 시장규모가 150억 달러 남짓한 데 비해 이를 기반으로 한 콘서트산업의 시장규모는 250억 달러를 상회했다.

공연산업은 국민 삶의 질과 복지 수준이 향상되고 여가문화와 지역문화가 중시되면서 갈수록 수요가 크게 증대될 것으로 예견되고 있다. 그리고 새로운 미디어와 기술 도입에 따라 공연의 기법과 양식면에서 획기적인 발전이 이루어지고 있으며 새로운 장르가 탄생되기도 한다. 아울러 문화예술이 국가경쟁력의 원천으로 떠오르면서 공연산업의 중요성이 한층 더 부각되고 있다.

이러한 이유에서 콘텐츠산업과 공연산업은 우리의 중요한 미래산업이 될 뿐만 아니라, 국민들의 행복을 증진시켜 주는 문화의 핵심가치이자 산업이라 할 수 있다.

소유의 문화에서 체험의 문화로

국민소득이 2만 달러를 넘어서 어느 정도 먹고사는 문제가 해결되고 나면 사람들은 자연히 문화에 대한 욕구가 커지게 마련이다. 따라서 국민소득 3만 달러 실현을 눈앞에 두고 있는 우리로서는 추가적인 경제적 성취 못지 않게, 문화적 욕구를 충족시키는 문제에 대해서도 적극적인 대응책을 마련해 나가야 한다.

이를 위해 정부는 문화 소비와 수요를 늘리고 문화 생산과 공급을 활성화시키며, 생활문화에서 순수예술 소비 단계로 업그레이드하는 정책을 수립·운용해 나가야 한다. 또한 문화 혜택은 일부 소수집단만이 아닌 대다수 사람들이 고르게 누릴 수 있도록 해야 한다. 이는 문화란 소유하는 자의 것이 아닌 향유하는 모든 사람의 즐거움이기 때문이다. 이렇게 할 때 국민들은 행복한 삶을 누릴 수 있을 것이다.

이를 위한 몇 가지 방안을 생각해 보자. 우선 정부는 문화시설을 전국적으로 고르게 설치함으로써 모든 국민들이 빠짐없이 문화 혜택을 향유할 수 있도록 해야 한다. 날이 갈수록 은퇴 후 삶의 터전을 지방으로 옮기고 싶어 하는 사람들이 늘어나고 있다. 이는 집값과 물가가 수도권에 비해 상대적으로 싼 지방으로 옮길 경우 경제적인 면에서 여유를 누릴 수 있기 때문이다. 그러나 이들에게서 지방 중소도시는 아직도 기피대상이 되고 있다. 이는 지방 중소도시에서는 의료시설이 부족해 의료혜택을 받기가 어려울 뿐만 아니라 문화생활도 향유하기 어렵다는 점이 가장 큰 이유로 꼽히고 있다.

그래서 지방 중소도시에 의료시설을 확충하고 문화공간을 늘려나갈 필요가 있다. 즉 향기 나는 명품거리, 꽃길, 둘레길, 탄천길, 자전거길 등을 조성하고 아울러 문화회관도 마련해야 한다. 이는 지역균형 발전과 지방 중소도시의 육성을 위해서라도 중요한 과제이다.

다음으로는 이러한 하드웨어뿐만 아니라 문화의 내용, 즉 다양한 소프트웨어를 개발하는 것이 중요하다. 기존에 설치되어 있는 우리나라의 문화예술회관들은 대부분 많은 예산을 들여 설립했기에 외형은 어디에 내놓아도 손색이 없을 정도로 웅장하고 화려하다. 그러나 관리시스템은 매우 허술하여 전문적인 시각에서 운영되는 곳을 찾아보기 어려운 실정이다. 이는 연간 1만 건이 넘는 각종 공연이나 전시에서 실제로 관객들이 감동을 느끼고 공감하게 되는 예술작품은 손꼽을 정도에 불과하다는 사실에서 잘 나타나고 있다. 자칫 품격이 떨어지는 졸부문화를 양산하지 않을까 하는 우려마저 제기되고 있다. 따라서 앞으로는 문화회관의 한 해 사업계획을 수립할 때는 물론 개별 프로그램을 선정할 때도 수요자인 주민들의 의견과 요구를 적극 반영하는 등 운영 내실화에 힘써야 할 것이다.

한편, 문화생활의 풍성한 향유를 위해서는 주민들의 자발적인 참여와 노력도 매우 중요하다. 자신들이 살고 있는 마을의 전통문화와 문화재를 발굴하여 이를 잘 보전해 나가면서 아울러 이를 관광상품화하는 노력이 필요하다. 이러한 노력이 결실을 맺으면 그 지방은 경제적으로나 문화적으로 살기 좋은 고장으로 탈바꿈하게 될 것이다.

이러한 시도 중 하나가 지역에서 개최되는 각종 문화 이벤트일 것이다. 이는 음악, 연극, 미술 등과 같은 예술문예 활동을 비롯해 세미나와 심포지엄, 콘테스트, 문화 전시회, 문화 교실, 영화제 등 그 영역이 폭넓다. 이러한 문화 이벤트 중에는 특정 지역의 정체성을 확립하기 위해 개최되는 경우도 많다. 특히 기존의 정형화된 문화공연의 고정된 틀을 벗어나 새로운 예술감각과 감흥을 관객에게 주는 경우도 없지 않다.

또 다른 예로 얼마 전부터 지구촌 각지에서 전개되고 있는 슬로시티slow city 운동을 들 수 있다. 슬로시티 운동은 빠른 속도와 생산성만을 강요하는 빠른 사회fast city에서 벗어나, 자연 · 환경 · 인간이 서로 조화를 이루며 여유

있고 즐겁게 살자는 취지로 시작되었다. 그리고 전통 보존, 지역민 중심, 생태주의 등 이른바 '느림의 철학'을 바탕으로 지속가능한 발전을 추구한다.

슬로시티 운동은 1999년 10월 이탈리아 그레베 인 키안티 지방에서 슬로푸드 먹기와 느리게 살기를 표방하면서 시작되었다. 국제슬로시티연맹에 가입하려면, 인구가 5만 명 이하이고, 도시와 주변 환경을 고려한 환경정책 실시, 유기농 식품의 생산과 소비, 전통음식과 문화보존 등의 조건을 충족해야 한다. 구체적 사항으로 친환경적 에너지 개발, 차량통행 제한 및 자전거 이용, 나무 심기, 패스트푸드 추방 등의 실천이다. 우리나라에는 아시아 최초로 지정된 신안군 증도 갯벌염전을 포함하여 모두 12곳의 슬로시티가 있다.

      창조적 경제사회에서는 창조적 아이디어가 중요한 자원이고 생산요소다. 이러한 창조적 아이디어는 튼튼하고 풍부한 문화적 기반 아래서 기대할 수 있다. 상품의 가치 또한 종래와 같이 단순히 그 기능에 의해서만 평가되는 것이 아니라 상품에 내재된 문화적 가치가 더 중요하게 여겨질 것이다.

위기의 한국경제, 문화로 돌파하라

문화와 경제의
행복한 만남

초 판 1쇄 인쇄 | 2015년 5월 10일
초 판 1쇄 발행 | 2015년 5월 15일

지은이 | 이철환

펴낸이 | 김명숙
펴낸곳 | 나무발전소
교 정 | 정경임
디자인 | 이명재

등 록 | 2009년 5월 8일(제313-2009-98호)
주 소 | 서울시 마포구 합정동 358-3 서정빌딩 7층
이메일 | tpowerstation@hanmail.net
전 화 | 02)333-1962
팩 스 | 02)333-1961

ISBN 979-11-86536-00-1 03320

이 도서의 국립중앙도서관 출판예정도서목록(CIP)은 서지정보유통지원시스템 홈페이지(http://seoji.nl.go.kr)와 국가
자료공동목록시스템(http://www.nl.go.kr/kolisnet)에서 이용하실 수 있습니다.   (CIP제어번호 : CIP 2015011955)